| 教师教育精品教材 |

大学生心理健康教育与职业规划

张彦云　陈月苹　孙淑荣◎主编

佟秀莲　吴会东　靳福利　张国华　张 阔◎副主编

U0646059

D
AXUESHENG
XINLIJIANKANG JIAOYU
YU ZHIYE GUIHUA

北京师范大学出版集团
BEIJING NORMAL UNIVERSITY PUBLISHING GROUP
北京师范大学出版社

图书在版编目(CIP)数据

大学生心理健康教育与职业规划 / 张彦云,陈月苹,孙淑荣
主编. 一北京:北京师范大学出版社,2019.9(2021.1重印)
(教师教育精品教材)
ISBN 978-7-303-25115-5

Ⅰ.①大… Ⅱ.①张… ②陈… ③孙… Ⅲ.①大学生—心理
健康—健康教育—师范大学—教材 ②大学生—职业选择—师范
大学—教材 Ⅳ.①G444 ②G647.38

中国版本图书馆 CIP 数据核字(2019)第 181147 号

营 销 中 心 电 话　010-57654738　57654736
北师大出版社高等教育与学术著作分社　http://xueda.bnup.com

出版发行:北京师范大学出版社　www.bnup.com
　　　　　北京市西城区新街口外大街 12－3 号
　　　　　邮政编码:100088
印　　刷:天津市宝文印务有限公司
经　　销:全国新华书店
开　　本:787 mm×1092 mm　1/16
印　　张:13.75
字　　数:280 千字
版　　次:2019 年 9 月第 1 版
印　　次:2021 年 1 月第 4 次印刷
定　　价:36.00 元

策划编辑:王剑虹　　　　　　　　责任编辑:肖　寒
美术编辑:焦　丽　　　　　　　　装帧设计:焦　丽
责任校对:段立超　陈　民　　　　责任印制:马　洁

前　言
FOREWORD

随着我国进入全面建设小康社会的新时期，社会的主要矛盾已经由人民日益增长的物质文化需要同落后的社会生产之间的矛盾，转化为人民日益增长的美好生活需要和不平衡不充分的发展之间的矛盾。在当今的人民日益增长的美好生活中，心理健康、生活幸福必然是其中重要的组成部分。作为"中国梦"建设者的当代大学生，他们思想活跃，充满活力，求知欲旺盛，有敢为天下先的豪情与壮志，但由于他们在心理上正处于由不成熟走向成熟的关键发展阶段，特殊的年龄阶段、特殊的发展任务、特殊的生活环境，加上社会各项体制改革和学校的转型发展带来的诸多复杂的变化，入学的不适应、情绪上的困扰、学习的困难、能力的不足、交友的矛盾、恋爱的纠结、就业的压力等，无不时时刻刻影响着大学生，使得大学生成为心理问题和心理疾病的高发群体。为此，近些年我国教育部等有关部门先后下发一系列关于高校大学生心理健康工作的指导性文件，各高校无论从课程安排、机构设置、人员配备、活动开展等方面都进行了积极有效的工作，使得大学生心理健康工作日趋规范、科学、有效，在很大程度上促进了大学生心理健康素质与思想道德素质、科学文化素质协调发展。

本书是根据教育部有关大学生心理健康教育文件的指示精神，结合大学生身心发展特点和心理健康的实际编写而成。

本书的特点：第一，结构编排的新颖性。本书从结构上包括名人名言、案例导读、拓展专栏、心理自测、专题讨论、阅读欣赏、课堂实践、课外实践等栏目，通过丰富灵活的栏目形式，既介绍了心理健康的基本知识，保证了内容的科学性，又能够从不同角度介绍心理健康的具体活动，做到内容完整性和形式灵活性的统一。第二，内容选择的针对性。每章内容编写都力求符合大学生和读者的阅读习惯，体现学生主体原则，通过心理训练、课堂实践、阅读欣赏等丰富多彩的内容体现个体差异，拓展心理健康知识，尊重学生的个性化需求，满足大学生的学习需求，而且每章都有心理自测，大学生可以通过自测了解自己，及时发现问题，做到未雨绸缪。第三，实践活动的可操作性。本书遵循了理论联系实际的原则，根据大学生心理发展实际和大学生普遍出现的心理问题，编写了具体的心理素质训练与指导，如在心理训练、课堂实践、心理自测等栏目，本书不仅内容选择适合大学生，而且通过具体指导使教学容易操作，做到学有载体，做有抓手。第四，语言表述的生动性。本书语言表述鲜活、生动、具体、形象，能在阅读中吸引学生学习的兴趣，在操作中激发学生学习的欲望，让学生在活动中感悟，在感悟中分享，在分享中提高。

本书既可作为高校大学生心理健康教育课程的教材或参考书，也可作为心理健康教育工作者、在校大学生、心理健康工作爱好者及普通读者的参考读物。

本书作者均为长期从事高校大学生心理健康与咨询工作的专业工作者，有着深厚的理论积淀和丰富的实践经验，并且具有丰富的高校心理学教材编写经验。本书也是在原有教材的基础上，经过多年教学论证重新编写而成，无论体系和内容都更加成熟。具体编写情况如下：第一章由张彦云执笔，第二章由张阔执笔，第三章由孙淑荣执笔，第四章由佟秀莲执笔，第五章由靳福利执笔，第六章由吴会东执笔，第七章由张国华执笔，第八、第九章由陈月苹执笔，全书由张彦云、陈月苹、孙淑荣统稿，张彦云定稿。

本书在编写过程中，借鉴和参考了国内外该领域的许多资料和研究成果，参阅资料一并列在参考文献之中，在此向原作者表示衷心的感谢！由于水平和编写时间有限，有不妥和疏漏之处，恳请同行专家和广大读者批评指正。

编　者

2019 年 3 月

目 录
CONTENTS

第一章　我的大学我的梦

——大学生心理健康导论

　　每个人都有能力找到内心的宝藏，它让我们有能力获得成功，并且成长。

——［美］萨提亚

大学，是莘莘学子梦开始的地方。走进大学校门的你，是否真正理解了大学在你人生中的意义？是否已经做好了大学的生活规划？是否能在毕业走出大学校门的时候少些遗憾？

案例导读 ▶

大学怎么不是我想象的那样呢？

拿着大学录取通知书，李响如释重负，高中辛苦的学习生活终于告一段落。随着大学新生入学日期的日益临近，李响想象着自己的大学生活一定很轻松、惬意，而且听很多人说上大学就轻松了，不仅课少，作业也很少，可以有大把时间上网，睡懒觉，甚至可以逃课，没准还能遇到自己心仪的人，美好的大学生活仿佛在向李响招手，他不由自主地哼起了小曲："如果迎着风就飞，俯瞰这世界有多美……"

带着美好的憧憬迈进了大学校门，李响成为一名真正的大学生。新的城市、新的校园、新的老师、新的同学、新的食堂，各种社团、各种活动，令李响应接不暇，真的跟高中生活大不一样。经过了两周的军训，一切开始步入正轨，作业果然比高中少多了，也没人整天监督自己学习了。一段时间过后，看似轻松的李响似乎被一种无形的压力笼罩着，而且这种压力越来越让人无法轻松起来，挂科怎么办？留级怎么办？毕不了业怎么办？毕业后是考研还是工作？毕业后找不着工作怎么办？……想着想着，李响再也轻松不起来了，而且身边很多同学也跟李响一样，开始迷茫、焦虑、困惑，不知道怎么度过接下来大学四年的生活。

思考讨论：

1. 你怎么看待李响这种心态的变化？你想象中的大学生活和实际有哪些不同？
2. 你能给李响些建议吗？

第一节　大学生心理发展

大学生是社会的一个特殊群体，他们经过十几年的中小学教育后，带着远大的理想和目标，带着美好的憧憬和愿望，进入高等学府。目前，"00 后"已经开始走进大学校门，成为大学校园的新生代，他们有着各自鲜明的个性，有着"00 后"群体时代的烙印，作为最活跃、最有朝气的前沿群体，他们有着特殊的心理发展特点。

一、大学生心理发展特点

如果以本科四年学制来看，我国大学本科生年龄大多处在 18～23 岁。从生理上来说，大学生已经进入了青春发育期的晚期阶段，身体各项指标虽然还有一定的发展空间，但基本接近成熟。心理发展呈现出这个年龄阶段和大学生群体的一些特点。

（一）不同年级大学生心理发展特点

1. "大一"——适应迷茫阶段

每年9月是我国大学新生开学季。全国的大一新生拿着大学录取通知书，背起行囊，带着高考之后放松的心情，带着父老乡亲的嘱托和期望，带着对大学生活的美好向往，带着青春年少的青涩和纯真，开启了大学生活模式。新的老师、新的同学、新的环境、新的学习方式、新的生活节奏，让远离故土的大学生对大学充满了新鲜与好奇，他们想了解大学的一切，想尽快适应大学生活，想在大学提升自己、证明自己，想结交新朋友，这是大学新生的普遍心态。但随着新鲜感的消失，大学生们很快开始出现了适应上的问题，很多学生在上大学之前对大学没有太多的了解和认识，他们对大学的认知更多停留在老师和别人的介绍中，甚至有一些同学认为高中的苦读就是为了大学的轻松，理想的大学生活就是轻松舒适、浪漫唯美的。步入大学后，当理想与现实出现落差的时候，有的大学生开始迷茫、困惑、情绪低落。在学习上，由于大学学习方式与高中明显不同，学业不再像高中阶段那么紧张，学生们也没有老师、家长的督促，没有了高考的压力，很多大学生出现了松懈心理，无所事事、学习没有目标、生活没有动力，又由于大学同学都是经过层层选拔集中到一起，群英荟萃，许多高中时的"学霸""尖子"优势不再，失落感油然而生。在交友上，新生们急于融入群体，得到别人的认可，却发现大学同学之间关系没有中学时的简单，心里顿时失落、沮丧。在能力上，他们很想在老师、同学面前证明自己，却发现很多同学比自己更优秀，于是有的同学陷入自卑、迷茫、困惑的情绪中无法自拔。更有很多同学开始想家，恨不得大学生活马上结束，飞奔到父母身旁。

2. "大二、大三"——稳步提高阶段

经过了大一阶段的适应、迷茫、困惑，进入"大二、大三"年级，很多大学生开始懂得大学不再像高中那样需要别人监督，更重要的是自我管理、自我约束、自我教育、自我提高，于是逐渐找到了自己大学生活的节奏，也逐渐找到了自己努力的方向，学习开始有计划、有目标、有方向，同学关系也开始稳定。在"大一"了解熟悉的基础上，虽然个别学生仍然懒散消沉，但绝大多数学生已经进入积极上升的状态，对未来充满信心和希望，并开始设计人生发展方向和目标，表现得越来越务实，向着自己既定的目标稳步前行。

3. "大四"——毕业规划阶段

很多大学生有这样的感受，"大一"阶段由于想家心切，再加上种种的不适应，感觉"度日如年"。但时光飞逝，转眼就大学毕业，大学生们又在感叹"时间都去哪了"！进入大学毕业阶段的大学生，显得更加成熟稳重，很多人回望自己入学季，感受到自己明显的变化和提高。随着我国大学教育的普及，很多学生都能进入大学接受高等教育，但是大学毕业后，除了少数学生能够考取研究生继续学业生涯之外，

绝大多数学生都走上了工作岗位，大学成为学生阶段的最后一站，于是更多现实的问题摆在了每一个大学毕业生面前：就业——困难、恋爱——复杂、成家——艰难等，一系列人生重大抉择需要大学生去面对，促使大学生不得不迅速成熟起来。

(二)大学生认知心理发展特点

认知是指人们认识活动的过程，包括感知、记忆、思维、想象、观察等方面。从认知发展来看，大学生的各种认知能力会逐渐成熟，而后达到认知发展的顶峰。

1. 思维能力快速提高

专业的学习对大学生思维能力的发展提出了更高的要求，也在不同方面培养了学生的思维能力，如理工农医专业更多地培养了学生的逻辑推理和抽象思维能力，文史艺术专业则更多地培养了学生的具体思维能力。同时大学生思维的独立性和批判性逐渐增强，更多的学生开始有自己的独立见解和主张，喜欢辩论、思维活跃，喜欢标新立异；在思维的广度和深度上有明显进步和提高，虽然思考问题还有些片面，但已经开始能够透过事物的表象探寻事物的本质；思维的灵活性和敏捷性显著提高。当然，由于大学生年龄、阅历、知识水平等方面的局限性，他们考虑问题往往还比较主观片面、缺乏深度，容易感性走极端，但强烈的求知发展欲望，使大学生们的思维得到迅速发展。

2. 观察力迅速发展

生理的发展为学生观察力的发展提供了前提，知识的储备为大学生观察力的发展提供了可能，专业的训练促进了大学生观察力的发展，观察力的发展反过来又为大学生知识的储备、专业的学习奠定了良好的基础，也为将来从事专业领域的工作打下了坚实的基础。由于大学阶段开始分专业，专业学习与发展对学生的观察力提出了很高的要求，有的专业更是对学生观察力提出了特殊的要求，很多课程都是在实验室或者见习中通过观察进行的，这就需要学生具备敏锐的观察力，而且很多学生的毕业论文和毕业设计都需要在实验观察中完成。大学几年的专业训练，使学生的观察能力迅速提高，在观察的自觉性、准确性、敏捷性、坚持性等方面都得到了快速发展。

3. 记忆力逐渐成熟

(1)意义记忆占主导地位。大学虽然有很多知识还需要机械记忆，但由于年龄的增长、阅历的增加、知识的积累，大学生学习上更多地开始依靠意义记忆，特别是抽象的专业知识，更要求大学生利用所学的知识进行分析综合、概括整合、理解记忆。

(2)记忆的敏捷性和准备性迅速增强。大学所学知识无论是在横向上还是在纵向上都形成了强大的知识网络系统。要想顺利完成大学学业，就要求大学生必须实现知识的融会贯通，这也促进了大学生记忆敏捷性和准备性的迅速发展。

(3)记忆的持久性和准确性显著提高。大学阶段是一个人智力发展的黄金阶段，特别是流体智力。总体来看，大学生记忆力都处在发展的最佳时期。

拓展专栏

流体智力与晶体智力

美国心理学家卡特尔（R. B. Cattell）等人主张智力由两种成分构成，一种是流体智力，另一种是晶体智力。他认为流体智力是人的一种潜在智力，主要和神经生理的结构和功能有关，很少受社会教育影响，它与个体通过遗传获得的学习和解决问题的能力有联系。例如，瞬时记忆、思维敏捷性、反应速度、知觉的整合能力等。神经系统损伤时，液体智力就会发生变化。这种智力几乎可以转换到一切要求智力练习的活动中，所以称为流体智力。

晶体智力则主要是后天获得的，受文化背景影响很大，与知识经验的积累有关，是流体智力运用在不同文化环境中的产物。例如，知识、词汇、计算等方面的能力，它包括大量的知识和技能，与学习能力有密切联系。这种智力表现为来自经验的结晶，所以称之为晶体智力。

研究表明：流体智力与晶体智力的发展是不同的，流体智力随生理成熟曲线而变化，到十四五岁时达到高峰，而后逐渐下降；晶体智力不仅能够继续保持，而且还会有所增长，可能要缓慢上升至 25 或 30 岁以后，一直到 60 岁才逐渐衰退。从个体差异上看，流体智力水平的差异要比晶体智力的差异大。

（三）大学生情绪情感发展特点

由于大学生群体是由年轻人组成的特殊群体，特殊的学习生活方式、妙龄男女同窗共读，使大学阶段成为人的一生当中情感体验最丰富、最难忘的阶段。

1. 情绪起伏不定、丰富易变

大学生抱着美好的憧憬进入大学校门，学校的一切都会引起他们情绪上的波动，校园环境、花草树木、食宿条件、同学关系、学习状况等无不成为他们情绪起伏的原因，好奇、兴奋、激动、困惑、失望等各种情绪情感体验交织在一起，形成一个丰富多彩的情感世界。这种丰富易变的情绪情感会一直持续整个大学阶段，拿到奖学金的兴奋、成绩不及格的沮丧、与同学闹矛盾的纠结、算计生活费的苦恼、想家却不能回的无奈、暗恋的煎熬、热恋的狂热、失恋的痛苦，更有爱国的热情、报国的情操、学习的充实等情绪情感体验无时不在，情绪情感的丰富多彩也使大学生活成为一个人一生中最难忘的阶段。

2. 恋爱是大学生很向往的体验

由于大学生生理上已经发育成熟，性意识已经觉醒并趋向成熟，在年龄上正处在恋爱的季节，再加上大学是同龄人聚集的场所，为大学生恋爱提供了最大的可能。高校之所以成为年轻人最向往的地方，原因之一就是大学校园有一群朝气蓬勃的妙龄青年男女一起学习生活，正是因为在大学期间很多人有过刻骨铭心的恋爱经历，使得大学阶段成为很多人一生中最美好的记忆。很多大学生都期待能在大学期间谈一场刻骨铭心、可遇不可求的恋爱，恋爱成为大学生最敏感、最羞涩也是最热衷讨论的话题，大学期间恋爱是"必修课"还是"选修课"成为大学生们议论的焦点，由恋爱问题引发的各种问题和情绪反应，也让大学生们很容易情绪失控。

3. 高级的社会情感体验更加深刻

大学生思想活跃，他们开始意识到自己的责任，努力提升自己，怀着"修身、齐家、治国、平天下"的理想和抱负，关心国家的前途和发展，富有理想，意气风发，他们的爱国主义情感、集体主义情感、社会责任感、使命感等迅速向纵深发展，成为其情感世界的本质和主流。他们有着强烈的求知欲望，积极上进，提升自己，除了为自己生活工作打下良好基础外，他们更希望能用自己的知识和力量去建设祖国，报效国家。

拓展专栏

大学生思想状况"大数据"

大学生普遍关心时政、对主流价值文化高度认同、富有社会责任感、积极参加志愿活动、大学生文明素质整体较好……2015 年 5 月 16 日在武汉大学发布的中国大学生思想政治教育发展报告显示出当前大学生担当进取、自强自信、向上向善的良好态势。

调查报告显示：91.7%的大学生愿意参加诸如抗震救灾、山区支教、环境保护等志愿活动；83.1%的大学生平均每年都会参与公益（义务）活动；超过92%的大学生认为"雷锋精神"并未过时，91.6%的大学生表示遇到跌倒的老人时愿意伸出援手。

大学生普遍关心时政，国内时政（76.5%）和国际时政（59%）是大学生日常关注度最高的两类新闻信息；绝大部分大学生能正确认识国家梦、民族梦和个人梦的相互关系，77.8%调查对象对"人生梦想是国家梦、民族梦、个人梦的有机统一"表示认同。大学生呈现出较强的集体主义观念，74.2%的大学生认同"人生价值只有在集体中才能得到更好的实现"；87.9%的大学生表示有明确的人生理想，高达 94.9%的大学生表示自己有长期或短期人生规划。

——数据来源：人民网 2015 年 5 月 17 日

（四）大学生自我意识发展特点

自我意识指的是个体对自己、自己与他人、自己与社会关系的认识。包括自我认识、自我评价、自我检验、自我监督、自我教育、自我提高、自我完善。

青少年时期是自我意识发展最快的时期，它使人心理的各个方面都发生着深刻而广泛的变化，它使一个人能反省自身，有明确的自我存在感，从而以一个独立的个体来看待周围的世界，它使人的心理内容得到极大的扩展和丰富。自我意识的发展不仅与年龄有关，而且与人的知识水平有关。大学生所处的年龄阶段和所具备的文化水平，决定了他们不仅对外界的事物感兴趣，想去了解世界，把握外部环境，而且更注重自身的修养，注重对自己进行分析，注重探求自己微妙的内心世界，力图理解自己情感、心理变化，自觉地从各方面了解自己，进行自我认识，自我评价，塑造自己的形象，设计自我的模式，非常在乎别人对自己的评价，经常出现理想的我与现实的我相矛盾，他们经常思考"我是谁""我从哪里来""我要到哪里去""我为什么要上大学""我将来能干什么""我怎样才能变得更好"等问题。

大学生自我教育、自我提高、自我完善的主动性和积极性非常强烈，许多大学生按照自己的理想设计人生规划，逐渐找到自己的人生发展方向，也随着年龄的增长，逐渐从理想回到现实，找到了自我与社会发展的对接点，找到了理想与现实的对接点，开始重新调整自己的人生方向和奋斗目标，也更脚踏实地，这也是大学教育的真谛所在。

课堂实践

自我肯定训练

一、活动目的

肯定自我，增强自我效能感。

二、活动步骤

1. 列出自己五个以上的优点。

_____

2. 列出五种可以使自己笑的方式。

_____

3. 列出能够为别人做，并且使他们感觉良好的五件事情。

_____

4. 列出你善待自己的五件事情。

_____

5. 列出你最近参加的使你开心的五个活动。

_____

三、活动感悟

请每个成员谈谈自己参加活动后的感受。

(五)大学生性心理发展特点

大学生生理发育已基本完成，同时大学校园是年轻人的世界，每个大学生都有充分的机会与同龄异性接触，因而性意识的发展以及与之相伴而来的恋爱问题是大学生心理发展过程中的一个重要内容。一方面，性意识的发展带来强烈的按照性别特征来塑造个性和形象的精神向往，每个大学生都会在心里产生一种强烈的愿望，希望自己无论从内在修养还是外在形象都能不断提升；另一方面，性意识的发展也带来了对异性的倾慕与追求，大学生们开始试图在同学中发展恋情，于是暗恋、热恋、失恋等成为大学生特殊的情感体验，由此引发的心理问题也非常突出。

二、影响大学生心理健康的主要因素

影响大学生心理健康的因素很多，但总的说来，主要有个体生理因素、环境教育因素和个体主观因素三个大的方面。

(一)个体生理因素

个体生理因素是一个人发展的生物前提，没有这个前提就谈不上后天的发展。大学生是如此，每个人的发展也是如此。个体生理因素主要包括三个方面。

1. 机体生长与成熟规律

个体的发展是逐渐成熟的过程，是不断由量变到质变的过程，个体生长成熟过程有其内在的规律。人要认识规律、遵循规律而不能违背规律。大学生在身体发展的各个方面已经逐渐趋于成熟，成熟的身体为大学生心理发展提供了物质前提。

2. 身体健康状况

身体健康状况直接影响心理健康，而心理健康又对身体健康状况产生影响，二者相辅相成，互为前提和条件。由于大学生在身体上正处在人生的黄金阶段，身体的各项指标都处在一生的最佳时期，健康的身体为大学生心理健康发展提供了良好的条件。

3. 遗传因素

遗传是通过细胞染色体由祖先向后代传递的品质。在日常生活中，许多人会发现，一对母女或父子有着相似的外貌，这就是遗传基因的作用，相同的基因使得许多外貌特征被遗传下来。同时人的性格或人格特征也有遗传倾向，许多子女有着与父母相似的人格特质，一些思维和行为方式也被遗传下来。在精神疾病中，和遗传关系比较密切的疾病是精神分裂症、双相障碍(躁狂、抑郁发作)、抑郁症等，大部分精神疾病是内因和外因综合作用的结果，所不同的是内外因的比重不同。相对来说，精神分裂症、双相障碍及内源性抑郁症的遗传倾向更大些。

(二)环境教育因素

1. 环境因素

环境是指围绕着某一事物(通常称之为主体)并对该事物会产生某些影响的所有外界事物(通常称之为客体)。环境是相对于某个主体而言的，主体不同，环境的大小、内容等也就不同。环境既包括以空气、水、土地、植物、动物等为内容的物质因素，也包括以观念、制度、行为准则等为内容的非物质因素；既包括自然因素，也包括社会因素；既包括非生命体形式，也包括生命体形式。

影响大学生心理健康的环境因素主要有自然环境和社会环境。

自然环境是各种自然因素的总和，如空气、水、动植物、土壤、岩石矿物、太阳辐射等。自然环境是人类赖以生存的物质基础。在自然环境中对大学生心理健康影响比较大的是生态环境。生态环境指影响人类生存与发展的水资源、土地资源、生物资源以及气候资源数量与质量的总称。很多大学生远离从小习惯的故土到外地求学，对地理自然环境差异比较大的学生来讲，如何适应大学所在地区的气候等自然环境，是需要面对的一个问题。比如，从南方温暖湿润的地方到北方寒冷干燥的地方求学，地理环境相差比较大，有的学生会出现水土不服，有的学生很长时间无法适应，气候不习惯、饮食不习惯、口音不习惯、生活不习惯，各种问题接踵而来，有些学生会出现心烦、失眠、过敏、焦虑、想家，甚至有的学生萌生了退学的想法。

社会环境有广义和狭义之分。广义的社会环境指的是我们所处的社会政治环境、经济环境、法制环境、科技环境、文化环境等宏观因素的总和。狭义的社会环境指的是人类生活的直接环境，如家庭、学校、社会中的各种因素，这是对大学生心理健康影响最大的因素。

2. 教育因素

教育因素属于社会环境，是对大学生心理健康影响最大的因素。广义的教育包括家庭教育、学校教育和社会教育。

首先是家庭教育。每个学生来自不同的家庭，家庭成员特别是父母之间的关系、父母自身的素质、父母对子女的教养方式、家庭的经济状况等都会成为影响大学生心理健康的因素。可以这样说，大学生很多心理问题、心理疾病或人格障碍的根源往往是原生家庭。

其次是学校教育。大学生从 6 岁开始接受正规的学校教育，正常情况下到大学毕业要接受 16 年的学校教育。而这 16 年是一个人的人生观、世界观形成的关键时期。经过了小学、中学教育的打磨进入大学，很多大学生第一次远离父母，有的还是第一次住集体宿舍，在高手如林的大学里，过去的"尖子""学霸"风光不再，而且竞争的内容也不再局限于学习成绩，其他很多方面，如眼界学识、文体特长、社交能力、组织才干、语言表达等都成了学生间相互比较的内容，大家各显其能，很多特长缺乏、能力不足的学生内心出现了恐慌，一方面羡慕别人同时想提高自己的能力，另一方面却不知如何提高，变得不敢表现自己，对自己产生了怀疑。

最后是社会教育。改革开放以来，我国社会各个方面的发展发生了翻天覆地的变化，社会的变迁、经济的转型、各项改革措施的深入发展、大学的普及、招生就业政策的改革，让大学生们的原有优越性不再明显，随之而来的是就业压力的增大。大学生们从迈入大学校门的第一天或者更早就开始考虑将来毕业的出路，于是进入大学校门的大学生们虽然没有了高考升学的压力，但就业的压力时时压在心头，这是导致大学生出现心理问题的重要原因，也是国家重视大学生心理健康教育的原因之一。此外，国家的方针政策、社会意识形态、经济发展形势、新闻舆论导向、传统或现代的文化等，都会不对大学生心理产生影响。

(三)个体主观因素

每个大学生都是独立的个体，无论家庭教育、学校教育还是社会教育，都属于外因，都要通过学生个体的内因起作用。一个人如何面对自身的先天条件，如何看待自己的家庭状况，选择什么样的心态开始大学生活，如何面对挫折，具体到每个大学生各有不同，千差万别。比如，同样是家庭经济条件不好的大学生，有的因此自卑沉沦，有的则把贫困带来的压力变为努力提升自己的动力，更加努力学习，不仅在学业上连年获得奖学金，减轻了父母的经济压力，而且在其他很多方面也表现出色，从而实现了自我超越。

三、大学生常见的心理问题

(一)适应问题

适应问题在大一新生中非常普遍也很正常。刚入学的大学新生们从自己熟悉的的环境来到大学，在外在环境、学习方式、同学关系等方面都表现出明显的不适应，有的学生对学校各方面条件失望，想家心切、情绪低落、萎靡不振；有的学生不适应大学的学习方式和师生关系，很长时间无法进入学习状态；有的学生不知如何与宿舍其他同学相处，同学间矛盾频发。实际上，适应是个体在成长过程中必然出现的问题，每个人面对一个新的学习工作环境、新的作息制度、新的人际关系，都会有由不适应到适应的过程，绝大多数学生能调整自己的心态，努力适应环境，很快使自己的学生生活步入正轨；也有个别学生，特别是性格孤僻或是在家被溺爱娇惯，没住过集体宿舍，很少参加集体活动的学生很容易出现长时间不适应的现象，他们往往不从自身方面找原因，常常把问题归结于外在的客观因素，使适应问题更加明显。

(二)消极情绪困扰

大学新生经历了好奇、新鲜感之后，一切步入正轨，没有了高中时老师、家长的督促，没有了高考实实在在的压力，有的学生一时找不到具体努力的方向，很快开始出现空虚、无聊、无所事事等状态，变得没有进取心，找不到具体的生活学习目标。他们内心也清楚自己面临的压力，只是失去了学习的动力，对自己和未来没有信心，一天天好像在混日子，却又心有不甘，造成了心理上的冲突，从而引发心理问题。还有很大一部分学生存在自卑心理，特别是中小学时优秀的学生，到了大学之后发现风光不再，在很多方面与同学出现了差距，他们往往更多地看到或夸大自身的缺点与不足，看不到自身的长处，更不知道如何扬长避短，自卑感便油然而生了。

(三)人际交往问题

人际交往困难是大学生们普遍存在的心理问题，主要原因在于中学阶段，尤其是高中阶段，学生学习压力大，大多数时间都用于学习，没有更多的时间和精力用于人际交往，造成了人际交往能力的欠缺，还有一个重要原因就是在独生子女较为普遍的情况下，很多学生只考虑自己的感受，不会换位思考。事实上，大学生们都清楚，一个人要想在将来的工作岗位上、在社会上取得成功，社会交往能力是非常重要的，于是就出现了人际交往能力的欠缺和迫切需要提高社会交往能力的矛盾，这一矛盾得不到解决就会出现相应的心理问题。

（四）恋爱与性问题

大学生虽然从生理上已经成熟，但当他们真正遇到恋爱问题，面对种种感情纠葛的时候，却不知怎样处理，初恋时的羞涩心动、热恋时的盲目冲动、失恋后的伤心被动、"三角恋"等问题都困扰着他们。大学生们一方面渴望爱神降临，但陷入爱情之中，却容易为情所困，容易冲动，发现恋爱并不是想象的那么浪漫美好。另外，由于性生理的发育和性心理的发展正处在高峰时期，大学生们会受到性意识的困扰，体验到性的压抑，带来一定程度的不安和躁动，对性知识和性行为的不正确认识；会让部分大学生出现不当的性行为或性心理问题。

（五）就业压力引发的心理问题

从表面上看，就业问题不是一个心理问题，可实际上大学生很多心理问题由此产生。大学生们从入校之日起，或者更早就开始考虑将来的就业问题，这是一个比较现实的问题，就业的困难，竞争的激烈，前途的无助，给学生带来非常大的压力，这种压力又是整个社会的问题。对于学生个人来讲只能不断提高自己的实力，所以更多的时候他们感到焦虑、困惑、无助，就业困难是大学生心理问题产生的主要原因。

（六）严重心理问题

由于各种原因，个别大学生会出现比较严重的心理问题，如神经衰弱、强迫症、抑郁症、焦虑症等，甚至出现自残、自杀或伤人等事件，需要引起各方面的高度关注。

拓展专栏

世界精神卫生日

"世界精神卫生日"是由世界精神病学协会（World Psychiatric Association，WPA）在 1992 年发起的，时间是每年的 10 月 10 日。

世界卫生组织（World Health Organization，WHO）认为，精神卫生是指一种健康状态，在这种状态中，每个人都能够意识到自身潜力，能够适应正常的生活压力，能够有效率地工作，并能够为其居住的社区做出贡献。

世界卫生组织公布的最新数据显示，全球约有 4.5 亿精神发育障碍患者，其中 3/4 生活在中低收入国家。而在大多数国家中，只有不到 2% 的卫生保健资金用于精神卫生，且每年有 1/3 的精神分裂者、半数以上的抑郁症患者和 3/4 的滥用酒精导致精神障碍者无法获得简单、可负担得起的治疗或护理。精神发育障碍疾病已成为严重而又耗资巨大的全球性卫生问题，影响着不同年龄、不同文化、不同社会经济地位的人群。

2000 年是我国首次组织"世界精神卫生日"活动。此后，每年 10 月 10 日前后都在全国开展"世界精神卫生日"宣传活动，旨在提高公众对精神疾病的认识，分享科学有效的疾病知识，消除公众偏见。

第二节　大学生心理健康教育的意义、基本原则与途径

一、从心理健康主要文件解读大学生心理健康教育的意义

2001 年，《教育部关于加强普通高等学校大学生心理健康教育工作的意见》明确指出："高等学校培养的学生不仅要有良好的思想道德素质、文化素质、专业素质和身体素质，而且要有良好的心理素质。在马克思列宁主义、毛泽东思想、邓小平理论指导下，大力加强大学生心理健康教育工作是时代发展的需要，是社会全面发展对培养高素质创新人才的必然要求。它对于提高大学生适应社会生活的能力，培养大学生良好的个性心理品质，促进心理素质与思想道德素质、文化素质、专业素质和身体素质的协调发展，提高高等学校德育工作的针对性、实效性和主动性，具有重要作用。"

2005 年，《教育部 卫生部 共青团中央关于进一步加强和改进大学生心理健康教育的意见》进一步明确大学生心理健康教育的总体要求，明确指出："加强和改进大学生心理健康教育是新形势下全面贯彻党的教育方针、推进素质教育的重要举措，是促进大学生健康成长、培养高素质合格人才的重要途径，是加强和改进大学生思想政治教育的重要任务。"

2011 年教育部下发的《普通高等学校学生心理健康教育工作基本建设标准》和《普通高等学校心理健康教育课程教学基本要求》对高校心理健康工作进行了具体部署。

2012 年，《中华人民共和国精神卫生法》颁布实施，从法律层面提出："各级人民政府和县级以上人民政府有关部门应当采取措施，加强心理健康促进和精神障碍预防工作，提高公众心理健康水平。"

2016 年，习近平总书记在全国卫生与健康大会上提出，要加大心理健康问题基础性研究，做好心理健康知识和心理疾病科普工作，规范发展心理治疗、心理咨询等心理健康服务。《国民经济和社会发展第十三个五年规划纲要》明确提出要加强心理健康服务。《"健康中国 2030"规划纲要》要求加强心理健康服务体系建设和规范化

管理。

2016年12月30日，国家卫生计生委、中宣部等22个部门联合印发的《关于加强心理健康服务的指导意见》指出："心理健康是人在成长和发展过程中，认知合理、情绪稳定、行为适当、人际和谐、适应变化的一种完好状态。心理健康服务是运用心理学及医学的理论和方法，预防或减少各类心理行为问题，促进心理健康，提高生活质量，主要包括心理健康宣传教育、心理咨询、心理疾病治疗、心理危机干预等。心理健康是健康的重要组成部分，关系广大人民群众幸福安康、影响社会和谐发展。加强心理健康服务、健全社会心理服务体系是改善公众心理健康水平、促进社会心态稳定和人际和谐、提升公众幸福感的关键措施，是培养良好道德风尚、促进经济社会协调发展、培育和践行社会主义核心价值观的基本要求，是实现国家长治久安的一项源头性、基础性工作。"

2017年12月，中共教育部党组印发《高校思想政治工作质量提升工程实施纲要》提出，要构建"心理育人质量提升体系。坚持育心与育德相结合，加强人文关怀和心理疏导，深入构建教育教学、实践活动、咨询服务、预防干预、平台保障'五位一体'的心理健康教育工作格局，着力培育师生理性平和、积极向上的健康心态，促进师生心理健康素质与思想道德素质、科学文化素质协调发展"。

2018年，中共教育部党组《高等学校学生心理健康教育指导纲要》中指出："心理健康教育是提高大学生心理素质、促进其身心健康和谐发展的教育，是高校人才培养体系的重要组成部分，也是高校思想政治工作的重要内容。"

从国家出台的一系列有关大学生心理健康的政策文件，可以看出大学生心理健康工作的重要性和迫切性。大学生是未来社会的领导者和建设者，他们将在很大程度上决定着未来社会的走向和发展状况，他们的心理健康与否，不仅关系到他们的学习和健康，而且对整个社会都至关重要。因此，重视大学生的心理健康教育，培养大学生健康的心理素质是高校学生工作的一项重要任务。

拓展专栏

全国大学生心理健康日

2000年，由北京师范大学心理系团总支、学生会倡议，十多所高校响应，并经北京市团委、学联批准，确定每年的5月25日为北京大学生心理健康日。2001年，四川省、广东省也确定每年的5月25日为本省的大学生心理健康日。随后，教育部、共青团中央、全国学联办公室向全国大学生发出倡议，把每年的5月25日确定为全国大学生心理健康日。"5·25"是"我爱我"的谐音，意为认识自我、接纳自我、关爱自我，以此来引起大学生及社会各界关注大学生心理健康。

二、大学生心理健康教育的基本原则

2018年，中共教育部党组出台的《高等学校学生心理健康教育指导纲要》，明确了高校心理健康教育的基本原则。

（一）科学性与实效性相结合

根据学生身心发展规律和心理健康教育规律，科学开展心理健康教育工作，逐步完善心理健康教育和咨询服务体系，切实提高学生心理健康水平，有效解决学生思想、心理和行为的问题。

（二）普遍性与特殊性相结合

坚持心理健康教育工作面向全体学生开展，对每个学生心理健康发展负责，关注学生个体差异，注重方式方法创新，分层分类开展心理健康教育，满足不同学生群体心理健康服务需求。

（三）主导性与主体性相结合

充分发挥心理健康教育教师、心理咨询师、辅导员、班主任等育人主体的主导作用，强化家校育人合力。尊重学生主体地位，充分调动学生主动性、积极性，培养自主自助维护心理健康的意识和能力。

（四）发展性与预防性相结合

加强心理健康知识的普及和传播，充分挖掘学生心理潜能，培养积极心理品质，促进学生身心和谐发展。重视心理问题的及时疏导，加强心理危机预防干预，最大限度预防和减少严重心理危机个案的发生。

三、大学生心理健康教育的途径

（一）构建大学生心理健康教育课程体系

根据教育部文件精神，要健全心理健康教育课程体系，结合实际，把心理健康教育课程纳入学校整体教学计划，规范课程设置，对新生开设心理健康教育公共必修课，大力倡导面向全体学生开设心理健康教育选修和辅修课程，实现大学生心理健康教育全覆盖。

（二）发挥课堂教学主渠道作用

课堂教学是学校的中心工作，也是学生接受教育最直接、最主要的形式。对大学生进行心理健康教育绝不是一门心理健康课程、几个心理健康老师就能承担的，在积极推进心理健康教育的今天，应高度重视并充分发挥各门课程在心理健康教育中的作用，发挥课堂教学的主渠道作用。这就要求每一位教师都有正确的心理健康教育观念和健康的心理素质，树立"两全"意识，即全体教师共同参与的意识和面向全体学生的意识，学校心理健康教育应将面向少数学生开展的补救性的心理咨询、辅导和矫治性工作与面向全体学生开展的积极促进心理健康发展的预防和发展性工作结合起来，心理健康教育的对象应是全体学生，而不仅仅是对少数学生的问题矫正，亡羊补牢不如防患于未然。

(三)美化校园环境，完善教学设施，提高管理水平

学校中任何一个要素都具有教育的功能，也都具有文化的内涵。优美的校园内外环境、完善的教学活动设施，能够让生活、学习在其中的学生身心愉悦。因此学校应从多方面、多角度为学生身心健康发展提供保证，如学校的各方面条件设施、软硬件建设、学校管理、人文环境等，为大学生提供丰富多彩的展示自己、发展自己知识与才能的平台，发挥学校中教学育人、管理育人、环境育人的作用。

(四)建立一支专兼结合的心理健康教师队伍

高校要建设一支以专职教师为骨干，专兼结合、专业互补、相对稳定、素质较高的大学生心理健康教育教师队伍。要重视辅导员在大学生心理健康教育中的重要作用，加强对辅导员及全体教师心理健康知识的培训，使他们了解和掌握心理健康教育的基本知识和方法，帮助大学生处理好在学习成才、择业交友、健康生活等方面遇到的具体问题，提高心理健康教育的针对性和有效性。

(五)做好团体心理辅导和个别咨询工作

针对普遍性的问题，要通过有计划有针对性的团体心理辅导，提高心理健康教育工作的受众面，提高心理健康教育的工作效率。共同心理问题可以采用团体心理讲座、团体心理活动、心理剧表演等形式对学生进行团体心理辅导，如新生入学阶段、毕业生就业阶段、期末考试之前等进行团体心理辅导，针对学生普遍关心的恋爱问题、交友问题等采用适当的方式进行引领提高。针对个别心理问题，可以通过个别咨询、团体咨询、电话咨询、网络咨询、书信咨询、班级辅导、心理行为训练等多种形式，为大学生提供及时、有效、高质量的心理健康指导与服务。发现存在严重心理障碍和心理疾病的学生，要及时与学生家长沟通，或者及时转介到专业卫生机构进行治疗。

(六)开展心理健康教育宣传活动

高校要充分发挥学校广播、电视、校刊、校报、橱窗、板报和校园网络的作用，大力宣传普及心理健康知识。充分利用每年的"5·25"大学生心理健康日组织大学生心理健康宣传日、宣传周或宣传月活动，通过心理剧表演、心理电影赏析、心理知识竞赛等形式普及心理健康知识，也可以开办网上心理健康栏目，定期或不定期举办有针对性的心理健康讲座。学校要支持大学生成立心理健康教育社团组织，通过朋辈心理咨询，发挥大学生在心理健康教育中互助和自助的重要作用。

(七)建立大学生心理健康档案和心理危机预警机制

高校要对所有大学生建立心理健康档案，认真开展大学生心理健康状况摸排工作，积极做好心理问题高危人群的预防和干预工作，要特别注意防止因严重心理障碍引发自杀或伤害他人事件的发生，做到心理问题及早发现、及时预防、有效干预。

要建立咨询教师值班制、异常情况及时报告制，建立从学生骨干、辅导员、班主任到院系、部门、学校的危机快速反应机制，建立从心理健康教育机构到校医院、专业精神卫生机构的危机快速干预通道。

（八）提高教师心理健康水平，防止发生师源性心理问题

随着我国高等教育改革力度的加大，转型的压力、教学的压力、科研的压力、职称的压力、评估的压力等，让高校教师感受到了前所未有的工作压力。人们把更多的关注点放在了大学生心理健康上，而忽略了高校教师的身心健康问题，实际上教师处理问题不当、教师自身心理不健康、教师师德存在问题都可能直接导致学生出现心理问题，所以关注教师身心健康刻不容缓。

拓展专栏

心理健康蓝皮书

2019 年 2 月 22 日，中国科学院心理研究所、社会科学文献出版社共同主办的第一部"心理健康蓝皮书"发布会在京举行。《中国国民心理健康发展报告（2017—2018）》聚焦"心理健康"，从学术视角研究和分析 2017—2018 年我国国民及各个群体的心理健康状况。

蓝皮书指出，总体而言，我国大学教师心理健康状况好于中小学教师，中小学教师心理状况与一般国民群体相比要差些，小学教师心理健康状况更差。一项对 1994—2011 年的 230 个研究涉及 88500 名教师的元分析显示，18 年间我国教师的心理健康水平整体呈逐渐下降趋势，且在加速下降，特别是抑郁、焦虑、偏执等问题变得愈加普遍。

心理自测

大学生心理健康测试题

一、测试说明

以下 40 道题，如果感到"经常是"，画"√"；"偶尔"是，画"△"；"完全没有"，画"×"。

二、测试题目

1. 平时不知为什么总觉得心慌意乱，坐立不安。（　　）

2. 上床后，怎么也睡不着，即使睡着也容易惊醒。（　　）

3. 经常做噩梦，惊恐不安，早晨醒来就感到倦怠无力、焦虑烦躁。（　　）

4. 夜晚入睡后经常醒 1～2 小时，醒后很难再入睡。（　　）

5. 学习常使自己感到非常烦躁，讨厌学习。（　　）

6. 读书看报甚至在课堂上也不能专心一致，往往自己也搞不清在想什么。（　　）

7. 遇到不称心的事情便较长时间地沉默少言。（　　）

8. 感到很多事情不称心，无端发火。（　　）

9. 哪怕是一件小事情，也总是放不开，整日思索。（　　）

10. 感到现实生活中没有什么事情能引起自己的兴趣，都郁寡欢。（　　）

11. 老师讲课，常常听不懂，有时懂得快忘得也快。（　　）

12. 遇到问题常常举棋不定。（　　）

13. 经常与人争吵发火，过后又后悔不已。（　　）

14. 经常追悔自己做过的事，有负疚感。（　　）

15. 一遇到考试，即使有准备也紧张焦虑。（　　）

16. 一遇挫折，便心灰意冷、丧失信心。（　　）

17. 非常害怕失败，行动前总是提心吊胆，畏首畏尾。（　　）

18. 感情脆弱，稍不顺心就暗自流泪。（　　）

19. 自己瞧不起自己，觉得别人总在嘲笑自己。（　　）

20. 喜欢跟自己年幼或能力不如自己的人一起玩或比赛。（　　）

21. 感到没有人理解自己，烦闷时别人很难使自己高兴。（　　）

22. 发现别人在窃窃私语，便怀疑是在背后议论自己。（　　）

23. 对别人取得的成绩和荣誉常常表示怀疑，甚至嫉妒。（　　）

24. 缺乏安全感，总觉得别人要加害自己。（　　）

25. 参加春游等集体活动时，仍有孤独感。（　　）

26. 害怕见陌生人，人多时说话就不自然。（　　）

27. 在黑夜行走或独自在家时有恐惧感。（　　）

28. 一旦离开父母，心里就不踏实。（　　）

29. 经常怀疑自己接触的东西不干净，反复洗手或换衣服，对清洁极端注意。
（　　）

30. 担心是否锁门和东西忘记拿，反复检查。（　　）

31. 站在沟边、楼顶、阳台上，有摇摇晃晃要掉下去的感觉。（　　）

32. 对他人的疾病非常敏感，经常打听，害怕自己也身患相同的病。（　　）

33. 看到交通工具(如公共汽车)、尖状物或白色墙壁等特定事物有恐惧感。（　　）

34. 经常怀疑自己发育不良。（　　）

35. 一与异性交往就脸红心慌或想入非非。（　　）

36. 对某个异性伙伴的每一个细微行为都很注意。（　　）

37. 怀疑自己患了严重不治之症，反复看医生或去医院检查。（　　）

38. 依赖止痛或镇静药。（　　）

39. 经常有离家出走或脱离集体的想法。（　　）

40. 感到内心痛苦无法解脱，只能自伤或自杀。（　　）

三、评分标准

√得2分，△得1分，×得0分。

四、评价参考

1.0~8分。心理非常健康，请你放心。

2.9~16分。大致还属于健康的范围，但应有所注意，你可以找老师或同学聊聊，心情保持愉快、乐观。

3.17~30分。你在心理方面有了一些障碍，应采取适当的方法进行调适，或找心理辅导老师帮助你。

4.31~40分。你有可能患上了某些心理疾病，应找心理医生进行检查治疗。

5.41分以上。你有较严重的心理障碍，应及时找心理医生治疗。

专题讨论

1. 你为什么要上大学？

2. 据你了解，大学生常见的心理问题有哪些？大学生如何提高自己的心理健康水平？

阅读欣赏

1. 弗农科尔曼. 心理的力量[M]. 樊伟译. 合肥：安徽人民出版社，2004.

2. 岳晓东. 登天的感觉[M]. 上海：上海人民出版社，2008.

3. 弗洛伊德等. 心灵简史[M]. 高申春等译. 北京：线装书局，2003.

4. 心理佳影：《心灵捕手》[美]

第二章　幸福人生　从"心"开始

——心理健康基础知识

人之幸福，全在于心之幸福。

——[德]歌德

幸福千万条，健康第一条。人的一生不可能一帆风顺，总会遇到各种挫折与挑战，当人生与痛苦不期而遇时，要坚信痛苦并不可怕，只要拥有乐观的心态，坚强的意志，积极的行为，就会多一份属于自己的幸福。快乐的人不是没有痛苦，而是不被痛苦左右。怀感恩之心，带赤子之笑，让我们一起走进健康心理的殿堂，一起探寻幸福人生。

案例导读 ▶

她怎么了？

张丽，女，18岁，是一所普通高校大一学生。男友为高中时期的同班同学。高中时期由于两人在同一个地方同一个班级，每天都见面聊天感情很好，到了大学，一切都变了。男友和她去了不同的学校，不在同一个地方，所学专业也不同，两个人的步调不一致了，上课时间的不同加上男友参加了很多社团的活动，所以两个人很难协调出时间联系。随着时间的发展，张丽发现男友对自己愈加冷漠，打电话和发信息大多是自己主动，她每时每刻都在等待着男友的回复，度日如年，更无心做其他事。有一天男友发来信息认为两个人不合适，要分手。这对于张丽打击很大。她整天郁郁寡欢，闷闷不乐，上课没心情，也不愿意和同学一起出去玩，甚至连吃饭都难以下咽，以前她最喜欢唱歌，可现在一听到歌声就觉得很烦，夜深人静的时候更难过，每每想起和男友美好的过往，都不禁落泪，整晚失眠，宿舍同学看到她这个样子，都对其进行了劝说，可是张丽根本听不进去，她想不通男友为何要抛弃自己，自己对他那么好到头来却受到了很大的伤害，同学都知道自己和男友的事情，就这样被抛弃了，太丢脸了，所以张丽没办法面对同学，将自己关在宿舍里，整日哭泣。

思考讨论：

1. 张丽出现了什么问题？她出现这些问题的原因是什么？
2. 你认为解决她的问题的最好的办法是什么？

第一节　健康概述

一、健康及标准

（一）什么是健康

社会的进步与发展，促进物质生活水平迅速提高的同时，也让人们感受到了前所未有的压力，压力增大带来的直接结果就是心理问题的增多，迫使越来越多的人开始关注自身的健康，特别是心理健康。过去"没有疾病就是健康"的传统健康观念已经逐渐被新的健康理念所取代，从最初的"一维"健康观到后来的"三维""四维"再发展到现在的"五维"健康观，人们赋予健康更广泛、更丰富的内涵。

过去很多人认为健康就是身体没有缺陷和疾病，这是传统的"一维"健康观。随着人们对健康的认识逐步深入，对健康的理解也越来越丰富。世界卫生组织（WHO）作为全球最权威的负责人类健康事务的机构，在 1948 年成立时的《世界卫生组织宪章》中明确指出："健康不仅仅是没有疾病和衰弱的表现，而是生理上、心理上和社会适应方面一种完好的状态。"这就是所说的"三维"健康观，包括身体健康、心理健康、人格健康三个维度。

1989 年，WHO 对健康作了新的定义，提出了"四维"健康理念，即"健康不仅是没有疾病，而且包括躯体健康、心理健康、社会适应良好和道德健康"。在健康概念中增加了道德健康，体现了社会对人的要求和人自身内在的需求。道德健康的内容是指不能损坏他人的利益来满足自己的需要，能按照社会认可的道德行为规范来约束自己及支配自己的思维和行动，具有辨别真伪、善恶、荣辱的是非观念和能力。据测定，违背社会道德、触犯法律的人往往会出现内疚、自责、紧张、恐惧、焦虑不安、失眠、神经衰弱，甚至痛不欲生等严重心理问题，从而引发神经系统、内分泌系统的功能紊乱失调，免疫系统的防御能力下降，进而导致身体素质下降。大量事实表明，贪污受贿、违法犯罪的人经常处于惊恐、紧张、焦虑状态，特别是一些负案在逃的贪官，当被抓获归案后，反而出现"如释重负"的感觉，与普通人相比，他们更容易患脑出血、心脏病等疾病；而为人正直、心地善良、淡泊坦荡、心态平和的人，则会有更高的幸福感。

进入 21 世纪后，人们对健康又赋予了新的内涵，出现了"五维"健康观，新增了行为健康的概念。行为健康指的是建立在身体健康、心理健康、社会适应能力和道德健康基础上的外在行为表现。行为健康表现在六个方面：有利性，即行为表现对自身、他人、环境有利；规律性，即起居有常，饮食有节；理性，即行为表现可被自己、他人和社会所理解和接受；常态性，即行为表现在正常范围内并保持积极状态；同一性，即外在行为与内在思维动机协调一致，与所处的环境条件无冲突；和谐性，即个人行为与他人或环境发生冲突时，能够包容和适应。WHO 不久前公布一组统计数据表明，一个人的健康 15％取决于遗传，10％取决于社会生活条件，8％取决于医疗条件，7％取决于自然环境，60％取决于个人生活方式。在人类致死的原因中有 60％是不良行为所造成的。很多疾病如高血压、糖尿病、肥胖症等都与不良行为和不良生活习惯有关。可以肯定的是，不良的生活方式和不良行为习惯是引发现代人多种疾病的重要根源，见表 2-1。

表 2-1　两种生活方式的对比

健康的生活方式	不良的生活方式
心胸豁达、情绪乐观	吸烟
劳逸结合、坚持锻炼	饮酒过量
生活规律、善用闲暇	不适当的服药
营养适当、防止肥胖	体育活动少
不吸烟、不酗酒	高热量、多盐饮食
家庭和谐、适应环境	轻信庸医
与人为善、自尊自重	社会适应不良
爱好清洁、注意安全	破坏生物节律

(二)健康的标准

1978 年，WHO 提出了健康的十条标准：

(1)充沛的精力，能从容不迫地应付日常生活和工作的压力而不感到过分紧张和疲劳。

(2)处世乐观，态度积极，乐于承担责任，事无大小，不挑剔；

(3)善于休息，睡眠质量良好；

(4)应变能力强，能适应外界环境中的各种变化；

(5)能够抵御一般感冒和传染病；

(6)体重适当，身材匀称，站立时头、肩、臂位置协调；

(7)眼睛明亮，反应敏锐，眼睑不发炎；

(8)牙齿清洁，无龋齿，不疼痛，牙龈颜色正常，无出血现象；

(9)头发有光泽，无头屑；

(10)肌肉丰满，皮肤有弹性，走路轻松有力。

其中前四条为心理健康的内容，后六条则为生物学方面的内容(生理、形态)。

还有专家学者从以下九个方面提出了健康的标准。

(1)食得快。进食时有很好的胃口，能快速吃完一餐饭而不挑剔食物，证明消化功能正常。

(2)便得快。一旦有便意时，能很快排泄大小便，且感觉轻松自如，在精神上有一种良好的感觉，说明胃肠功能良好。

(3)睡得快。上床能很快熟睡，且睡得深，醒后精神饱满，头脑清醒。

(4)说得快，语言表达正确，说话流利，表示头脑清楚，思维敏捷，中气充足，心肺功能正常。

(5)走得快。行动自如、敏捷，证明精力充沛旺盛。

(6)良好的个性。性格温和，意志坚强，感情丰富，具有坦荡胸怀与达观心境。

(7)良好的处世能力。看问题客观现实，具有自我控制能力，适应复杂的社会环境，对事物的变迁能始终保持良好的情绪，能保持对社会外环境与机体内环境的平衡。

（8）良好的人际关系。待人接物大度和善，不过分计较，能助人为乐、与人为善。

（9）适量的运动。运动能改变血液中化学成分，有利于防止动脉血管硬化，保护血液，维护心血管系统的健康。

1992 年，WHO 在《维多利亚宣言》中指出，现代人健康生活的四大基石：合理膳食、适量运动、戒烟限酒、心理平衡。

二、心理健康及标准

（一）什么是心理健康

关于心理健康的定义很多，国内外许多专家学者从各自关注的不同角度对心理健康进行了论述，但迄今为止也没有统一的、公认的定论。

1946 年，第三届国际心理卫生大会指出：所谓心理健康，是指在身体、智能及情感上与他人的心理健康不相矛盾的范围内，将个人心境发展成最佳状态。

《简明大不列颠百科全书》对心理健康的描述：心理健康是指个体心理在本身及环境条件许可范围内所能达到的最佳功能状态，但不是十全十美的绝对状态。

百度百科名片对心理健康的定义：从广义上讲，心理健康是指一种高效而满意的、持续的心理状态；从狭义上讲，心理健康是指人的基本心理活动的过程内容完整、协调一致，即认识、情感、意志、行为、人格完整和协调，能适应社会，与社会保持同步。

尽管国内外关于心理健康的定义很多，但大体上可以总结出一些共同点：第一，心理健康是一种内外协调的心理状态；第二，适应良好，尤其是社会适应良好，是心理健康的一项重要指标；第三，心理健康是一种积极向上的发展状态。

（二）心理健康的标准

关于心理健康的标准，目前国内外也没有统一的认识。由于研究者各自的角度不同，心理健康的标准也各不相同，出现了经验性标准、社会规范标准、临床诊断标准、统计学标准和心理学标准，其中心理学标准就有很多种观点。

1. 美国学者坎布斯提出的心理健康标准

（1）积极的自我观；

（2）恰当地认同他人；

（3）面对和接受现实；

（4）主观经验丰富，可供取用。

2. 美国心理学家马斯洛和密特尔曼提出心理健康的十条标准

（1）是否有充分的安全感；

(2)是否对自己有较充分的了解，并能恰当地评价自己的能力；

(3)自己的生活和理想是否切合实际；

(4)能否与周围环境保持良好的接触；

(5)能否保持自身人格的完整与和谐；

(6)是否具备从经验中学习的能力；

(7)能否保持适当和良好的人际关系；

(8)能否适度地表达与控制自己的情绪；

(9)能否在集体允许的前提下，有限度地发挥自己的个性；

(10)能否在社会规范的范围内，适度地满足个人的基本需求。

3. 1948年，第三届国际心理卫生大会从三个方面提出了心理健康的标准

(1)身体、智力、情绪十分协调；

(2)适应环境，人际关系良好，有幸福感；

(3)在生活、工作中，能充分发挥自己的能力。

4. 我国心理学学者俞国良提出心理健康的八条标准

(1)智力正常；

(2)人际关系和谐；

(3)心理与行为符合年龄特征；

(4)了解自我，悦纳自我；

(5)面对和接受现实；

(6)能协调和控制情绪；

(7)人格完整独立；

(8)热爱生活，乐于工作。

一般而言，一个人只要能够在社会生活中正常有效的工作、学习、交往，就达到心理健康的基本标准。但是，心理健康状态不是固定不变的，它会随着每个人不同的生活、学习、工作的情况而发生改变，作为社会生活中的每个人不仅要努力达到心理健康的基本要求，而且应该追求心理发展的更高层次，提高自己的幸福指数和生命质量。

(三)大学生心理健康的标准

根据国内外有关心理健康一般标准的认识，结合我国大学生心理健康实际情况，大学生心理健康的标准可以概括为以下几个方面。

1. 有正常良好的智力水平

智力是指人认识、理解客观事物并运用知识经验解决问题的能力。包括观察力、记忆力、思维力、想象力、注意力等方面。正常的智力是大学生学习与生活的前提，也是适应周围环境变化的保证。智商是用来衡量智力水平的一个指标，在韦克斯勒智力测验中，智力低于70分就是智力缺陷，在70～79分为临界智力，80分以上是

心理健康的基本条件。相比较而言，大学生群体智力总体水平偏高。衡量大学生的智力水平，主要看大学生的智力是否能正常、充分地发挥其效能，是否有强烈的求知欲，乐于学习并能够积极参与学习活动。

拓展专栏

韦氏智力量表

韦氏智力量表（Wechsler Intelligence Scale）是由美国心理学家韦克斯勒所编制，整套量表包含三个分量表，分别是韦氏儿童智力量表（Wechsler Intelligence Scale for Children，WISC）、韦氏成人智力量表（Wechsler Adult Intelligence Scale，WAIS）和韦氏学龄前及幼儿智力量表（Wechsler Preschool and Primary Scale of Intelligence，WPPSI）。

1979—1981年，龚耀先教授对韦氏成人智力量表进行修订，形成了中国版的韦氏成人智力量表，分为城市和农村两个版本。韦氏智力量表中国版分包含两部分，言语测验和操作测验，其中言语测验部分包括知识、领悟、算术、相似性、数字广度、词汇六个分测验，操作测验部分包括数字符号、图画填充、木块图、图片排列、物体拼凑五个分测验。

韦氏智力量表的每个分测验题目都是按照难度顺序排列的，有些题目有时间限制，有些题目则没有时间限制。有时间限制的题目按照被试完成时间长短记分，如果超过规定时间即使回答正确也不记分，没有时间限制的题目按照回答质量记分，最后将各个分量表的得分相加即为全量表分。

按照智商的高低，智力水平可分为如下若干等级，可以作为临床诊断的标准。IQ≥130为极超常；120～129为超常；110～119为高于平常；90～109为平常；80～89为低于平常；70～79为边界；69及其以下为智力缺陷。

2. 有积极稳定的人生态度

通常情况下，一个人的心理健康状况往往会直接从情绪上表现出来。由于大学生正处在人生的黄金时期，而大学校园是莘莘学子特有的舞台，大学生们朝气蓬勃、积极进取、乐观向上、认真学习、努力提升自己各方面的能力，为人生的发展积蓄力量。总体来看，大学生情绪稳定，乐观、积极向上，但由于其处在人生的特殊阶段，无论年龄、心理发展、生活境遇都使大学生们情绪动荡，他们会为学习、生活、交友、恋爱、就业等各种事情所困扰，引起情绪波动。但必须指出，心理健康的表现并不是没有消极情绪，而是要看这种消极情绪持续时间的长短或对学习生活影响的程度。心理健康的人总体情绪较稳定，且积极情绪多于消极情绪，能保持乐观积极向上的心态，富有朝气，对生活充满希望，善于控制与调节自己的情绪，既能克制又能合理宣泄，情绪反应与环境相适应。而心理不健康的人却容易陷入消极情绪中不能自拔，持续时间很长，甚至严重影响到自己的学习、生活。

3. 有客观正确的自我认识

心理健康的大学生能够正确地认识自己，客观、全面地评价自己，对自己的生活目标和理想也能定得切合实际，能把理想的我和现实的我统一。对自己的优点和缺点有清醒、正确的认识，能够悦纳自我、扬长避短，接受不完美的自己，并做到自尊、自爱、自强。

4. 有坚忍不拔的意志品质

大学阶段虽然没有了高考的压力，但学业的压力、恋爱交友的压力、能力提升的压力、就业的压力等都在不同程度地考验着每个人，而且在很大程度上这些压力并非来自教师、家长，而是大学生在自我加压。大学生要想顺利完成学业，提高自己各方面能力，为将来走向社会打下良好的基础，就必须要在大学期间克服种种困难，付出艰苦的努力，用自己良好的意志品质战胜各种困难和诱惑，排除各种干扰，使大学成为自己历练的舞台。

5. 有健全统一的人格修养

人格完整就是指有健全统一的人格，即一个人的所想、所说、所做都是统一协调一致的，人格结构的各要素，包括气质、性格、能力、需要、兴趣、爱好、信念等是完整统一的，有内在的同一性，以积极进取的态度把自己的兴趣、需要、目标和行动统一起来。

6. 有和谐友善的人际关系

心理健康的大学生乐于与他人交往，虽然在学习生活中也会与周围人出现矛盾或摩擦，但他能积极寻求解决问题的方法，不会给自己的生活带来太大的负面影响，能以尊重、信任、理解、宽容、友善的态度与人相处，能分享、接受、给予爱和友谊，有稳定的人际关系，拥有可信赖的朋友，社会支持系统强而有力。而心理不健康的大学生不善与别人相处，人际关系经常处于紧张状态，对别人充满敌意，孤僻不合群，由于难以处理好人际关系经常使自己处在内心痛苦挣扎的状态。

7. 有积极良好的适应能力

进入大学阶段，大学生无论学习、生活、人际关系等方面都发生了巨大的变化，这需要其拥有良好的适应能力。大学生的适应主要表现在社会适应、学习适应、生活适应三方面。社会适应主要是指能和集体保持良好的关系，能够与集体步调一致，当个人的需要和愿望与社会的要求、集体的利益发生冲突时，能够迅速地进行自我调节。学习适应主要指学会学习，掌握科学的学习方法和策略，能够优化自己的学习过程，能够调控自己的学习状态，不断地开发自身的潜能。生活适应主要指能够解决生活中遇到的各种问题，掌握排解心理困扰、减轻心理压力的方法。

8. 有与自己年龄一致的心理行为表现

在人生命发展的不同年龄阶段，都有相对应的不同的心理行为表现，从而形成不同年龄阶段心理行为模式。大学生正处在青春飞扬的时期，心理健康的大学生思维敏捷、情感活跃、朝气蓬勃、热情洋溢、勇于探索。如果出现长时间萎靡不振、喜怒无常等现象，都可能是心理出现问题的表现。

根据以上大学生心理健康的诸项标准，正确理解和把握大学生心理健康标准，应该注意以下三个方面的问题。

首先，心理健康状态具有相对稳定性。一个人在相当一段时间范围内，他的心理状态是比较稳定的。一个心理健康的人由于生活中的一些事件也会出现抑郁、烦躁、焦虑、偏激等不健康的心理状态，但不能因此判断他出现了心理疾病，随着时间推移，负面情绪会自然缓解。事实上，心理健康与不健康、正常与异常、变态与常态之间并没有绝对的界线，只是程度上的不同。从心理健康的诸项标准来看，很多大学生在其中的一个或几个方面出现了偏差，但其他方面都比较正常，这是比较常见的。如果将人的精神正常比作白色，精神不正常比作黑色，在白色和黑色之间有一个很大的过渡带——灰色带，事实上我们很多人都会在生活的某个阶段处在灰色地带。也就是说，在一生当中，人们经常会因为生活工作中的某些事件出现心理上的问题，这是很正常的现象。

其次，心理健康状态具有发展变化性。大学生在学习生活中经常会遇到困难，导致情绪的波动，这是正常状态，很多大学生都能够通过自身的心态调整，或者随着时过境迁，或者通过他人的帮助，最终走出困境、走出低谷，重新回到学习生活的正常轨道上来。

最后，心理健康状态具有整体协调性。从心理过程的发展来看，心理健康的人的心理活动是一个完整的、统一的、协调的整体，认知是心理健康的基础，意志是心理健康的支点，情感是认知与意志之间的中介。如果心理过程的这三个方面出现失衡，个体就难以控制出现心理问题甚至心理疾病。

三、心理健康的划分指标

（一）心理正常与心理不正常

任何事物都有正反两个方面，人的心理健康状况同样有心理正常与心理不正常（异常）之分。但由于没有公认的统一区别标准，在日常生活、心理咨询及临床诊断中，人们往往从不同角度，按照不同的经验和标准去区分，特别是在日常生活中，人们根据常识性的认识，基本可以判断一个人心理是否正常。此外，判断一个人心理正常与不正常还有标准化和非标准化区分，但这里主要是从心理学的角度来加以区分与判断的。

国家职业资格培训教程《心理咨询师（基础知识）》中援引中国心理卫生协会副理事长郭念锋的观点，认为心理是人脑对客观现实主观能动的反映，从这个基本点出发，判断一个人心理正常与不正常，可以依据以下三个方面。

1. 主观世界与客观世界是否统一

因为心理是客观现实的反映，所以任何正常心理活动和行为，必须就形式和内容上与客观环境保持一致。一个人的思维内容脱离现实，或思维逻辑背离客观事物的规律时便形成了妄想。这些都是我们观察和评价人的精神与行为的关键，我们称它为统一性(或同一性)标准。人的精神或行为只要与外界环境失去统一，便被人理解。

2. 心理活动的内在是否协调一致

人类的精神活动虽然可以被分为知、情、意等部分，但它自身却是一个完整的统一体，各种心理过程之间具有协调一致的关系，这种协调一致性保证人在反映客观世界过程中的高度准确和有效。比如，一个人遇到一件令人愉快的事，会产生愉快的情绪，手舞足蹈，欢快地向别人述说自己内心的体验，这属于精神与行为一致；如果相反，用低沉的语调向别人述说令人愉快的事，或者对痛苦的事做出快乐的反应，我们就可以说他的心理过程失去了一致性，称为异常状态。

3. 人格是否相对稳定

每个人在自己长期的生活道路上都会形成自己独特的人格心理特征，这种人格特征形成之后具有相对的稳定性，在没有重大外界事件发生的情况下，一般是不易改变的。如果在没有明显外部原因的情况下，人格的相对稳定性出现了问题，我们也要怀疑一个人的心理活动是否出现异常。

(二)心理健康与心理不健康

从健康心理学的角度看，心理健康与心理不健康都属于心理正常范围，因为不健康不属于病态。从图 2-1 中可以看出几个概念之间的关系。

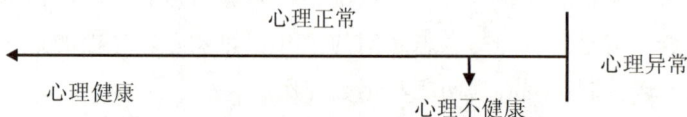

图 2-1 心理正常与心理异常图解

心理不健康状态可包含如下类型：一般心理问题、严重心理问题、神经症性心理问题(可疑神经症)。一般心理问题是由现实因素激发、持续时间较短、情绪反应能在理智控制之下、不严重破坏社会功能、情绪反应尚未泛化的心理不健康状态。严重心理问题是由相对强烈的现实因素激发，初始情绪反应强烈，持续时间较长，内容充分泛化的心理不健康状态。神经症性的心理问题(可疑神经症)属于神经症的早期阶段。

(三)心理健康水平等级：常态、偏态、病态

1. 常态

心理健康状态。个体能正常学习生活工作，无较大困扰，个体行为基本能与社会环境相适应。

2. 偏态

心理失调状态。个体有精神痛苦和社会功能损害，在程度上有轻度心理失调、

严重心理失调之分。

（1）轻度心理失调（一般心理问题）：持续时间较短（1～3个月），境遇性强，有些问题会随时间推移自行缓解或消除，有些通过当事人主动调节也可解决，个体生活学习工作基本能正常进行，但效率有所下降。一般心理问题若不及时有效地调节，会发展为较严重的心理障碍。

（2）严重心理失调（严重心理问题或心理障碍）：时间持久（3个月～1年），内容泛化，自身难以克服，需他人帮助或转移环境摆脱痛苦，社会功能受损严重，规避行为多，如休学、辞职、自闭等。

3. 病态

心理疾病状态。心理活动严重紊乱，干扰了正常感知和思维，甚至出现人格偏离和行为异常，发病期社会功能几乎处于瘫痪状态。

（四）健康与亚健康

1. 什么是亚健康

亚健康是相对健康状态而言的。所谓亚健康状态，通常是指无临床症状和体征，或者有病症感觉而无临床检查证据，但有潜在发病倾向，处于一种机体结构退化、生理功能减退和心理失衡的状态。亚健康一词最早由苏联学者 N. 布赫曼提出的。世界卫生组织认为：亚健康状态是指介于健康与疾病之间的临界状态，各种仪器及检验结果均没问题，但人体有各种各样的不适感觉。通常把这种状态称为“第三状态”，我国称为“亚健康”状态。因为其表现复杂多样，国际上还没有一个具体的标准化诊断参数。

2. 亚健康的分类

一般来说，亚健康状态由四大要素构成：即排除疾病原因的疲劳和虚弱状态；介于健康与疾病之间的中间状态或疾病前状态；在生理、心理、社会适应能力和道德上的欠完美状态；与年龄不相称的组织结构和生理功能的衰退状态。

以世界卫生组织四位一体的健康新概念为依据，亚健康可划分为：

（1）躯体亚健康。表现为不明原因或排除疾病原因的体力疲劳、虚弱、周身不适、性功能下降和月经周期紊乱等。

（2）心理亚健康。表现为不明原因的脑力疲劳、情感障碍、思维紊乱，产生恐慌、焦虑、自卑等不良情绪，甚至产生自杀念头等。

（3）社会适应亚健康。表现为对工作、生活、学习等环境难以适应，人际关系难以协调。

（4）道德亚健康。表现为世界观、人生观和价值观上存在明显的损人害己的偏差。

调查显示，我国亚健康人群发生率在45％～70％，发生年龄主要在35～60岁。人群分布特点为：中年知识分子和以从事脑力劳动为主的白领人士、领导干部、企业家、影视明星是亚健康高发人群,大学生亚健康问题也令人担忧,老年人亚健康问题复杂多变,特殊职业人员亚健康问题突出。

3. 导致亚健康的主要原因

(1)长期饮食不规律、膳食结构不合理。很多人由于工作节奏比较快,生活方式不健康,导致一日三餐长期不规律,饥一顿饱一顿,或者长期忽视早餐,饱食晚餐,膳食结构不合理,长此以往都会导致体内营养失衡,影响身心健康。

(2)长期生活无规律、作息不正常,睡眠不足,也会使人体生物钟处于失调状态,使人体免疫力低下,白天头晕脑涨,浑身乏力,工作效率低下。

(3)工作紧张压力大,特别是单位的领导、业务骨干、业界精英等,这些人群精神长期高度紧张、体力透支、身心疲惫。

(4)不良精神、心理因素刺激。

(5)个性原因。对自己期望值过高、争强好胜、追求完美、过于较真等个性特点也是亚健康的重要原因。

4. 亚健康的预防

如何预防或减轻亚健康,做到五个字:"平、减、顺、增、改"。

(1)"平":平衡心理、平和心态、平稳情绪。虽然人生不如意十有八九,但面对客观现实,自己可以从主观上正确面对,积极调整自己的心态,以不变应万变。

(2)"减":适时适当适度地通过合理的渠道和方法缓解过度的压力,减轻工作负担,提高工作效率。

(3)"顺":顺应生物钟,调整好休闲、睡眠与工作的关系,有张有弛,劳逸结合。

(4)"增":积极参加适合自己的户外运动,通过有氧运动增强自身免疫力,增强身体素质。

(5)"改":改变不良生活方式和习惯,科学养生,关爱自己,从源头上阻止亚健康状态发生。

第二节　常见的神经症及人格障碍

一、常见的神经症

(一)神经症的概念

神经症(neurosis)即早期的神经官能症,是一组精神障碍的总称,概念也几经变迁,不同领域的学者有着不同的看法,尚无统一定论。

最早提出神经症一词的是苏格兰医生威廉·卡伦(William Cullen),指的是神经系统的疾病，涵盖着昏迷、歇斯底里、疑病以及各种原因引起的痉挛和精神失常，后来人们逐渐意识到神经症是一种心理障碍。

《中国精神障碍分类与诊断标准(第三版)》中将神经症定义为：一组主要表现为焦虑、抑郁、恐惧、强迫、疑病症状或神经衰弱症状的精神障碍。本障碍有一定的人格基础，该病常受心理社会因素影响。症状没有可证实的器质性病变作基础，与病人的现实处境不相称，但病人对存在的症状感到痛苦和无能为力，自知力完整或基本完整，病程多迁延。

(二)神经症的发病原因

神经症的病因是多源性的，至今仍无定论，但是目前比较一致的看法是，神经症的发病与心理社会因素有着重要的关系。外在的精神应激与内在的素质因素是神经症产生的两个必不可少的原因，除此之外，个体的生理因素也是引起神经症的可能性原因。

1. 现实生活中的负性事件

许多研究表明，神经症患者遭受了更多的负性生活事件，这些事件涉及人际关系、婚姻与性关系、经济与工作等方面，并且事件持续时间长。但也有学者指出突发性的事件引起的精神紧张也可导致神经症，例如，四川汶川地震后对 10 个灾区的青少年心理健康状况进行调查，结果显示 16.8% 的地震灾区青少年存在各种明显的心理健康问题，存在焦虑、恐惧等症状，汶川地震 8 年后地震灾区青少年心理健康水平仍然较低。

2. 个性因素

越来越多的研究者倾向于认为与应激事件相比较，神经症患者的个性特征或个体易感性对于神经症的病因有着更为重要的意义，也就是说，个体的遗传因素影响巨大。研究表明具有自我中心性、情绪不稳定、易受暗示、内向离群等人格特征的个体更容易患神经症。个体的个性特征决定着个体患某种特定的神经症亚型的倾向。对 2000 例神经症患者的分组研究表明，不同类型的神经症患者的心理症状和人格特征有一定差异。

3. 个体生理因素

生物学的研究表明，中枢神经系统一些结构或功能的变化可能与神经症的发生有关。比如，中枢肾上腺素能、五羟色胺能活动的增强，抑制性氨基酸的功能不足可能与焦虑性神经症有关，某些强迫症患者脑 CT 和 MRI 检查发现有双侧尾状核体积缩小的现象。

(三)神经症的诊断标准

和大多数精神障碍一样，神经症的诊断方法也有参考既定的标准，结合临床经验，参考《中国精神障碍分类与诊断标准(第三版)》对神经症的诊断标准如下。

(1)症状标准(至少有下列 1 项)：①恐惧；②强迫症状；③惊恐发作；④焦虑；

⑤躯体形式症状；⑥躯体化症状；⑦疑病症状；⑧神经衰弱症状。

（2）严重标准：社会功能受损或无法摆脱精神痛苦，促使其主动求医。

（3）病程标准：符合症状标准至少已3个月，惊恐障碍另有规定。

（4）排除标准：排除器质性精神障碍、精神活性物质与非成瘾物质所致精神障碍、各种精神病性障碍，如精神分裂症、偏执性精神病及心境障碍等。

（四）常见的神经症

1. 抑郁症

让你用一些词来描述和形容你当前的生活，你会用一些什么样的词语？开心、快乐、满足还是悲伤、孤独、绝望？如果你使用的词更多的是后者，那你有可能被一种叫做"抑郁"的情绪所困扰。世界上有这样一类人，他们生活中的每时每刻都是灰色的，每天都沉浸在悲伤和自责中无法自拔，自感生活毫无意义，想过自杀甚至已经做过某种行为想要结束自己的生命，他们就是抑郁症患者。根据世界卫生组织的统计，全球有超过3亿人正在遭受抑郁之苦，抑郁症的现患病率从2005年到2015年的11年间增长了18%。

抑郁症属于一种心境障碍，患有抑郁症的人情绪上表现出悲伤、沮丧、无助、自卑，这些情绪在早上最为严重，伴随消极情绪出现的是满足感和行动力的丧失，原来可以引起满足感的行为变得索然无味，对世界的一切都感到抗拒和无所谓。认知上患者常常把自己笼罩在消极的氛围中，对自己的评价过低，经常会以悲观绝望的态度看待未来，缺乏做某种行为的内部动力，例如教师无法上课，学生无法学习，除了心理上的症状之外，还伴随着明显的躯体症状，包括食欲差，体重明显降低，睡眠失调。

心理自测

抑郁自评量表（SDS）

一、测试说明

本评定量表共有20个题目，分别列出了一些可能存在的问题。请仔细阅读每一条目，然后根据最近一星期你的实际感受，选择一个与你的情况最相符的答案。（1. 没有或很少时间 2. 小部分时间 3. 相当多时间 4. 绝大部分或全部时间。）

请你不要有所顾忌，根据自己的真实体验和实际情况来回答，不要花费太多的时间去思考，根据第一印象做出判断。测验中的每一个问题都要回答，不要遗漏。

二、测验题目

1. 我觉得闷闷不乐，情绪低沉	1 2 3 4
* 2. 我觉得一天之中早晨最好	1 2 3 4
3. 我会不时哭出来或觉得想哭	1 2 3 4
4. 我晚上睡眠不好	1 2 3 4

＊ 5. 我吃得跟平常一样多	1	2	3	4
＊ 6. 我与异性密切接触时和以往一样感到愉快	1	2	3	4
7. 我的体重在下降	1	2	3	4
8. 我有便秘的苦恼	1	2	3	4
9. 我心跳比平时快	1	2	3	4
10. 我无缘无故地感到疲乏	1	2	3	4
＊ 11. 我的头脑跟平常一样清楚	1	2	3	4
＊ 12. 我觉得经常做的事情做起来没有困难	1	2	3	4
13. 我觉得不安而平静不下来	1	2	3	4
＊ 14. 我对将来抱有希望	1	2	3	4
15. 我比平常容易生气激动	1	2	3	4
＊ 16. 我觉得作出决定是很容易的	1	2	3	4
＊ 17. 我觉得自己是个有用的人，有人需要我	1	2	3	4
＊ 18. 我的生活过得很有意思	1	2	3	4
19. 我认为如果我死了别人会生活得好些	1	2	3	4
＊ 20. 以往我感兴趣的事现在依然很感兴趣	1	2	3	4

三、计分标准及解释

正向计分题目，依次评为粗分1、2、3、4分；反向计分题目（带＊号的）则依次评分为4、3、2、1分。

将20个项目的得分相加，即得粗分(X)，然后将粗分乘1.25以后取整数部分，即为标准分(Y)。按照中国常模结果，SDS标准分的分界值为53分，其中53～62分为轻度抑郁，63～72分为中度抑郁，72分以上为重度抑郁。

2. 强迫症

日常生活当中，每个人都会有一些无法控制的想法和行为，例如，我们常常会听到自己的同伴问"我刚才出门锁门了吗""我出门带手机了吗"等。我们虽然会有这种想法，但是绝大部分人都不会过分关注它的后果和影响，除了强迫症患者。

强迫症属于焦虑障碍的一种类型，其特点是有意识的自我强迫与反强迫同时存在，二者的严重冲突使得患者异常焦虑和痛苦。患者能够意识到强迫症状是异常且毫无意义的，但却无法摆脱，所以多伴有明显的焦虑不安和抑郁情绪。强迫症状的临床表现形式主要有两种：强迫观念和强迫行为。

强迫观念是强迫症的核心症状，最为常见，指的是患者意识中会不自觉的闯入毫无意义的冲动、观念或者想法，患者明知道这些想法是不合理的，但又很难被消除或者控制。例如，出门后会怀疑自己没锁门，在转账后怀疑自己输入了错误的银行卡号等，是最常见的强迫怀疑。除此之外还有强迫回忆、强迫穷思竭虑、强迫联想等。

强迫行为是强迫观念在实际行动中的反应,如出门后反复回去检查门是否锁好,因为怀疑手被污染而反复洗手等。患者感觉自己做出这些行为是对强迫观念的回应,目的是为了减少焦虑、逃避恐惧。但是显然患者也许感知到自己的这些行为是毫无意义的。

3. 焦虑症

生活中,我们都体验过焦虑情绪,如重要考试或重大事件前的紧张不安,有时候我们还会因为焦虑而出现失眠、多梦、出汗等症状,所以焦虑是一种负面情绪,但是心理学研究表明:适度的焦虑有助于我们更好地完成任务,但是如果焦虑过度,会发生什么样的状况呢? 考试前,脑海中都是关于失败的想法,面试时都是关于怎么搞砸面试的情景,那就有可能真失败了。

焦虑症以广泛和持续性焦虑或反复发作的惊恐不安为主要特征,患者预感到要发生某种危险,常伴有紧张、恐惧、头晕、胸闷、呼吸急促、出汗等神经系统症状。焦虑的临床表现主要有两种形式:惊恐障碍和广泛性焦虑。

惊恐障碍的发生一般没有特定的情境,由反复的惊恐发作组成。患者会突然感到强烈的恐惧、紧张,或者预感到有不好的事情将要发生,继而出现呼吸困难、头晕、恶心等临床症状,一般可于数分钟后自行缓解。

广泛性焦虑是一种慢性焦虑,缺乏明确对象和具体内容的提心吊胆及紧张不安,患者会为生活中的每件小事都感到担忧和害怕,个体很难控制这种情绪,会感到无助、神经紧张而处在崩溃边缘,同时由于过度的紧张而容易疲劳,易怒,难以入睡。

心理自测

焦虑自评量表(SAS)

一、测验说明

本评定量表共有20个题目,分别列出了一些可能存在的问题。请仔细阅读每一条目,然后根据最近一星期你的实际感受,选择一个与你的情况最相符的答案。(1. 没有或很少时间 2. 小部分时间 3. 相当多时间 4. 绝大部分或全部时间。)

请你不要有所顾忌,根据自己的真实体验和实际情况来回答,不要花费太多的时间去思考,根据第一印象做出判断。测验中的每一个问题都要回答,不要遗漏。

二、测验题目

1. 我觉得比平常容易紧张和着急   1   2   3   4

2. 我无缘无故地感到害怕   1   2   3   4

3. 我容易心里烦乱或觉得惊恐   1   2   3   4

4. 我觉得我将要发疯   1   2   3   4

* 5. 我觉得一切都好,也不会发生什么不幸   1   2   3   4

6. 我手脚经常颤抖   1   2   3   4

7. 我因为头痛、颈痛和背痛而苦恼	1	2	3	4
8. 我感觉容易衰弱和疲乏	1	2	3	4
＊9. 我觉得心平气和，并且容易安静坐着	1	2	3	4
10. 我觉得心跳得很快	1	2	3	4
11. 我因为会一阵阵头晕而苦恼	1	2	3	4
12. 我时有晕倒发作，或觉得要晕倒似的	1	2	3	4
＊13. 我吸气呼气都感到很容易	1	2	3	4
14. 我的手脚经常麻木和刺痛	1	2	3	4
15. 我因为胃痛和消化不良而苦恼	1	2	3	4
16. 我常常要小便	1	2	3	4
＊17. 我的手脚常常是干燥温暖的	1	2	3	4
18. 我经常脸红发热	1	2	3	4
＊19. 我容易入睡并且一夜都睡得很好	1	2	3	4
20. 我做噩梦	1	2	3	4

三、评分标准及解释

正向计分题目，依次评为粗分 1、2、3、4 分；反向计分题目（带 ＊ 号的）则依次评分为 4、3、2、1 分。

将 20 个项目的得分相加，即得粗分（X），然后将粗分乘 1.25 以后取整数部分，即为标准分（Y）。按照中国常模结果，SAS 标准分的分界值为 50 分，其中 50～59 分为轻度焦虑，60～69 分为中度焦虑，69 分以上为重度焦虑。

4. 恐惧症

恐惧症是一种持久的恐惧反应，是患者对某种客观事物或情境产生异乎寻常的恐惧紧张，并伴有明显的躯体症状。通常情况下，患者所表现出的恐惧强度与现实所面临的实际威胁不成比例，虽然患者意识到这种恐惧是过度或者不合理的，但是仍不能够摆脱。恐惧症的症状相同，但表现形式却是多种多样的，按照恐惧对象将恐惧症分为：场所恐惧症、社交恐惧症、物体恐惧症。

场所恐惧症患者的恐惧对象为某些特定的场所或环境。如人流穿梭的机场、密闭的空间、黑暗的房间等，患者一旦去到这些特定地方，便会紧张、出汗、心跳急速、惊恐发作，并迫切地想要离开。

社交恐惧症患者无法进行正常的社交活动，回避社交场合，在与人进行交往的过程中因害怕被别人注视，担心当众出丑而避免说话，表现出害羞、紧张、不安和尴尬等情绪，特别是在与异性的交往中，无法与异性同伴进行正常的交流，看到异性脸红、心跳加速。病情较为严重的患者因恐怖而回避交际，与社会隔绝，无法进行正常的生活、工作和学习。

物体恐惧症又被称为简单恐惧症，主要表现为对某些物体或情境的恐惧，如对动物、鲜血、针头、高空、雷电的恐惧等。日常生活中最常见的恐高症，患者到高空之后无法控制内心的恐惧，害怕自己掉下去而丧命，继而出现紧张、心跳加速、手脚麻木甚至休克等症状。

5. 疑病症

疑病症是指尽管大量的医学证据证实个体没有疾病，个体仍然深信自己患有某种严重的生理疾病或者过分恐惧会患上这种疾病。患有疑病症的人会过分地关注自己的身体机能，他们会不停地为一些正常的生理现象担心，如心率加快、出汗等。他们会频繁地就医，更换主治医生，尽管医生诊断他们是健康的，他们还是不放心。

6. 神经衰弱

神经衰弱的患者在学习工作或者进行其他活动时都会产生杂乱的联想和回忆，注意力无法集中，经常出现"脑子乱"的情况，同时他们做什么事都会感到非常累，容易疲劳且这种疲劳无法缓解。

神经衰弱的病因多是由于心理压力和个体素质导致，心理压力过大，一点小事就会引起强烈的情绪，病人感到痛苦并且逢人就说，就像鲁迅笔下的"祥林嫂"一样。神经衰弱最主要的躯体障碍是睡眠障碍，失眠且持续时间很长。睡眠与醒来的节奏紊乱，白天发困打瞌睡，夜晚却兴奋难以入眠。

二、人格障碍

(一)什么是人格障碍

人格障碍也称病态人格，是指人格特征显著偏离正常，即个体在没有认知障碍或智力障碍的情况下，其生活风格和人际关系等方面出现的异常的感知、思维和行为模式。这种感知、思维和行为模式明显与其所处的文化和社会大多数人认可的认识明显偏离，使个体对环境适应不良，明显影响其社会功能和职业功能，自己感到很痛苦，又难以纠正。一般来讲人格障碍通常开始于童年或青少年期，持续至成年甚至终身。人格障碍有轻重之分，轻者可以完全正常生活，只有与他密切接触的人才能感觉到他的怪癖与难以相处；严重者表现出明显的社会适应障碍，不能正常地学习和生活。人格障碍的大学生虽然人数少，但会严重阻碍大学生的身心健康发展，进而影响到大学的校园生活及文化，因此要引起高度重视。

(二)常见的人格障碍

1. 偏执型人格障碍

偏执型人格又叫妄想型人格，是一种以猜疑和偏执为主要特点的人格障碍，患者的行为特点为敏感、多疑、心胸狭窄，常将他人无意的、非恶意的甚至友好的行为误解为敌意或歧视而耿耿于怀；患者报复心强，易产生病态嫉妒，不宽容他人的过错；很难接受别人的意见及建议，容易与人起争执，喜欢钻牛角尖，强词夺理；并且过于自负，对别人要求过高，常将自己的失败归咎于他人。有这种人格的人与家人不能和睦相处，在外不能与朋友、同学相处融洽，给人不通情理，难以接近的感觉，别人只好对他敬而远之。

2. 依赖型人格障碍

依赖型人格障碍是一种以无法独立、过度依赖、被动服从为主要特点的人格障碍，较多地出现在独生子女当中。依赖型人格对亲近与归属有过分的渴求，这种渴求是强迫的、盲目的、非理性的，与真实的情感无关。依赖型人格的人害怕被遗弃，过分顺从、容忍，宁愿放弃自己的个人趣味、人生观。依赖型人格的这种处世方式会使个体越来越懒惰、脆弱，缺乏自主性和创造性。由于处处委曲求全，这类人会产生越来越多的压抑感，这种压抑感会使他渐渐放弃自己的追求。

3. 自恋型人格障碍

自恋型人格障碍是一种以自我为中心为主要特点的人格障碍。古希腊有一个神话故事：一位名叫纳西塞斯(Narcissus)的英俊少年，有一天，他在水中看到了自己的影子，便一见倾心，再无心恋及他人、他事，在水边看着自己的影子不愿离去，最终憔悴而死。后来，心理学上便以纳西塞斯的名字来命名自恋症。可见这类人认为自己比周围的人都完美，坚信自己是很特别、很优秀的人，无根据地夸大自己的才能，过分自大，缺乏同情心，所以此类人的人际关系常常出现问题，容易产生孤独、抑郁的心情，加之他们有不切实际的高目标，往往容易在各方面遭受挫折。

4. 回避型人格障碍

回避型人格又叫逃避型人格，是一种以行为退缩、心理自卑，对他人评价过分敏感为主要特点的人格障碍。回避型人格障碍患者在面对挑战或挫折时多采取回避态度或认为自己没有能力应付，很容易怀疑自身价值，对需要人际交往的社会活动或工作总是尽量逃避，有渴望情感、友谊的愿望，但是害怕被拒绝、受伤，所以很少有朋友，难以同他人进行感情交流。古往今来，许多人为了摆脱痛苦，成为心如枯木或孤傲冷僻的隐居者。从现代心理学的角度来看，那些遁迹荒野、不食人间烟火的隐居者们很可能就是具有回避型人格的人。

5. 冲动型人格障碍

冲动型人格障碍又称暴发型或攻击型人格障碍，是一种以情绪和行为具有明显冲动性为主要特点的人格障碍。男生明显多于女性。冲动型人格障碍往往在童年时就有所表现，其情绪反复无常、不可预测，往往因很小的事就会突然爆发强烈的暴力行为，自己控制不住自己，易与他人发生争吵和冲突，易走极端，可能伤害他人，也可能伤害自己甚至自杀。

6. 表演型人格障碍

表演型人格障碍又称癔症型人格障碍或寻求注意型人格障碍，也被称为心理幼稚型人格障碍，是以心理发育的不成熟，过度表现自我、过分感情用事或用夸张的言行吸引他人注意为主要特点的人格障碍。此类型人格障碍多见于女性，尤其是中青年女性最为常见，一般年龄都在 25 岁以下。这类人表情夸张，感情多变，容易受别人的暗示影响，爱出风头，愿意参加各种人多的活动，说话夸大其词，掺杂自身幻想情节。

7. 强迫型人格障碍

强迫型人格障碍是一种以要求严格和完美为主要特点的人格障碍，在大学生中较为常见，男生多于女生。这类人极端追求完美，对细节、规则、秩序有极高的要求，甚至许多生活小事也要程序化，不遵守就会感到不安或必须重做，常常会由于过分认真、重视细节而小心翼翼、忽视全局，导致学习、工作效率低下；待人处事过于谨小慎微，缺乏业余爱好，为人拘谨、刻板、固执、多思多虑，常把自己的意志强加于他人。

8. 反社会型人格障碍

反社会型人格障碍又称精神病态或悖德型人格障碍，是一种以不符合社会规范为主要特点的人格障碍。这种人格障碍引起的违法犯罪行为最多，这类人往往缺乏道德观念、无社会责任感、极端自私、缺乏同情心和爱心，对别人的痛苦无动于衷，甚至在某些情况下可能有意给别人制造麻烦与痛苦，缺乏内疚感和罪恶感；缺乏自制力，行为易冲动，会出现反复违纪、违法行为，甚至屡次犯罪，给社会、家庭带来极大危害。反社会型人格障碍者在 18 岁之前表现为品性问题，如经常说谎、逃学、反复偷窃，打架斗殴、不遵守规章制度等，若忽视了对他们的品行教育，就容易形成后来的极端人格。反社会型人格障碍与冲动型人格障碍类似，但冲动型人格障碍是对自己的冲动行为缺乏自控力，而反社会型人格障碍是明知故犯、屡教不改。

心理自测

症状自评量表（SCL-90）

一、指导语

以下题目中列出了一些可能存在的问题，请仔细地阅读每一条，然后根据最近一星期你的实际感受，选择一个与你情况最相符的答案，现在开始吧！（1. 没有 2. 很轻 3. 中等 4. 偏重 5. 严重）

二、测试题目

1. 头痛	1	2	3	4	5
2. 神经敏感，心中不踏实	1	2	3	4	5
3. 头脑中有不必要的想法或字句挥之不去	1	2	3	4	5
4. 经常头昏或昏倒	1	2	3	4	5
5. 对异性的兴趣减退	1	2	3	4	5
6. 对旁人责备求全	1	2	3	4	5
7. 感觉别人能控制你的思想	1	2	3	4	5

8. 责怪别人制造麻烦	1	2	3	4	5
9. 忘性大	1	2	3	4	5
10. 总在担心自己的衣饰整齐及仪态是否端正	1	2	3	4	5
11. 容易烦恼和激动	1	2	3	4	5
12. 经常胸痛	1	2	3	4	5
13. 害怕空旷的场所或街道	1	2	3	4	5
14. 感到自己的精力下降	1	2	3	4	5
15. 想结束自己的生命	1	2	3	4	5
16. 会听见旁人听不到的声音	1	2	3	4	5
17. 经常发抖	1	2	3	4	5
18. 感到大多数人都不可信任	1	2	3	4	5
19. 胃口不好	1	2	3	4	5
20. 容易哭泣	1	2	3	4	5
21. 同异性相处时感到害羞、不自在	1	2	3	4	5
22. 感觉自己在受骗	1	2	3	4	5
23. 无缘无故地突然感到害怕	1	2	3	4	5
24. 自己不能控制地大发脾气	1	2	3	4	5
25. 怕单独出门	1	2	3	4	5
26. 经常责怪自己	1	2	3	4	5
27. 经常腰痛	1	2	3	4	5
28. 感到难以完成任务	1	2	3	4	5
29. 感到孤独	1	2	3	4	5
30. 感到苦闷	1	2	3	4	5
31. 过分担忧	1	2	3	4	5
32. 对任何事物都不感兴趣	1	2	3	4	5
33. 容易感到害怕	1	2	3	4	5
34. 感情容易受到伤害	1	2	3	4	5
35. 觉得旁人能知道你的私下想法	1	2	3	4	5
36. 感到别人不理解你、不同情你	1	2	3	4	5
37. 感到人们对你不友好，不喜欢你	1	2	3	4	5
38. 做事必须做得很慢以保证做得正确	1	2	3	4	5
39. 总是心跳得很厉害	1	2	3	4	5
40. 经常恶心或胃部不舒服	1	2	3	4	5
41. 感觉自己比不上他人	1	2	3	4	5
42. 经常感到肌肉酸痛	1	2	3	4	5

43. 感到有人在监视你、谈论你	1	2	3	4	5
44. 平时难以入睡	1	2	3	4	5
45. 做事必须反复检查	1	2	3	4	5
46. 难以作出决定	1	2	3	4	5
47. 怕乘电车、公共汽车、地铁或火车	1	2	3	4	5
48. 经常会呼吸困难	1	2	3	4	5
49. 经常感到一阵阵发冷或发热	1	2	3	4	5
50. 因为感到害怕而避开某些东西、场合	1	2	3	4	5
51. 脑子经常放空	1	2	3	4	5
52. 经常感到身体发麻或刺痛	1	2	3	4	5
53. 经常感到喉咙有哽塞感	1	2	3	4	5
54. 感觉自己的前途没有希望	1	2	3	4	5
55. 不能集中注意力	1	2	3	4	5
56. 经常感到身体的软弱无力	1	2	3	4	5
57. 经常感到紧张或容易紧张	1	2	3	4	5
58. 经常感到手或脚无力	1	2	3	4	5
59. 经常想到有关死亡的事	1	2	3	4	5
60. 经常吃得太多	1	2	3	4	5
61. 当别人看着你或谈论你时感到不自在	1	2	3	4	5
62. 有一些不属于你自己的想法	1	2	3	4	5
63. 有想打人或伤害他人的冲动	1	2	3	4	5
64. 经常醒得太早	1	2	3	4	5
65. 必须反复洗手、点数目或触摸某些东西	1	2	3	4	5
66. 睡得不稳、不深	1	2	3	4	5
67. 有摔坏或破坏东西的冲动	1	2	3	4	5
68. 有一些别人没有的危险想法或念头	1	2	3	4	5
69. 对别人的行为十分敏感	1	2	3	4	5
70. 在商店或电影院等人多的地方感到不自在	1	2	3	4	5
71. 感觉任何事情都很难做	1	2	3	4	5
72. 经常一阵阵恐惧或惊恐	1	2	3	4	5
73. 在公共场合吃东西感到很不舒服	1	2	3	4	5
74. 经常与人争论	1	2	3	4	5
75. 单独一人时神经很紧张	1	2	3	4	5
76. 觉得别人对您的成绩没有作出恰当的评价	1	2	3	4	5
77. 即使和别人在一起也感到孤单	1	2	3	4	5

78. 感到坐立不安心神不宁	1	2	3	4	5
79. 感到自己没有什么价值	1	2	3	4	5
80. 感到熟悉的东西变成陌生或不是真的	1	2	3	4	5
81. 会突然大叫或摔东西	1	2	3	4	5
82. 害怕会在公共场合昏倒	1	2	3	4	5
83. 感觉别人想占自己的便宜	1	2	3	4	5
84. 为一些有关"性"的想法而很苦恼	1	2	3	4	5
85. 认为应该因为自己的过错而受到惩罚	1	2	3	4	5
86. 感觉要赶快把事情做完	1	2	3	4	5
87. 感觉自己的身体有严重问题	1	2	3	4	5
88. 从未感到和其他人很亲近	1	2	3	4	5
89. 感到自己有罪	1	2	3	4	5
90. 感到自己的脑子有毛病	1	2	3	4	5

三、评分标准

1. 总分为90个项目得分之和减去90，超过160分，则提示存在心理健康问题

2. 阳性项目(2~5分的项目)数超过43项，则提示存在心理健康问题

3. 因子分≥2，则提示该因子存在问题

※因子分＝因子项目总分/因子项目数

①躯体化(Somatization)：包括1，4，12，27，40，42，48，49，52，53，56，58，共12项

②强迫症状(Obsessive-Compulsive Disorder)：包括3，9，10，28，38，45，46，51，55，65，共10项

③人际关系敏感(Interpersonal Sensitivity)：包括6，21，34，36，37，41，61，69，73，共9项

④抑郁(Depression)：包括5，14，15，20，22，26，29，30，31，32，54，71，79，共13项

⑤焦虑(Anxiety)：包括2，17，23，33，39，57，72，78，80，86，共10项

⑥敌对(Hostility)：包括11，24，63，67，74，81，共6项

⑦恐怖(Photic Anxiety)：包括13，25，47，50，70，75，82，共7项

⑧偏执(Paranoid Ideation)：包括8，18，43，68，76，83，共6项

⑨精神病性(Psychoticism)：包括7，16，35，62，77，84，85，87，88，90，共10项

⑩附加项目(Additional Items)：包括19，44，59，60，64，66，89，共7项

课堂实践

生命中最重要的五样东西

一、活动目的

探索个人价值观，学会放弃与选择。

二、活动步骤

1. 我的五样

在下面的横线上写下你生命中最重要的五样东西。脑海里涌出什么就写什么，不必考虑顺序，也不用考虑对与错、道德与不道德。这五样东西既可以是人也可以是物，既可以是精神方面的也可以是物质方面的，比如金钱、学习、朋友、家人。总之，它们是你内心最珍贵的。

_____

2. 舍弃

现在请你拿起笔，在你的人生五样中去掉一个，去掉！你的纸上剩下了四样宝贵的东西。请从失去的痛苦中脱离出来，你还要前行。你必须在剩下的四样中再划掉一样，请三思。

你现在仅剩三样最宝贵的东西了。可测试还在继续，请你还要从仅剩的三个挚爱中再涂掉一个！

现在，你人生中最珍贵的东西只剩下两样了，但请你千万坚持下去，从剩下的两个挚爱中再涂掉一个！

现在，你的纸上只剩下一样东西了，这就是你最宝贵的东西，你涂掉的四样，它们同样是你宝贵的东西，只是被涂掉的顺序就是在你心目中划分的主次，好好记住这个顺序吧，它们就是你人生优先的排序，如果在生活中遇到无所适从的时候，它会告诉你，什么是你最重要的东西，什么是你恋恋不舍的东西。

三、活动总结

请你闭上眼，再回顾一下刚刚过去的不堪回首的人生磨难和撕心裂肺的一次次抉择。这时天使回来了，它把刚刚你失去的东西都还给了你，请你睁开眼，重新回到这阳光明媚的现实生活中来，现在你的心情如何？

四、活动分享

请彼此分享内心的体验和感悟。

专题讨论

1. 什么是幸福？

2. 身体健康与心理健康哪个更重要？

阅读欣赏

1. 王建平主编．变态心理学(第2版)[M]．北京：高等教育出版社，2011．
2. 毕淑敏．女心理师[M]．上海：上海社会科学院出版社，2017．
3. 高铭．天才在左，疯子在右[M]．北京：北京联合出版公司，2018．
4. 心理佳片：《犯罪心理》[美]

第三章　心理健康探究
——心理健康的理论基础

　　给我一打健康的婴儿，不管他们祖先的状况如何，我可以任意把他们培养成从领袖到小偷等各种类型的人。

——［美］华生

心理健康有众多的理论基础，不同的理论从各自不同的角度对心理健康有关问题进行阐释，分析心理问题产生的原因并提出相应的调整方法。其中影响最大的当属精神分析理论、行为主义理论、认知主义理论、人本主义理论，它们各有千秋，与这些理论相对应的咨询技术更是绚丽多彩。每一种理论都有其科学性与合理性，值得我们学习继承；也都有其片面性，需要我们批判吸收。在进行心理健康教育的时候，需要根据具体情况，综合运用各种理论及方法，才能更好地解决问题。

案例导读 ▶

我的好朋友为什么不能相信我

萌萌和玲玲是大学二年级某宿舍的一对好朋友。萌萌有一条好看的项链，玲玲很喜欢，经常借着戴。有一天，萌萌不在宿舍，玲玲私自打开萌萌的抽屉拿耳机用，刚好被舍友小梁看到。萌萌回来后，找不到自己的项链。小梁告诉萌萌自己曾看到的情景。萌萌和小梁都怀疑是玲玲偷了项链，并直接质问玲玲："是不是你拿了我的项链？"玲玲非常伤心，认为萌萌作为好朋友不该怀疑她。于是萌萌和玲玲朋友关系破裂，甚至到了互相不说话的地步。而且玲玲在心理上也受到很大影响，她再也不敢和别人交朋友，不敢相信人与人之间还可以相互信任。

思考讨论：

1. 玲玲为什么会产生这样的心理？

2. 请你给玲玲一些指导性建议，让她能调整好自己的心态。

3. 对于萌萌和小梁你有什么建议？

第一节 精神分析理论与方法

精神分析理论的创始人和早期代表人物西格蒙德·弗洛伊德（Sigmund Freud），犹太人，奥地利精神病医生及精神分析学家。其主要的理论观点是：人格的合理建构是心理健康的前提，心理健康的人就是那些没有严重异常症状的人，这些人有能力去爱并且从事生产性的工作。

精神分析理论是建立在对病人进行分析的基础之上的，因此他更多的是强调异常和不适应的特点。尽管如此，弗洛伊德的理论和观点依然使我们对人类的行为和动机有了新的认识，并对整个心理学界产生了巨大的影响。

一、基本理论

（一）意识——无意识理论

弗洛伊德认为人的精神生活由意识和无意识组成，中间夹着很小的部分为前意识。意识是指人当前能觉察到的心理活动；前意识是指那些虽然当前没有觉察到但通过回忆可以觉察到的心理活动；无意识也叫潜意识，是指那些人在清醒的意识下无论如何回忆也无法察觉到的潜在的心理活动。

无意识是精神分析研究的主要内容。无意识的心理活动主要包含了各种人类社会伦理道德、宗教法律所不容许的、原始的、本能的欲望，或是早年创伤性的痛苦的经历，当它们出现在意识中就会唤起当事人的羞耻感、罪恶感、焦虑或恐惧感，因而人们就会不由自主地将其压抑到无意识之中，不让其出现在意识层面，以缓解当事人的焦虑和恐惧。无意识中各种本能冲动、欲望却一直都在积极活动中，有时还很急迫，力求在意识行为中得到表现，但又不能轻易达到，于是就会以梦、口误、笔误、记忆错误等方式出现，而个人长期积累的不良情绪和压抑的本能欲望，得不到合理宣泄和满足就很容易导致心理问题和心理障碍。

精神分析就是要把压抑在潜意识中那些童年创伤、痛苦体验挖掘、暴露出来，变成意识的东西，加以分析、解释、疏导，使当事人重新认识自己，并改造自己人格的不足，改变不良的行为模式，以实现心理健康的目的。精神分析的实质就在于揭示潜意识，使来访者得到领悟，症状就会随之消失。所以，精神分析既是一种重要的心理学理论，又是心理咨询、心理治疗中最主要的一种治疗方法，也叫精神分析法或心理分析法。

（二）人格结构理论

随着对人格研究的进一步深入，弗洛伊德发现意识理论在描述人格上有局限，在《自我与本能》一书中，提出了人格结构说，他认为人格由本我、超我、自我三部分构成，三者始终处于冲突—协调的矛盾运动中。

本我又称"生物的我"，是人格中与生俱来的、最原始的部分，由人的先天本能、原始的欲望所组成，其中最重要的是性本能和攻击本能。本我完全处于心理的无意识层面，可以看成是原始驱力的储存处。本我按"快乐原则"行事，非理性的运作着，它跟随着冲动并追求即时的满足感而不考虑其后果。

超我也称"理想的我"，是人格中最文明、最有道德的部分，它是个体在生活中通过接受社会文化的教养而逐步形成的，是一个人的价值观的储存处。超我受"道德原则"支配，凡不符合超我的动机欲望都将引起不安。超我经常和本我出现矛盾，本我想要做感觉上快乐的事情，而超我则坚持做那些正确的事情。

自我又称"现实的我"，是人格中符合现实的、理智的部分。自我的基本任务是调和本我冲动和超我需求之间的冲突，奉行"现实原则"，它对本我中的东西有检查权，既要防止被压抑的东西扰乱意识，还要在超我的指导下，按外部现实条件去驾驭本我的要求。自我同时侍奉三个严厉的主人：超我、本我、现实。当本我和超我产生矛盾后，自我会进行折中来尽量满足两者需要，然而当本我和超我之间矛盾非常紧张时，自我便很难制定出最优的折中办法。在一个健康的人格中，这三种结构的作用是均衡协调的。本我是求生存的必要的原始动力；超我在监督本我；自我对上按超我的要求去做，对下吸取本我的动力并尽量满足本我的需求，同时要调整本我和超我间的冲突，对外要适应环境，对内要调节心理的平衡。如果本我、超我之间的冲突不能化解，三者关系失衡，则将导致心理失常。所以，在健康的人格结构中，自我力量足够强大，也非常重要。

(三)性欲学说

弗洛伊德认为，在人的发展过程中存在一个正常的性心理发展阶段，性需要是依次通过五个阶段、五种形式来求得满足的，个体如果不能以正常方式通过这些阶段，就会产生各种失调和人格障碍。性心理的发展过程如果不顺利，停滞在某一阶段，即发生固着；如果受挫就会退行，这就可能导致行为的异常。

第一阶段：口腔期(0~1岁)，婴儿通过唇口的吸吮等口部动作获得快感。如果这个时期遇到某种创伤或过度满足，就会形成口腔期人格特征，如沉溺于咬和吸吮手指、吸烟、喝酒、贪吃、爱说等，退行或固着在口腔期的人是敌意的，并且易对人吹毛求疵。

第二阶段：肛门期(1~3岁)，儿童通过延迟或延长排便时间来获得满足。退行或固着在这个阶段的人，可能会过分控制排便导致储藏类性格，叫做肛欲保持，以退缩的方式与世界保持联系；相反也可能导致拖拉、冲动、不可控制的性格，叫做肛欲逐出。退行或固着到这个阶段的人，可能变得过分不整洁、邋遢或相反过分整洁、洁癖。

第三阶段：生殖器期(3~6岁)，弗洛伊德认为，儿童未来心理健康的命运锁定在这个阶段。这一时期儿童被异性的父母吸引，其间如果受到某种创伤体验或过度满足，就会出现一些心理问题，如对人有敌意倾向、女孩的恋父情结、男孩的恋母情结等。

第四阶段：潜伏期(6岁至青春期)，这一时期主要对外部世界感兴趣，如探索自然环境、学习知识、参加文体活动等，儿童人格的自我和超我部分获得了更大的发展。

第五阶段：生殖期(青春期至成年)，儿童重新对异性发生兴趣，喜欢参加由两性组成的活动。这一时期伴随着青春期前性能量的改装换面，和俄狄浦斯情结有联系的性感觉开始出现，青少年必须学会把性吸引的感觉由父辈转向异性同伴。成熟的性意识，就是用成熟的方式和恰当的内容表达性感觉，然而，任何以前的退行和固着都限制了个体达到这个阶段并感到满意的能力。

儿童发展的某阶段没有顺利度过是导致心理问题甚至心理障碍的重要原因。

拓展专栏

俄狄浦斯情结

在古希腊神话中有这么一个故事：预言说，底比斯王的新生儿（也就是俄狄浦斯），有一天将会杀死他的父亲而与他的母亲结婚。底比斯王对这个预言感到震惊万分，于是下令把婴儿丢弃在山上。但是有个牧羊人发现了他，把他送给邻国的国王当儿子。俄狄浦斯并不知道自己真正的父母是谁。长大后他成了英雄，赢得伊俄卡斯忒女王为妻。后来国家瘟疫流行，他才知道，多年前他杀掉的一个旅行者是他的父亲，而现在和自己同床共枕的是自己的生母。俄狄浦斯羞怒不已，他刺瞎了自己的双眼，离开底比斯，并自我放逐。

俄狄浦斯情结又称恋母情结，是精神分析理论的术语。弗洛伊德认为，儿童在性发展的对象选择期，开始向外界寻求性对象，在幼儿期，由于母亲偏爱儿子和父亲偏爱女儿，儿童的这个对象首先是双亲，男孩选母亲而女孩则常选父亲。在此情形之下，男孩把父亲看成是争夺母亲的敌人，并想取代父亲在父母关系中的地位。而在我们的伦理道德中这样是不被允许的。在这一时期，儿童是很矛盾的，不过对于大部分的人来说，在意识还未完全认识到这一点的时候，已经被自我成功处理了。具体来说，当男孩开始嫉恨父亲，想要拥有母亲的时候，自然会表现出对父亲的敌视，但是当他发现自己不够强大时，转而会向父亲学习并产生认同，慢慢就成长起来了。在这个转变过程中，一个强大的父亲比一个懦弱的父亲是更容易让孩子认同，相反，如果母亲在家庭中过于强大，男孩子就很有可能认同母亲，这对孩子的成长就可能会有影响。

大部分人不知道自己的身上有这种感觉，当这些感觉出现时，它们都早已被伪装过了。但是还是有一部分人因为种种原因没有安全度过俄狄浦斯期，一直固结在那里，一方面自己潜意识里想，而意识里又是不允许的，这种恐惧使得那些社会不允许的感觉被封锁在潜意识底下，但是它们在那里不断想冲破束缚。这种介于想要和不想要之间的挣扎就会造成心理问题。

二、精神分析心理治疗方法

精神分析法以潜意识的理论为基点，所要探讨的是"一个人之所以是这样"的真正原因，把病人所不知道的症状产生的真正原因和意义，通过挖掘病人无意识的心理过程，将其召回到意识范围内，破除潜抑作用，揭穿防御的伪装，使病人真正了解症状，便可使症状消失。精神分析法设法是将潜意识的东西引入意识中来，然后通过自我认识摆脱心理问题和不良情绪。

（一）催眠法

狭义的催眠（hypnosis）是指刺激人或动物的视觉、听觉或触觉来引起其半睡眠状态，对人还可以用言语的暗示引起。广义的催眠是指对特殊的刺激产生的心理状态的改变，这种睡眠状态跟普通睡眠不同。

催眠术是运用暗示等手段让受术者进入催眠状态并产生神奇反馈效应的一种技术。催眠是以人为诱导，如放松、单调刺激、集中注意、想象等引起的一种特殊的类似睡眠又非睡眠的意识恍惚心理状态。其特点是被催眠者自主判断、自主意愿行动减弱或丧失，感觉、知觉发生歪曲或丧失。在催眠过程中，被催眠者遵从催眠师的暗示并做出反应。催眠的深度因个体的催眠感受性、催眠师的威信与技巧等差异而不同。科学证明恰当地使用催眠可以达到消除紧张、焦虑情绪。

（二）自由联想法

弗洛伊德创造了自由联想法，让来访者将压抑于潜意识的欲望再现出来，使潜意识的"症结"意识化，进而现实地强化自我，保持健康的心理状态，摆脱心理障碍。

自由联想法是弗洛伊德进行精神分析的主要方法之一。具体做法是：让病人在一个比较安静与光线适宜的房间内，躺在沙发床上随意进行联想。治疗医生则坐在病人身后，倾听他的讲话。事前要让病人打消一切顾虑，想到什么就讲什么，医生对谈话内容保密。鼓励病人按其原始的想法讲，不要怕难为情或怕人们感到荒谬奇怪而有意加以修改。因为越是荒唐或不好意思讲出来的东西，越有可能最有意义并对治疗方面价值最大。在进行自由联想时要以病人为主，医生不要随意打断他的话，当然在必要时，医生可以进行适当的引导。一般来说，医生往往鼓励病人回忆从童年起所遭遇到的挫折，从中发现那些与病情有关的心理因素。自由联想法的最终目的是发掘病人压抑在潜意识内的致病情结或矛盾冲突，把它们带到意识领域，使病人对此有所领悟，重新建立现实性的健康心理。由于许多事情属于幼年时代的精神创伤，病人当时所产生的情感反应常是比较幼稚的，所以当病人在意识中用成人的心理去重新体验旧情，就比较容易处理和克服，这叫做情感矫正，这样病人所呈现的症状也会自然消失了。

（三）释梦法

梦不一定表明未来怎样，但它可能说明以前如何。梦是人的愿望的满足，这种满足的方式有三种情形：一是愿望的直接满足，二是愿望的反向满足，三是愿望的象征满足。梦是无意识得以发泄的最佳场所，同样的梦境可能因分析者对其显意、隐意及象征意义有不同的理解，其解释的结果迥然不同，所以心理医生在为来访者释梦之前，都必须对来访者生活环境、生活习惯、心理状况有个大致的了解。

（四）直接分析法

直接分析法是一种现代心理动力学疗法，心理医生不是去等来访者顿悟，而是提出自己的解释并向其直接陈述这些解释。解释是逐步深入的，根据每次会谈的内容，用病人所说过的话做依据，用病人能理解的语言告诉其心理症结的所在，解释的程度随着长期的会谈和对病人心理的全面了解而逐步加深和完善，而病人也通过长期的会谈在意识中逐渐培养起其对人对事的成熟处理态度。

第二节 行为主义理论与方法

行为主义心理学诞生于 20 世纪初的美国，后来成为美国心理学界的主流，直至 20 世纪 60 年代。行为主义是在对动物和人类进行一系列控制较严密的实验研究的基础上，发现并提出一系列有关学习的原理和规律，所以行为主义理论也叫"学习理论"。行为主义强调对人的可观察行为的研究，认为人的行为，包括正常行为与异常行为都是通过后天学习而获得的。行为形成的主要条件是强化、练习或模仿。认为人的心理问题既可以通过学习获得，同样也可以通过学习改变或消失，强调通过学习、训练提高人的自我控制能力，通过调整行为、控制情绪来矫正异常行为，消除心理障碍。

一、基本理论

行为主义的主要理论有华生的旧行为主义理论、斯金纳的新行为主义理论、和班杜拉的社会学习理论。

(一)华生的旧行为主义理论

1913—1930 年是早期行为主义时期，行为主义理论是由美国心理学家华生(J. B. Watson)在巴甫洛夫经典条件反射学说的基础上创立的。

经典条件反射是由俄国生理学家巴甫洛夫研究创立的，他认为学习是大脑皮层暂时神经联系的形成、巩固与恢复过程。

巴甫洛夫以狗为被试对自己的假设进行了实验研究。他把狗关在实验室里面，先呈现铃声(约半分钟)，然后给狗食物，狗会分泌唾液；经过铃声和食物的几次伴随呈现，以后只给铃声，不给食物，狗也会出现分泌唾液的现象。如图 3-1。

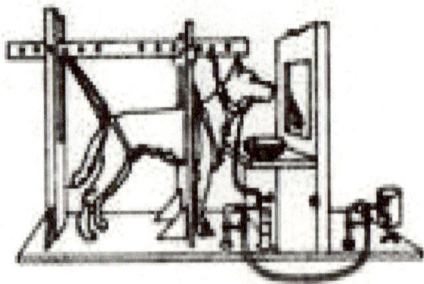

图 3-1 巴甫洛夫经典条件反射实验装置

巴甫洛夫认为，当狗吃食物时会引起唾液的分泌，这是先天的反射，称无条件反射。单以铃声刺激狗，不会引起狗的唾液分泌，但如果每次给狗吃食物之前出现铃声，这样铃声与食物多次结合之后，铃声已具有引起唾液分泌的作用，即铃声已成为食物即将出现的"信号"了，这时铃声已转化为信号刺激（即条件刺激），这种反射就是条件反射。

华生在巴甫洛夫经典条件反射学说的基础上，用婴儿作为被试对象也做了一个经典条件反射的实验，这就是著名的小艾伯特实验。

小艾伯特实验是一个显示人类经典条件反射经验证据的实验。1920 年，华生和他的助手雷纳从一所医院挑选了 9 个月大的小艾伯特进行这项研究。在实验开始之前，小艾伯特接受了一系列基础情感测试：让他首次短暂地接触以下物品：白鼠、兔子、狗、猴子、有头发和无头发的面具、棉絮、焚烧的报纸等。结果发现，在此之前，小艾伯特对这些物品均不感到恐惧。大约两个月后，当小艾伯特刚超过 11 个月大，华生和他的同事开始进行实验。开始时，把小艾伯特放在房间中间桌上的床垫上。实验室白鼠放在靠近小艾伯特处，允许他玩弄它。这时，儿童对白鼠并不恐惧。当白鼠在他周围游荡，他开始伸手触摸它。在后来的测试中，当小艾伯特触摸白鼠时，华生和雷纳就在小艾伯特身后用铁锤敲击悬挂的铁棒，制造出巨大的声音。在这种情况下，小艾伯特听到巨大声响后大哭起来，并表现出恐惧。经过几次这样将两个刺激配对，白鼠再次出现在小艾伯特面前时，他便对白鼠出现在房间里感到非常痛苦，他哭着转身背向白鼠，试图离开。显然，小艾伯特已经将白鼠（原先的中性刺激，现在的条件刺激）与巨响（非条件刺激）建立了联系，并产生了恐惧或哭泣的情绪反应（原先对巨响的无条件反射，现在对白鼠的条件反射）（如图 3-2）。

图 3-2　华生的恐惧形成实验

旧行为主义的主要观点是：某环境刺激的出现，若总伴随着对个体的正强化，久之，个体会产生喜欢该环境的情绪和趋向该环境的行为；某环境刺激的出现，若总伴随着对个体的惩罚，久之，个体会产生厌恶该环境的情绪和规避该环境的行为。

（二）斯金纳的新行为主义理论

新行为主义理论是美国心理学家斯金纳（B. F. Skinner）于 1937 年提出的。基本观点是：行为可分为两类，一类是应答行为，是被动地由一定的刺激诱发的；另一类是操作行为，带有主动的性质。斯金纳认为吃饭、睡觉、走路、说话、学习、工作都属于操作行为，显然它比应答行为复杂得多。斯金纳的新行为主义理论也叫操作性条件反射理论。

斯金纳的实验：斯金纳设计了一种箱子，里面有一个杠杆，杠杆和自动给食装置相连，只要按压杠杆就会打开给食装置，食物就自动滚落进食槽里，这就是斯金纳箱。实验中，斯金纳将一只饥饿的白鼠放进箱子，白鼠会在箱子里乱窜乱跳，白鼠偶然的踩到杠杆就得到了食物，吃到食物以后白鼠又会重复前面的行为，几次踩压杠杆后，白鼠就会主动地按压杠杆获得食物（如图3-3）。

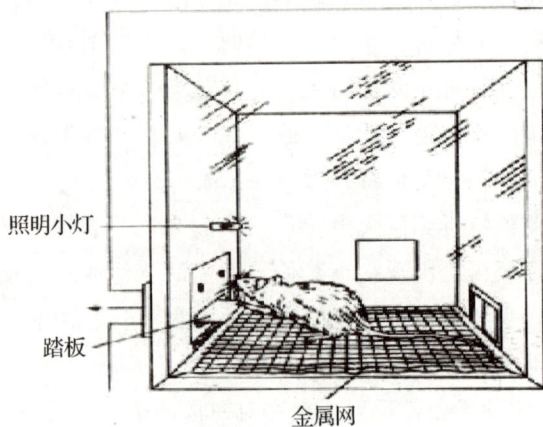

照明小灯

踏板

金属网

图 3-3　斯金纳箱

实验中由于白鼠偶然按压杠杆得到了食物，逐渐的按压杠杆的行为就被保留下来；由于按压杠杆的行为不断受到强化，所以白鼠倾向于重复这个行为，这样就使得原本偶然的行为逐渐变成主动的行为。斯金纳认为动物的学习行为是随着一个起强化作用的刺激而发生的，他把动物的学习行为推广到人类的学习行为上，虽然人类学习行为的性质更复杂，但也要通过操作条件反射。其特点是：有机体必须作出所希望的反应，然后得到报酬，即强化刺激，使这种反应得到强化，学习的本质是反应的改变，人的一切行为几乎都是操作性强化的结果，人们有可能通过强化作用的影响去改变别人的反应。

新行为主义的主要理论观点是：个体的某行为若总能得到强化，该行为出现的频率会增加；个体的某行为若总会受到惩罚或被忽视，该行为出现的频率会减少，行为的增多或减少依赖于行为的后果。

(三)社会学习理论

美国心理学家班杜拉（A. Bandura）于20世纪60年代提出了社会学习理论。他认为父母或其他人的言行是儿童学习的榜样，如果儿童模仿这种行为并因此而受到奖励，或看到其他人因作出这一行为而受到奖励，就可以很快地获得这一新行为。因此社会学习也叫观察学习或模仿学习。

班杜拉的观察学习实验：让三组 4 岁的儿童单独观看一部电影。电影中一个成年男子对充气娃娃作出踢、打等攻击行为，影片有三种不同结尾，不同组的儿童看到的结尾是不同的。第一组是奖励攻击组的儿童，看到的是这个成人得到了奖赏，即实验者称赞他是英雄；第二组是惩罚攻击组的儿童，他们看到的成人受到了惩罚，即实验者批评责骂了他；第三组是控制组的儿童，他们看到的结尾是这个成人既没得到奖励也没受到惩罚。看完电影后，立即将三组儿童带到一间与电影中同样有充气娃娃的游戏室里，实验者透过单向镜对儿童进行观察。结果发现，第二组惩罚攻击组的儿童表现出的攻击行为明显少于另外两组，而另外两组则没有差别，基本都在模仿电影中成人的样子对充气娃娃作出踢、打等攻击行为。

实验结果表明，儿童在实验过程中学会了模仿，即模仿成人的行为。在模仿的过程中，儿童也学会了对行为结果进行相应的评估。

社会学习理论的主要观点是：个体的某些行为是观察模仿周围其他人的行为的结果，对模仿对象（学习的榜样）的强化或惩罚可达到增强或减少个体某行为的目的。我们不能保证所学到的行为都是准确和有用的，也可能学会了一些类似无助、逃避等消极的、不适应的应对方式，这就造成了心理健康的问题。

行为主义理论模型的基本概念是学习，认为心理健康是适应环境的一种能力，能够面对环境的压力与挑战，有健康行为模式的人是心理健康的，心理健康的目标就是帮助个体矫正不当行为，学会良好的适应性行为。

二、行为主义心理矫治方法

（一）矫正不当行为常用的方法

1. 系统脱敏法

当某人对某情境的反应"过敏"，产生害怕、焦虑、紧张不安等情绪时，我们可以在他身上发起一种不兼容（颉颃）的反应（放松、愉快）。经过反复练习，使本来会引起个体"过敏"的事物，不再引起个体的"过敏"反应，此过程被称为脱敏。

系统脱敏法主要是诱导患者缓慢地暴露出导致神经性焦虑的情景，并通过心理的放松状态来对抗这种焦虑情绪，从而达到消除神经性焦虑的目的。根据这一原理，在心理辅导或咨询时，应从能引起个体较低程度的焦虑或恐怖反应的刺激物开始进行治疗，一旦某个刺激不会再引起患者焦虑或恐怖反应时，便可呈现另一个比前一刺激略强一点的刺激。如果一个刺激所引起的焦虑或恐怖状态在患者所能忍受的范围之内，经过多次反复的呈现，他便不再对该刺激感到焦虑或恐惧，治疗目标也就达到了，这就是系统脱敏法的治疗原理。

2. 满灌法

满灌法又称为"冲击疗法"和"快速脱敏疗法"，是鼓励来访者直接接触引起恐怖焦虑的情境，坚持到紧张感觉消失的一种快速行为治疗法。一般采用想象的方式，鼓励来访者想象最令他恐惧的情境，或者由心理医生反复讲述来访者最恐惧的情境，或使用录像等放映该情景，或者把来访者直接带入该情境，经过实际体验，使其觉得也没导致什么可怕的后果，恐惧症状自然也就慢慢消除了。

使用满灌法应注意：要向来访者说明满灌法带来的焦虑是无害的，这期间不允许有回避行为，否则会失败；使用前要对来访者的身心状况有深入的了解，否则会影响疗效，而且有可能会发生意外。

3. 全身放松法

全身放松法是一种让肌肉放松的练习，也叫放松疗法，通过肌肉紧张及放松的交替练习，使身体感受到放松的状态，从而舒缓情绪上的紧张、不安和焦虑。

放松疗法的理论假设是：人的心情反应包含"情绪"与"躯体"两部分。假如能改变"躯体"反应，"情绪"也会随之改变。躯体的反应，有些不易操纵和控制，如受自主神经系统控制的"内脏内分泌"系统的反应；有些则可由人们的意念来操纵，如受随意神经系统控制的"随意肌肉"反应。因此，人们可以通过自己的意识把"随意肌肉"控制下来，再间接地把"情绪"松弛下来，建立轻松的心情状态。

放松疗法的要点就是训练一个人，使其学会辨认肌肉紧张和放松的不同感觉，对自身肌肉做"紧张—坚持—放松"的练习，从紧张与放松的感觉的对比中学会放松。训练时，对全身多处肌肉按固定次序依次放松，每日练习，坚持不懈。

4. 消退法

消退法又被称为忽视法，是指经常采用漠视、不理睬的方式以减少或消除不良行为的方法。所谓消退，指的是撤销促使某些不良行为的强化因素，从而减少这些行为的发生。消退法依据的也是操作性条件反射原理。例如，小伟课上总爱扮鬼脸，老师、同学都不予理睬，他扮鬼脸的行为就逐渐减少了，这就是忽视法的具体运用。运用忽视法时需要注意的是，其不良行为一定是对人、对己和对社会都没有什么伤害和损失的，否则，就不能忽视和不予理睬。

5. 惩罚法

惩罚法又被称为厌恶法，是指当某种不良行为发生后即刻施加厌恶性刺激，以消除或减少某种不良行为的方法。依据操作性条件反射理论，个体的某行为若总是受到惩罚，该行为出现的频率会减少。

厌恶法的一般原理是把令人厌恶的刺激，如电击、语言斥责、想象等与当事人的某种不良行为相结合，形成一种新的条件反射，以对抗原有的不良行为，进而消除这种不良行为。厌恶法可采用电击、药物、想象等方法。想象厌恶法是将辅导者口头描述的某些厌恶情境与当事人想象中的刺激联系在一起，从而产生厌恶反应，以达到减少或中止某种不良行为的辅导目的。运用厌恶法辅导时，为达到足够的刺激强度可使用一些辅助器具或手段。如有强迫观念的当事人，可用橡皮筋套在手腕上进行厌恶训练，当出现某种强迫观念时，就接连拉弹橡皮筋弹打手腕，引起疼痛感，同时责备或提醒自己不要去想。拉弹次数和强度视强迫观念的出现和消退而定，直到问题消失为止。

但惩罚法若运用不当，会产生不良的副作用，即给当事人的心灵造成痛苦或产生心理阴影。因为对儿童实施惩罚的往往是师长，频繁的或过度的惩罚可能会令儿童对师长产生害怕或怨恨的情绪，即不利于师生关系和亲子关系，更不利于儿童的心理健康发展。所以，惩罚法一定要少用、慎用，最好不用，它一定是其他方法都用过但不能解决问题时最后采取的方法。在必须使用厌恶法时要注意：使用前应征得对方同意；使用时要帮助来访者建立辨别性条件反应，即有罚有奖。

(二)塑造良好行为常用的方法

1. 强化法

强化法即运用正性强化原则，每当儿童出现我们所期望的心理与目标行为，或者在一种符合要求的良好行为之后，采取奖励办法，立刻强化，以增强此种行为出现的频率，故又称奖励强化法。该方法应用的是操作性条件反射原理，其目的在于训练与建立某种良好行为。例如，晓红是韩老师班上的学生，她孤僻、羞涩，平时很少主动与他人交流，当她主动与同学交谈或者请教老师时，韩老师就及时给予肯定和鼓励，这样她就会越来越爱主动与他人交流。韩老师采用的这种心理辅导方法就是强化法。

2. 模仿学习法

模仿学习法又称示范法或榜样法，是指为当事人提供榜样，利用人们能通过模仿学习获得新的行为反应的倾向，来帮助那些具有不良行为的人，以良好的适应性行为取代不适应的行为，或帮助那些缺乏某种行为的人学习新的适应性行为。人类的大多数行为，包括人的不良行为都是通过观察学会的，而且模仿学习可以在没有奖励的情况下发生，个体仅仅通过观察其他人的行为反应，就可以达到模仿学习的目的。模仿学习法特别适用于集体性的心理辅导，而大学生的模仿能力又特别强，所以模仿法是对大学生进行心理辅导的最佳方法之一。

3. 自信训练法

百度百科的解释："自信训练(assertive training)，亦称肯定性训练、果敢训练，是一种培养个体坦率、真诚、直接地表达自己的情感和思想，以增强自信，从而在人际交往中能够做出恰当反应的训练方法。自信训练其目的是促使个人在人际关系中公开表达自己真实情感和观点，维护自己权益也尊重别人权益，发展人的自我肯定行为。"

自我肯定行为主要表现在三个方面：(1)请求他人为自己做某事，以满足自己合理的需要；(2)拒绝他人无理需求而又不伤害对方；(3)真实地表达自己的意见和情感。

在实际生活中，许多学生会表现出不肯定行为。如谈话时眼睛不敢看着对方，不敢提出合理要求，不敢拒绝别人的无理要求，不敢表达自己的不满情绪等。自信训练就是通过角色扮演来训练学生的肯定性行为，增强学生的自信心，再将学得的应对方式应用到实际生活情境中。通过训练，当事人不仅降低了焦虑程度，而且发展了应对实际生活的能力。

拓展专栏

系统脱敏疗法治疗考试焦虑

于青(化名)，女，中学生，16岁，能够很好地完成家庭作业和自学任务，但只要一参加考试，大脑就僵住了，有时在考试前一天，她甚至会因为紧张而想逃学。考试时过分的焦虑导致许多知识都回忆不起来，结果她的考试成绩总是很低。

治疗分为三个主要过程，放松—等级建构—脱敏。

1. 放松

在开始的5～6次的会面时间里，教于青学习肌肉放松，并请她每天用10～15分钟练习。

2. 焦虑等级建构

(1)看到别人在考试。

(2)上课老师宣布一个月后进行考试，这次的成绩占总成绩的三分之一。

(3)考试前一星期，你坐在教室里，老师提醒考试的日期。

(4)考试前一天，你在教室里学习，担心自己掌握的知识不够多。

(5)考试前15分钟，你走向教室，意识到这次考试是多么重要。

(6)老师已经发下了考卷，你拿到了自己的卷子。你的第一个念头是题量太大，你怀疑自己能否将考卷做完。

(7)你开始做考卷的第一部分，有一些问题你没有把握，你花了些时间考虑，继而发现周围的人都在飞快地写。

(8)你看了看表，时间过去一大半，只剩下25分钟了，你觉得自己在第一部分耽误的时间太多。

(9)只剩下5分钟了，你还有许多题没做。

(10)考试时间到了，你还有些题目空着，你再次为这次的考试成绩而担心。

3. 系统脱敏

(1)让于青由低到高逐级想象，同时做放松练习，进行脱敏训练。

(2)实景适应训练。

经过近十次的训练，效果较好。

满灌疗治疗洁癖

一名成年女性来访者王静(化名)，因五年前一位要好的同事死于癌症，刚巧这位同事在病故的前半年曾在她家的床上睡过一次午觉，于是她担心自己也会被传染上癌症，从此总觉得自己染上了病菌，每天必须多次、长时间地洗手、洗衣，为此非常痛苦。

三次谈话后，王静已树立起治愈疾患的信心，心理医生检查她的心脏、血压等均指标后，开始实施满灌法。请王静的好友或亲属当助手，让王静坐于房间内，全身放松，轻闭双眼，然后让助手在她手上涂抹各种液体，如清水、黑水、米汤、油、染料等。涂抹时，助手一边要她尽量放松，一边用言语暗示手已很脏了，王静要尽量忍耐，直到不能忍耐时睁开眼睛看看到底有多脏。助手在涂液体时应随机使用清水和其他液体。这样，当她一睁开眼时，会发现手并没有想象中那么脏，这对她的思想是一个冲击，说明"脏"更多来源于自己的想象，与实际情况并不相符。当她发现手确实很脏时，洗手的冲动会很强烈，这时候，治疗助手一定要禁止她洗手，这是治疗的关键。王静会感到很痛苦，但要努力坚持住，助手在一旁给予鼓励。经过八周共十一次治疗，来访者的洁癖观念和行为得到了有效控制。

放松疗法的步骤及指导语

1. 深深吸一口气，保持一会儿(10秒)，慢慢把气吐出来。

停一会儿，再做一次。

2. 伸出你的前臂，紧握拳头，用力攥紧，体会手上紧张的感觉(10秒)。慢慢地放松，彻底地放松，体会前臂放松后的感觉。

停一会儿，再做一次。

3. 弯曲你的双臂，用力弯曲紧绷双臂的肌肉，保持一会儿，感觉双臂的紧张。慢慢地放松，彻底地放松，体会双臂放松的感觉。

停一会儿，再做一次。

4. 现在，开始放松双脚。收紧你的双脚，脚趾用力抓紧地面，保持一会儿，感觉双脚的紧张(10秒)。慢慢地放松，彻底地放松，体会双脚放松的感觉。

5. 现在，开始放松双腿，将双腿用力向腹部收起，保持一会儿，感觉腿部肌肉的紧张。慢慢地放松，彻底地放松，体会腿部放松的感觉。

停一会儿，再做一次。

6. 放松胸部，用力吸气，使气息充满你的胸腔，保持一会儿，慢慢吐气，将气体完全吐出，体会身体放松的感觉。

停一会儿，再做一次。

7. 放松腰部，用力向上弓起腰部，保持一会儿，感受腰部的紧张，慢慢地放松，彻底地放松，体会腰部的放松。

停一会儿，再做一次。

8. 放松面部，用力紧绷面部肌肉，保持一会儿，感觉面部的紧张。慢慢地放松，彻底地放松，感觉面部的放松的感觉。

停一会儿，再做一次。

9. 现在体会全身放松的感觉，你觉得全身都很放松，很舒服。

多给自己几次暗示。

慢慢地睁开眼睛。

消退法矫正儿童的暴怒行为

威廉姆斯（Williams，1959）报告，采用消退法矫正一名 21 个月的儿童的暴怒发作行为。该儿童在睡眠前，只要父母离去就大发脾气，哭闹不止，睡前父母必须陪伴他 1～2 小时，直到他熟睡后才能离去。用消退法进行治疗时，父母照旧将他放在床上，但是告诉儿童他们不再陪伴他睡觉了，然后离去，不再进屋。第 1天，该儿童哭闹的时间长达 50 分钟；第 2 天，缩短到 15 分钟以下；第 10 天，该儿童的哭闹行为完全消失。治疗期间，由于其姑姑偶然插手安抚而使该儿童的哭闹行为出现反复，但是由于继续治疗，这个影响迅速被消除，追踪两年，一直没有复发。很显然，父母对儿童的陪伴是他暴怒发作的强化物，治疗中撤除了这种强化，就使这种不良行为得以消除。

厌恶疗法治疗强迫症

周明（化名），男，19 岁，在校高中生，因强迫症而感到十分痛苦。来访者自称该记的记不住，该忘的忘不了，该思索的问题常常走神，不该考虑的问题总难以摆脱。做事小心、缓慢，关窗、锁门要反复验证，书桌、衣箱要清理再三，自感动作多余却欲罢不能。

咨询师在来访者的前臂上缚上一圈很粗的橡皮筋，松紧适宜，要求来访者每当出现不必要的想法、冲动而又无法自控的时候，便拉开橡皮筋，拉开一定长度后松手，让橡皮筋弹击手臂造成疼痛。强迫观念和强迫冲动不消失，弹击不止。起初，来访者的强迫观念时有出现，一周后，因手臂被弹击得红肿，来访者曾一度动摇，强迫症状很快卷土重来，于是他又咬牙坚持了下去。1 个月之后强迫症状便渐渐消失，和以前欲罢不能的情况形成鲜明对照，后来治疗效果较好，周明感到心情轻松舒畅。

第三节　认知主义理论与方法

认知主义理论观点与行为主义理论观点不同，行为主义认为外部刺激进入大脑以后的内部加工过程是不重要的，是不可探索的"黑箱"；而认知主义理论则认为，恰恰是"黑箱"中的信息加工过程才是最重要的。

一、基本理论

所谓认知，通俗来说，就是指一个人对某件事的认识和看法，包括对过去事件的评价，对当前事件的解释及对未来发生事件的预期。

经过观察研究之后，人们发现，认知作为理性的心理活动，对人的情绪和行为有较强的调控作用。同样一件事情，如果我们对它有不同的解释和评价，就会产生不同的情绪和行为。这一规律被应用到心理咨询和心理治疗方面，便产生了认知疗法。在古医学文献和其他史料中就有相关记载，如《战国策》中有一篇《触龙说赵太后》，说的是赵国的太子在秦国做了人质，赵太后为此十分郁闷，情绪极度低落，水米不进，也不见任何人。触龙是赵国的一位士大夫，他千方百计地见到了赵太后，对赵太后说：太子作为人质，实际是为赵国立了大功，可使秦国暂时不攻打赵国。太子立功在先，将来继承王位之后，就可以使臣民敬服。赵太后听了触龙的解释，心中豁然开朗，随即开始用餐和接见大臣。这里，触龙说服赵太后用的就是认知疗法。

认知理论的基本观点是，认知过程及其导致的错误观念是行为和情感的中介，不良行为和情感与不良认知有关。认知疗法常采用认知重建、心理应付、问题解决等技术进行心理辅导和治疗，其中认知重建最为关键。由于心理障碍的根源来自异常的思维方式，因此，通过分析、挖掘这些思维方式，加以分析、批判，再代之以合理的思维方式就可以消除患者的痛苦，使之更好地适应环境。

认知理论的基本原理可以概括如下：第一，认知是行为与情感的基础，认知涉及一个人看待事物的方式，他的理解力、精神状态与自信心等；第二，消极的情绪来自消极的认知，几乎一切消极认知都蕴含着重大的曲解，稍加推敲就会发现这些消极认知都是无稽之谈；第三，通过改变我们的消极认知，可以改变我们的消极情绪；第四，心理健康的人有积极的自我概念，能用恰当的方式解释自己的经验，思想合乎逻辑、理性、科学。

认知主义理论要达到的心理健康目标是：使个体改变不合理信念，学会理性思维。

(一)不合理信念的主要特征

不合理信念，即不合理认知主要有以下四个特征。

1. 绝对化要求

绝对化要求就是不合理地走极端,体现在对自己、他人及周围环境事物的绝对化要求上,该信念常与"必须"和"应该"这类词联系在一起。如"我必须获得成功,赢得人们的赞赏""人们必须善意地对待我、支持我""我周围的环境与条件必须是完美的"等,怀有这种信念的人极易陷入情绪困扰,因为绝对化要求不可能永远实现。

2. 片面化

片面化就是以偏概全、过分概括化的思维方式。它是以人的某一事、某个言行来对自己或他人进行整体评价的方式。如一些人当面对某一次失利时,往往会认为自己"一无是处""一文不值",是"废物"等,这种片面的自我否定往往会导致个体的自责自罪、自卑自弃,以及焦虑、抑郁等情绪。

3. 糟糕至极

糟糕至极是当一件不好的事情发生时就将它认为是一件可怕的、非常糟糕的,甚至是灾难的。这同样是一种不合理信念,因为任何一件事物往往具有两面性。"祸兮,福之所倚;福兮,祸之所伏。"祸与福常常互相依存,可以互相转化。

4. 主观臆测

用主观猜测而不是客观事实来解释问题,对未来做出过于悲观的预测,于是产生自卑、焦虑等消极情绪。

(二)合理信念的主要特征

理性思维是指实事求是的、符合逻辑的、指向解决问题的思维陈述。如"我必须……""我绝不能……"属于非理性信念,而"我尽力……""我可能……但我尽力避免……"属于理性思维。

健康认知模式有如下主要特征。

1. 积极

积极是指向解决问题而不是逃避问题。任何事情都有两面性,拥有健康认知的人,更多地看到积极的一面,积极地寻求解决问题的办法;心理不健康的人则相反。

2. 客观

客观是指实事求是,按世界的本来面目看世界,心理不健康的人常常把想象当现实,或过于理想化,或过度消极,从而产生各种心理困扰。

3. 本质

健康的认知能够超越表面现象,深入本质。只有全面地、辩证地、符合逻辑地思考问题,才能透过事物的现象看到本质所在。

4. 灵活

在变化的环境中,克服思维定式的影响,不断更新自己的观念。

拓展专栏

艾利斯的非理性信念

1. 自己绝对要获得周围的人尤其是重要人物的喜爱和赞许。

2. 要求自己是全能的。

3. 世界上有许多无用的、可憎的坏人，对他们应该歧视、严惩。

4. 生活中出现不如意便有大难临头感。

5. 人生道路充满艰辛，要设法逃避。

6. 人的不愉快均由外界造成，因此难以克服。

7. 对危险和可怕的事要警惕，时刻准备着它们会发生。

8. 一个人以往的经历决定了现在的行为，而且无法改变。

9. 人需要依赖他人而生活，因此总希望有一个强有力的人，让自己依附。

10. 人应该十分投入地关心他人，这样才能为自己的情感找到寄托。

11. 人生中每一个问题都要有一个精确的答案和完美的解决办法，一旦不这样，便十分苦恼。

理性信念

1. 我喜欢别人，别人不一定非得喜欢我。

2. 我不喜欢上课，但我可以忍受。

3. 我做了一些坏事，但我不是坏孩子。

4. 我不喜欢被别人乱叫难听的绰号，但是被叫绰号也不可怕。

5. 即使别人叫我笨蛋，也不代表我就是个笨蛋。

6. 我可能考不好，但我会尽我最大的努力。

二、认知主义心理辅导方法

美国心理学家艾利斯（A. Ellis）于 1955 年提出了在咨询和治疗领域影响极大的合理情绪疗法（简称 RET），其理论基础被称为 ABC 理论，其中：A 是 Activating Events，指发生的事件；B 是 Beliefs，指人们对事件所持的观念或信念；C 是 Emotional and Behavioral Consequences，指观念或信念所引起的情绪及行为后果。这一理论强调认知的重要性，其要点为情绪不是由某一诱发事件本身引起的，而是由经历了这一事件的主体对事件的解释与评价引起的。该理论在心理咨询和治疗中又进一步拓展为 ABCDE 理论，其中：D 为诘难（对不合理认知的质疑问难），E 为调整后出现的合理效应。例如，一位学生"高考落榜"（A）；产生不合理信念认为"自己太笨了，这一生就没出路了"（B）；不良后果就是"情绪低落，行动消极"（C）。治疗中须对不合理认知进行质疑问难"没考好的同学都是笨吗?"（D）；通过辩论，使当事人认识到自己的某些观念的不合理性并主动放弃这些不合理观念，同时产生了合理信念："一次没考好并不完全说明问题，还可以再考啊，失败是成功之母；再说现在的社会机会很多，行行出状元，不一定非要走高考一条路。"合理的情绪、行为才能形成，治疗效果便会出现(E)。

合理情绪疗法的具体步骤大致如下。

(一)诊断阶段

该阶段主要任务是根据 ABC 理论对当事人的问题进行初步分析和诊断，通过与之交谈，找出他的情绪困扰和行为不适的具体表现(C)，与这些反应相对应的诱发事件(A)，最主要是找出引起情绪困扰和行为不适的不合理信念(B)。

(二)领悟阶段

该阶段的主要任务是向当事人解说合理情绪疗法的基本原理，使当事人领悟到他自己的情绪问题不是事件本身的影响，而是由于他现在所持有的不合理信念造成的，因此他应该对自己的问题负责。一般来说，咨询师应该帮助当事人达到三种领悟：

(1)使他们认识到是信念引起了情绪和行为后果，而不是诱发事件本身；

(2)他们因此对自己的情绪和行为反应负有责任；

(3)只有改变了不合理信念，才能减轻或消除他们目前存在的各种症状。

(三)修通阶段

该阶段的工作是合理情绪疗法中最主要的部分。咨询师的主要任务是运用多种技术，使当事人修正或放弃原有的不合理信念，并代之以合理信念，从而使症状减轻或消除。

该阶段常用的技术是与非理性信念"辩论"(D)，这是合理情绪疗法最常用最具特色的方法，它来源于古希腊哲学家苏格拉底的辩证法，也叫"产婆术"辩论技术。具体做法是：先让当事人说出自己的观点(不合理信念)，然后依照他的观点进一步推理，最后得出错误的结论(当事人接受不了的不合理的结论)，从而使他真正认识到自己先前思想中不合理的地方，证明这些思想信念的不现实、不合理之处，认识到它们的危害，进而产生矫正或放弃这些非理性信念的愿望和行动。

(四)再教育阶段

该阶段的主要任务是巩固前几个阶段所取得的成果，帮助当事人进一步摆脱原有的不合理信念和思维方式，强化新形成的合理的思维观念(E)，并将理性思维内化为个人的生活态度，迁移到日常生活中去。

拓展专栏

情绪 ABC 理论在心理咨询中的实际应用

求助者，女，30岁，大学毕业，现任某工厂技术员。

主要问题：婚姻冲突。两年前结婚，但婚后不久，发现丈夫对自己漠不关心，不做家务，而且经常夜不归宿，两人感情逐渐出现裂痕。丈夫数次提出离婚，她也想离，但因自己爱面子，怕人议论，又考虑到孩子、住房等问题，一直没有做出最后决定。为此，她一直处于矛盾、冲突、抑郁以及怨恨丈夫的情绪状态中。

咨询师在了解了求助者的基本背景情况后，决定对其采用合理情绪疗法。下面是咨询过程中的几个片段：

咨询师：你觉得是什么原因使你一直处于目前这种情绪状态中？

求助者：那还用说吗？我们俩经常吵架，他一点也不关心我……还有比这更糟糕的事吗？

咨询师：这些都是你生活中发生的一些事，我们称之为诱发事件，但它们可能不是直接原因。

求助者：那是什么原因呢？

咨询师：是你对这些事的一些看法。人们对事物都有一些自己的看法，有的是合理的，有的是不合理的，不同的想法可能会导致不同的情绪结果。如果你能认识到你现在的情绪状态是你头脑中的一些不合理的想法造成的，那么你或许就能控制你的情绪。

求助者：会是这样吗？

咨询师：我们举一个例子，假如有一天你带孩子去公园玩，你把你小孩非常喜欢的一个风筝放在长椅上，这时走过来一个人，坐在椅子上，结果把风筝压坏了。此时，你会怎么想？

求助者：我一定会很气愤。他怎么可以这样随便毁坏别人的东西！

咨询师：现在我告诉你他是一个盲人，你又会怎么想？

求助者：原来是个盲人，他一定是不小心才这样做的。

咨询师：你还会对他愤怒吗？

求助者：不会了。我甚至有点儿同情他了。

咨询师：你看，都是同样一件事——他压坏了你孩子的风筝，但你前后的情绪反应却截然不同。为什么会这样呢？那是因为你前后对这件事情的看法不同了。

求助者：的确是这样。看样子我的问题的确是因为我的一些想法在作怪。

咨询师：就你的问题来说，别人也可能遇到。夫妻吵架，感情不和，这在夫妻间是常见的事，但并不是每个人都像你现在这个样子，为什么会这样呢？

求助者：难道是我与他们想的不一样？可我还不知道我的想法里有哪些不合理的地方。

咨询师：这正是我们下一步所要做的。我们来具体谈一谈你和你丈夫的关系。

求助者：我对他很好，给他做饭、洗衣服，使他高兴，总之我尽到了一个做妻子的责任和义务。可是他呢？他总是不耐烦，甚至不理我，真是伤透了我的心。

咨询师：你是说你丈夫必须爱你，像你爱他一样爱你？

求助者：对，他必须，也应该这样做。

咨询师：你有什么理由要求他必须这样做呢？

求助者：因为他是我丈夫，我应该得到回报。

咨询师：为什么他是你丈夫，他就必须爱你？

求助者：这……你好像在为他辩护。难道他那样对我就有理吗？

咨询师：这不是为谁辩护，也不是有理没理的问题。你可以希望他爱你，实际上很多人都有这样的希望，但是你无法要求他必须爱你，因为这太难做到了，事实也证明了这一点。看，问题恰恰在这里，因为你有了这种必须的要求，而它又难以实现，所以你才像现在这样。

求助者：是的，如果我没有这种要求，我也许不会像现在这样。但是，我还是难以放弃。

咨询师：那是因为你已经习惯了这种想法。其实，每个人的感情都可能会变，你固然可以要求自己始终如一，但你无法保证别人也像你一样一成不变。

求助者：的确无法保证，感情这东西真是变幻莫测。

咨询师：我们再假设一种情境，有一个男人爱上了你，对你非常好，但你却不爱他——这非常有可能发生，对不对？

求助者：是的，实际上我在上大学时就遇到过这种情况。

咨询师：你是怎么做的？是不是也像他对你那样？

求助者：没有，我最终离开了他。

咨询师：为什么呢？

求助者：因为……因为没有什么理由要求我必须爱他。我也做不到这一点。

咨询师：你看，这件事和你与你丈夫的问题虽然具体情况不同，但本质一样，我们都无法做到别人要求我们必须做到的事情，那么我们也就无权要求别人必须为我们做到什么。

求助者：……

咨询师：有一个关于人际交往的"黄金规则"，就是"像你希望别人如何对待你那样去对待别人"，你刚才对你丈夫的那种观念符合这个规则吗？

求助者：好像不是一回事。

咨询师：其实你把这个规则用反了，我们将这类想法称为"反黄金规则"：我如何对待别人，别人也应该如何对待我。这是对他人的一种不合理信念，是一种绝对化的要求，因为我们无法要求别人必须为我们做什么。如果总这样想，你就会越想越恼火。

求助者：的确是这样。看样子，我确实不该有这样的想法……

咨询师：看，你的不合理观念又来了，刚才那个是针对别人，这个却是针对你自己的。谁说你不该有这样的想法？类似的想法我们每个人都会有，但是我们要学会把对自己或对别人"必须""应该"做到的事情换成"希望"或"想要"。这样，当我们不希望或不想要的事情发生时，我们的情绪就仅会有失望，而不是过分强烈地怨恨自己或他人……

第四节 人本主义理论与方法

人本主义心理学产生于 20 世纪五六十年代的美国，主要代表人物是马斯洛和罗杰斯。马斯洛认为研究精神病患者、动物是有价值的，然而是不够的，他们主张心理学和心理治疗的研究中心应该是人，特别是健康的人。

一、基本理论

任何人在正常情况下，都有着积极的、奋发向上的、自我肯定的、无限成长的潜力，如果为他创造一个良好的环境，使他能和别人正常交流，便可以充分发挥他的潜力。在人的成长中，如果环境条件不利，使人的"积极的、奋发向上的、自我肯定的、无限成长的潜力"受到阻碍、形成冲突，人就会感到适应困难或表现出各种异常行为。

人本主义理论关于心理健康的基本观点：第一，心理健康者能自觉驾驭自己的生活，他们的生活目标是积极向上的；第二，心理健康者有正确的自我意识，他们能把握自己的真实状况；第三，心理健康者能给予爱也能接受爱，情绪生活成熟健全；第四，心理健康者对工作、对社会有高度的责任心，他们的个性结构完整，工作富有成效；第五，心理健康者的人际关系积极稳定，有良好的社会适应能力。

人本主义的有关理论对心理健康教育产生了重要的影响，主要表现在两个方面：一是它促使一种全新的、比较完整的心理健康观的形成；二是它引导心理卫生学向着开发人类潜能的方向发展。总之，人本主义从正面界定心理卫生，认为自我实现的人才能达到较高层次的心理健康水平。马斯洛认为，个体自我实现的动机会推动个体积极行动，他将自我实现置于其需要层次结构的顶点。自我实现的定义很模糊，马斯洛大致把它描述成对天赋、潜能的充分开发、利用，这样的人对自己力所能及的事总是尽力去完成。

人本主义理论的心理健康目标：制造一个自由的气氛，使当事人能和别人正常交流，充分发挥他的潜力，使他的思想、感情和存在沿着他要去的方向（向上、向善）发展。

二、人本主义心理咨询方法

罗杰斯开创的来访者中心疗法是人本主义心理辅导和咨询方法中的主要代表。该方法不注重辅导和咨询的技巧，更注重与来访者建立良好的咨访关系。罗杰斯曾说过："当一个为许多困难而苦恼着的人来找我们时，最有价值的办法是创造一个使他感到安全、自由的关系，目的在于理解他内在的感情，接受他本来的面目。制造一个自由的气氛，使人的思想、感情和存在沿着他要去的方向发展……"在这样的关系中，心理学家不是以专家的身份去理解他的情感，促进他成长，也不是以自己的理论去影响来访者，而是要在良好的环境里，让来访者自己内心世界发生变化。

人本主义主义强调在心理咨询中注意以下几个方面。

（一）平等

追求平等的咨访关系，一是对来访者的人格保持尊重，避免对其进行道德与价值评判；二是对来访者保持不偏不倚的中立立场，避免带有咨询师主观倾向性的情绪反应；三是放弃获得心理优势的企图，放弃自卑和防御，在富有学识、社会成就、权力与影响力的来访者面前，充分尊重其价值感和成就感，承认心理咨询的局限性，这样的态度丝毫无损于咨询师作为帮助者的权威性。

（二）尊重

即无条件尊重，不以对方是否尊重你为条件；对来访者是一种非占有式关怀，也是无条件的；温暖的态度；关注聆听与回应，排空自己，不带任何偏见的聆听与回应；消极反馈变成积极的方式，如对"你很粗暴"的表达可以换成"你温和一些会更好"。

（三）真诚

即做到表里如一，不加任何掩饰，以自己的本来面目出现。真诚还意味着咨询师在咨询过程中真实地表达自己的情感。如当来访者痛苦时表现出同情，当来访者陷入困境时表示关心等，这些真实的情绪反应就是咨询者表现真诚的标志。

（四）积极关注

是指无论来访者所表述的情感和内容是多么不可思议，咨询者都要乐于接受，并且这种关注与理解是没有任何先决条件的，不管来访者的情感正确与否、合适与否。在实际咨询过程中，没有任何一个咨询师能在所有的时间里对来访者表现出无条件的积极关注，但咨询师应尽力而为，因为这种态度出现得越多，咨询就越容易成功。

（五）共情

共情或称移情，指咨询师站在来访者的立场上，设身处地地去体会他们的痛苦，看待他们的问题。移情包括两个方面：一方面是咨询师的言语行为，如重复来访者谈话中的要点；另一方面是咨询师的非言语性行为，如身体姿势、面部表情、语气、与来访者的目光交流等，都可以表现出咨询师对来访者的关注与理解。移情反映了咨询师准确地深入来访者的内心世界，在最深的层次上体验来访者情感的能力。我们今天所说的"理解万岁"就是移情的表现。

来访者中心疗法适用于一些因自身出现矛盾和冲突而苦恼的正常人，如焦虑症、各种异常行为，并且应用于正常人的生活适应及改善生活质量中。

专题讨论

1. 你曾经有过焦虑的症状吗？试用精神分析理论分析。

2. 如何运用行为主义理论解决手机依赖症行为？

阅读欣赏

1. 西格蒙德·弗洛伊德. 梦的解析[M]. 孙名之等译. 北京：国际文化出版公司，2011.

2. 心理佳片：《心灵捕手》[美]

第四章 认识你自己
——大学生自我意识和人格

每个人身上都有太阳，主要是如何让它发光。

——[古希腊]苏格拉底

古希腊奥林匹斯山上的德尔斐神殿里有一块石碑，上面写着"认识你自己"，苏格拉底将其作为自己哲学原则的宣言。哲学一直围绕着"我是谁？我从哪里来？要到哪里去？"不断进行探索，这也是心理健康研究的重要内容。认识自己具有重要意义，认为自己是怎样的人比自己真正是怎样的人更影响自己的情绪，更大程度上影响着自己将要做什么和怎样做。俗话说"尺有所短，寸有所长"，如果每个人都能客观准确地看自己，扬长避短，那么每个人都会少走很多弯路，成为更好的自己。大学时期是自我意识发展、人格不断健全的重要阶段，大学生需要系统学习有关自我意识发展及人格塑造的理论与方法，更好地认知自我，完善自我，塑造健康人格。

案例导读 ▶

我跟舍友不一样

李跃，男，21岁，大二理科学生。李跃外表高大帅气，一直任班长，他不允许自己有一点浪费时间的行为，每天一有时间就学习或待在实验室，学习成绩优秀，曾获得一等奖学金、优秀班干部等荣誉，但他对自己仍然不满意，争强好胜，脾气急，老是看不惯别人，干事情喜欢大包大揽、指手画脚。刚上大一时的舍友关系还不错，但由于早睡早起，与舍友作息时间不一致，因此不到一个月就与同宿舍同学因为熄灯时间问题发生冲突，之后也为此发生过几次不愉快，故而与同宿舍同学关系有点紧张。但是他作为班长，觉得自己有责任督促大家养成好习惯和努力学习，于是每当自己准备去教室自习时，他依旧劝舍友去学习，经常对舍友说："你们这样荒废时间，将来会后悔的。"可是舍友并不领情，也不响应。李跃不明白，他们为什么不着急学习，自己一番好意，他们为什么不听？为此李跃也很矛盾，他觉得自己是对的，但是舍友不理解，他想改善与舍友的关系，却无能为力。

思考讨论：

1. 你认为李跃的问题出在哪里？
2. 生活中的你是否也有类似的困扰？你是如何解决的？

第一节　自我意识

一、自我意识概述

（一）什么是自我意识

自我意识（Self-consciousness）是主体对自身的意识，是意识的核心部分和最高级形式。自我意识是个体对自己以及自己与周围环境关系的自觉能动的认知、体验和调控，是一个多层次、多维度的心理系统。

自我意识的形成是人类区别于动物的一个重要标志，是人类特有的心理活动。动物的心理只能反映周围的环境，或指向躯体的某些部位，而人能全面地认识了自我，形成自我意识。

(二)自我意识的内容

德国哲学家雅斯贝尔斯认为，自我意识主要包括存在意识、能动性意识、同一性意识、统一意识和界限意识。

1. 存在意识

存在意识是指人能够对自身的存在有一个现实而又确切的体会，而不是虚无不实的。

2. 能动性意识

能动性意识是指人能够意识到自己的精神活动是受其本人而不是受他人的支配和控制。

3. 同一性意识

同一性意识是指人能够意识到在不同的时间内，自己是同一个人，同一个"我"，而不是在不同时间内成为两个或两个以上的"我"。

4. 统一意识

统一意识是指在同一时间内，自己是一个单一的人，同样又是一个独立的人。

5. 界限意识

界限意识是指意识到自己和他人或事物之间，存在一定的界限，并且体验到自己和他人或他物之间都是相互独立存在的不同个体。

自我意识关于自己的生理、心理、社会关系等方面在时间和空间上的同一性，被称为自我同一性。

(三)自我意识的结构

自我意识不是单一的心理品质，而是认识、情感、意志的融合体，是一个完整的心理结构。自我意识包含自我认知、自我体验和自我调控。

1. 自我认知

自我认知是主观自我对客观自我的认知，是自我意识的认知成分，包括自我感觉、自我观察、自我概念、自我分析、自我评价等。自我评价是自我认知的结果及最终体现，要解决的问题是"我是怎样的人"，而认识自我是一个复杂的、毕生的课题。

自我认知是自我意识的基石，在调整自己的言行以及自己与周围的关系中起着重要的作用。比如，一个人认为自己没有长处，看不到自己的优势，觉得自己没有什么价值，那么他就容易自卑，表现在做事方面，就会没有自信心，缺乏主动性、积极性；表现在与人交往方面，就容易自我封闭、敏感、猜疑。相反，如果一个人总是盯着自己的优点，看不到自己的缺点，往往容易自以为是、自命不凡、难与他人相处。只有一分为二、客观地评价自己，才能产生积极的自我体验，进行良好的自我调控。

拓展专栏

自我认识评价实验

美国哥伦比亚大学教授霍林沃斯（Hollingworth）用排队法对自我评价和他人评价进行比较，选了 25 个被试（彼此都很熟悉），提出文雅、幽默、聪明、交际、清洁、美丽、自大、势利、粗鲁九种品质，要求每人根据这些品质将 25 人（包括自己）依次排队，程度最高者排在第一，最低第二十五。实验后统计发现，各人对优良品质的评价中，自我排名普遍很高；而对不良品质的评价中，将自己排得很后。如文雅，某一被试认为自己应该在前几名，而其余 24 人的平均评价中，其名次在二十名以后；对自大的排名，自己的认定比别人的平均排位退后五至六名。由此可见，客观地评价自己多么不容易。

2. 自我体验

自我体验是伴随自我认识而产生的内心体验，是自我意识的情感成分，即主我对客我所持的一种态度。既有积极的（如自尊、自爱、自信、自豪、自我价值感、成就感等），也有消极的（如自傲、自卑、内疚、羞耻等）。消极的自我体验，容易导致消极的行为，甚至影响身体健康，而积极的自我体验是进行有效自我调控的强大内在动力。

3. 自我调控

自我调控是对自己的思想、言行进行调节控制，以达到自我期望的目标，是自我意识的意志成分，包括自立、自主、自我约束、自我激励、自我暗示等，其核心是"我应该怎么做""我应该成为什么样的人"。

自我调控是自我意识发展水平的最终体现，它也会对自我体验、自我认知产生重要影响。

（四）自我意识的发展阶段

自我意识是在社会化过程中逐渐形成的，大体经历了三个阶段。

1. 生理自我（8 个月～3 岁）

这是自我意识的原始形态，始于 8 个月左右，3 岁左右基本形成。1 岁左右，儿童开始把自己的身体与外界事物分开，比如，儿童不再把自己的手当成玩具来咬。1 岁半左右，儿童从成人那里学会使用自己的名字，表明他们能把自己和别人区别开，2 岁左右学会用代词"我"来代表自己，3 岁的儿童，开始出现了羞愧感、占有欲等，自我意识有了新的发展。

2. 社会自我(3 岁到 13、14 岁)

3 岁到青春期是个体认识社会文化、社会角色的重要时期,儿童在家庭、幼儿园、学校中,通过游戏、学习等多种形式,逐渐形成各种角色观念,如家庭的角色、学校的角色、性别角色等。3~4 岁自我评价开始萌芽,约 4 岁有了自我体验,4~5 岁自我控制开始出现,独立性、自觉性有所发展,到了学龄初期,儿童出现道德评价能力。儿童长到 10 岁左右,自我评价的独立性、批判性获得发展。进入少年期,自我意识发生质变,他们由认识自己的外部特征发展到认识自己的内心世界,开始重视"我是怎样的人""别人怎么看我"等问题,产生了解自己心理特点的愿望。这个时期儿童的自我意识常服从于他人,特别是权威,因此被称为"客观化时期"。此时,儿童能了解社会对自己的期待,并且根据社会期待调整自己的行动,

3. 心理自我(青春期到成年)

这个时段约 10 年。步入青春期,个体自我意识接近成熟,他们不但重视"我是怎样的人",而且开始重视"我希望将来成为怎样的人",以及"我如何成为那样的人"。他们能够根据社会需要和自身发展的要求自我反省、自我调控,有意识地培养良好的品质。

到青年晚期,个体自我意识已经成熟,他们努力实现理想自我与现实自我的统一,能比较客观地评价自我,能有意识地完善自我,个体的人格也趋于成熟。个体发展中逐渐建立起来的生理自我、社会自我、心理自我构成自我意识反映的内容,随着年龄的增长,个体的心理也逐渐成熟,自我意识内容的三个组成部分也在逐渐丰富。大学生的生理自我主要是对自己生理属性的认识,如身高、体重、长相等方面的认识,希望自己英俊、漂亮、有吸引力、迷人等。社会自我包括对自己的名望、地位、角色、性别、义务、责任、力量的认识,如追求名誉地位、与他人竞争、争取得到他人的好感等。心理自我包括对自己的智力、性格、气质、兴趣、能力、思维等特点的认识,如有能力、聪明、优雅、敏感、迟钝、感情丰富、细腻、追求信仰、要求智慧与能力的发展等。

心理自测

我是谁

一、活动目的

全面认识自我、了解自我。

二、活动步骤

1. 尝试在 5 分钟之内的时间写出 20 句以"我"为开头的话,请尽量真实。

(1)我_____

(2)我_____

(3)我_____

……

(20)我＿＿＿＿＿＿＿＿＿＿＿＿＿＿＿＿

2. 找出 20 句话中，属于生理自我、心理自我、社会自我和其他方面的句子各有多少个，结合自己的情况，分析自我的关注点，思考如何能够从更全面的角度认识自己。

三、活动感悟

学会分析，发现潜意识中的核心自我。

二、大学生的自我意识

(一)大学生自我意识的发展过程

大学生的自我意识已发展到了新阶段，正经历着一个非常明显的、典型的分化、矛盾、统一和转化的过程，这也是大学生自我意识不断发展，渐趋成熟的过程。

1. 自我意识的分化

大学生自我意识的发展是从明显的自我分化开始的，当目光朝向自己内部时，原来笼统的我就一分为二：一个是处于观察地位的"我"——理想的自我；一个是处于被观察地位的"我"——现实的自我。自我意识的分化是大学生自我意识开始走向成熟的标志，也是其自我意识发展的最重要过程。正是这种分化过程，促进了大学生思维和行为主体性的形成，从而为客观地评价自己或他人、合理地调节自身的言行奠定了基础。

2. 自我意识的冲突

自我意识的分化也意味着矛盾冲突的产生并且加剧。大学生富于理想，有比较高的自我期望值，个人成才欲望强烈，家长期望高，社会期望高，当他们在具体进行自我观察、自我分析、自我评价时，发现理想自我与现实自我之间存在较大差距，而这差距又不是短时间能消除的，便会产生自我意识的矛盾。这些矛盾主要表现在理想与现实的冲突、独立意向与依附心理的冲突、交往需要与闭锁心理的冲突、自信与自卑的冲突、上进与消沉的冲突、激情与理智的冲突。

3. 自我意识的统一

面对自我意识的矛盾，大学生他们常常感到焦虑、苦闷、失望或无能为力，他们会通过各种方法，力求获得自我意识的重新统一，通常有以下三种方法：一是坚持自己理想中的自我标准，努力改善现实的自我，使之与理想的自我一致；二是一方面修正理想的自我，另一方面改善现实的自我，使二者逐渐接近；三是放弃理想自我的标准，自暴自弃，以迁就现实的自我。

自我意识变化的这个过程不是一次完成的，而是循序渐进的、多次反复才能使自我意识达到新的发展水平。

总之，自我意识发展出现分化、矛盾、统一、转化，是大学生自我意识发展的最重要的特征，它影响和制约着大学生心理品质形成与发展，是大学生形成良好个性特征的重要前提条件。因此，这一过程是大学生进行自我教育的有利时机。再加上社会实践活动的锻炼，他们将渐渐成熟起来，形成健康的自我意识和良好的心理品质。

（二）大学生自我意识的发展特点

大学与中学的管理模式有很大差别，大学氛围宽松，十分强调独立，大学生可以按自己的方式安排学习与生活，随着环境的变化以及个体心理的不断发展，大学生自我意识的发展达到了新的水平，自我认识、自我体验、自我控制三方面趋于协调发展，自我意识的核心——世界观和人生观——已基本确立。

1. 大学生自我认识方面的主要特点

一是自我认识的广度和深度提高。大学的学习、生活环境，为大学生提供了一个博览群书、自由发展、自我实现的新天地，这为他们的自我认识的发展提供有了便利条件。大学生的视野更开阔了，关心的社会问题也多了，他们的自我认识不局限于自己的气质、风度和性格等问题，还涉及自己的社会地位、社会责任、自我的价值等问题。通过对这些问题的分析和思考，大学生自我意识达到新的广度和深度。

二是自我认识的自觉性和主动性明显提高。大学是大学生走向社会前的最后在校系统学习阶段，在他们面前摆着许多深刻的课题：我将来做什么样的人，成就什么事业，我能为社会做些什么，等等。大学生总是十分好奇而又急切地思考着这些问题，强烈地期待着一个满意的答案，这种思考比少年时期更主动、更自觉，具有较高水平。

三是自我评价能力提高。随着大学生的知识增加、社会经验的丰富，多数大学生对自己的分析、评价逐渐变得全面、客观，对自己的优缺点有了较正确的认识和评价，开始具备自觉的"自知之明"，但是大学生自我评价的能力存在很大的个体差异。

2. 大学生自我体验方面的主要特点

大学生自我认识能力的迅速发展，使得他们自我体验发生了极大的变化。

一是广阔性与丰富性的发展。大学生的学习、生活日益丰富多彩，使得他们交往范围扩大，社会活动参与度提高，他们的知识经验不断增长，都为他们发展自我体验的丰富性提供了有利条件。例如，意识到自己的成熟就产生了成人感；由于争强好胜、不甘落后，希望能用行动表明自己是人生道路上的强者产生的好胜心；由于意识到自己的能力和品德的高低而产生了自豪、自尊或自卑、自惭；由于缺乏他人的理解，自己感到与世隔绝、内心充满孤单寂寞的孤独感等体验。一般来说，在自我体验方面，男生比女生更有自信心、更富有活力，但容易急躁；女生则更热情，内心舒畅感更明显，但容易多愁善感。大学生自我体验总体上是积极的、健康的。

二是社会性与深刻性的发展。大学生的自我体验也在不断发展，他们的自我体验不仅与自己的个性特点相联系，而且还与自己的生活信念、社会价值、事业成就、地位等相联系，如由于意识到自己的社会角色和社会地位而产生了社会责任感和义务感。

三是敏感性和波动性的发展。认识是情感的基础，大学生由于自我认识的矛盾性以及对自我的认识还在发展中，使得他们的情感体验必然表现出明显的敏感性和波动性，由于个性还不够成熟和稳定，缺乏驾驭情感的意志力，生理的成熟、外界环境刺激等都对他们的心理形成巨大的冲击，他们可能因一时的成功而产生积极的、愉快的情感体验，甚至骄傲自满、得意忘形；也可能因一时的挫折、失败而贬低自我或丧失自信心，甚至悲观失望。到了高年级，当大学生的自我认识和自我控制有所发展后，这种波动性才逐渐降低。

3. 大学生自我调控方面的主要特点

一是强烈的独立意识和自信心。独立意识是指个体力图摆脱监督和管教的一种自我意识倾向。大学生在生理发育上已完全具备了成人的特点，心理成熟和社会成熟也已达到较高的水平。通过对自我的认识、体验、控制和调节，他们的心目中已逐渐确立了一个新的自我——成人式的自我，成人感特别强烈。一方面，他们渴望自立、自治，并且希望自己尽快独立，得到与成人一样的尊重和理解；另一方面，由于经济上的依赖及心理上的不成熟，他们往往眼高手低，很多时候不知该怎么做，或者惰性等原因不主动去做，具体表现就是等待心理，等待老师的指导，等待同学的帮助等，这种独立意向与依附心理的矛盾，常常给大学生带来一定的困扰。

二是自我控制能力明显提高。大学生远离了父母的监督，老师也不似中学那样管理细致，大学生逐渐意识到自我监督的重要。处于低年级的大学生，冲动性还比较明显，进入中年级，特别是进入高年级后，随着知识经验的积累、生活阅历的增加，大学生自我认识和自我评价水平增强，他们逐渐学会了自觉确立目标和采取行动，以及根据别人的评价和自己行动结果进行自我反省、自我监督，及时调整自己的行为和目标，行为的自觉性和自我控制能力明显增强。

大学生自我控制能力的明显提高，还表现在他们的目标和行为能以社会期望和要求为转移。例如，当今社会对大学生的要求越来越高，不单要看文凭，而且要看大学生的真才实学；不只要有专业知识，还要有社会实践及相关能力。面对社会不断变化的要求，大学生需要对自己的目标及学习、生活进行及时调整，在掌握专业知识的同时，注重多方面能力的提高，以便更好地适应社会，这个适应形势的过程也体现了大学生的自我意识水平在不断提高。

另外，由于心理品质还不够完善以及自身的一些弱点，很多大学生空有远大志向，没有实际行动。比如，很多大学生认为现在的学习跟未来的职业志向没多大关系，表现在学习上没有毅力，有的甚至沉迷于玩手机、玩游戏；或者明知自己需要学的很多，也很担心考试不能通过，却踏不下心来学习等，被经常立志与无所事事的矛盾所困扰。

三是自我设计的愿望强烈。大学生有自我设计、自我完善的强烈愿望。他们根据自我设计的"最佳自我形象"不断地充实自己的知识、培养自己的能力、形成自己良好的性格与品德。大学生的成就动机很强，他们不愿做一个碌碌无为的人，想干出一番事业，想成为一个对国家、对社会有用的人，以实现自己人生的价值。但是大学生的自我设计常会产生与社会要求不一致的矛盾。

（三）大学生自我意识常见问题

1. 自我同一性混乱

自我同一性是一个与自我、人格的发展有密切关系的多层次、多维度的心理学概念，至今没有一个普遍接受的定义。自我同一性本意是证明身份，指个体尝试着把与自己有关的各方面结合起来，形成一个自己觉得协调一致不同于他人的独具"统一风格"的自我。诸如对理想、职业、价值观、人生观等的思考和选择。在这一过程中必然要涉及个体的过去、现在和将来这一发展的时间维度。而自我同一性的确立就意味着个体对自身有充分的了解，能够将自我的过去、现在和将来组合成一个有机的整体，确立自己的理想与价值观念，并对未来自我的发展作出自己的思考。

青少年时期的一个核心问题是自我同一性的发展，它将为成人期奠定坚实的基础。同一性并不是在青少年时期才出现的，早在幼年时期，儿童已经形成了自我感知。但是，青少年时期却是个体第一次有意识地回答"我是谁"的问题。这一阶段的冲突是同一性和角色混乱。马西亚等心理学家（Marcia，1987；Penuel & Wertsch，1995）认为，同一性是指个体将自身动力、能力、信仰和历史进行组织，纳入一个连贯一致的自我形象中。它包括对各种选择和最后决定的深思熟虑，特别是关于工作、价值观、意识形态和承诺等方面的内容。如果青少年无法将这些方面和各种选择整合起来，或者说他们感到根本没有能力选择的话，那么角色混乱就发生了。

自我同一性混乱是对自我缺乏清晰而完整的自我概念，是大学生在自我成长中容易出现的心理危机，可能会使大学生迷失生活目标或过度思考生命意义，常常会产生莫名的烦恼和空虚，有时甚至会导致极端的行为及自我的迷失。自我同一性混乱，可表现为同一性分散，个体很少"发现自己"，不知道自己是谁，不知道想做什么，没有明确的发展方向。经历着同一性分散的青少年无法成功地做出选择，或者他们会逃避思考问题，缺乏兴趣，孤独，对未来不抱希望，或者可能很叛逆。自我同一性混乱也可表现为消极同一性，即个体形成与社会要求相背离的同一性，形成了社会不予承认的，反社会的或社会不能接纳的角色。

在美国心理学家艾里克森看来，同一性扩散和消极同一性可以解释美国青少年所表现出来的许许多多骚乱和攻击现象。因此，他称之为"同一性扩散、混乱的危机"。他指出："如果儿童感到环境将他包括自我同一性在内的所有表现形式进行彻底剥夺，那么，儿童就会以野兽被迫捍卫生命般地迸发出惊人的力量进行抵抗。"

如果青年人在这个阶段中获得了积极的同一性而不是消极的同一性或同一性扩散，他们就有能力按照社会规范去生活，能在现实中找到自己的位置，能奉献自我，实现自己的价值，在有益社会的同时也感受自己生活的意义。同一性的确立关系到一个人的健康发展，关系到他能否更好地适应社会，能否体验到自身的价值和人生的意义。

2. 缺乏自尊

自尊亦称"自尊心""自尊感"，是个人基于自我评价产生和形成的一种自爱、自我尊重，并要求受到他人、集体和社会尊重的情感体验。自尊有强弱之分，过强则成虚荣、自负，过弱则变成自卑。

(1)失去自尊或者自尊心过强。人都有自尊，婴儿从 6 个月大的时候就能识别"好脸""坏脸"，看到大人的笑脸会笑，看到怒脸会害怕甚至会哭。一个人如果长期得不到别人的尊重，久而久之，其羞耻感就会降低，对别人的不尊重会变得习以为常，这在心理学的研究中被称为"厚脸皮定律"。

用于教育问题上，教师或父母，如果无视孩子的自尊，动辄当众训斥甚至辱骂，久而久之，孩子就会习以为常，不仅孩子的心理受伤，也很难再达到积极的教育效果。当然，如果走向另一个极端，脸皮太薄，做事就会太过于畏首畏尾，这也是不可取的。

(2)自负。自负就是因自己过高地估计自己而产生的骄傲自大的情绪。自负的人过高地估计自己，看不起别人，自以为是，往往以语言、行动等方式表现出来。自负一般表现为：第一，自视过高，认为别人都不行，很少关心别人，与他人关系疏远；第二，看不起别人，总认为自己比别人强很多，固执己见，总是将自己的观点强加于人，在明知别人正确时，也不愿意改变自己的态度或接受别人的观点，总爱抬高自己贬低别人，把别人看得一无是处；第三，过度防卫，有明显的嫉妒心，有很强的自尊心，当别人取得一些成绩时，妒忌之心油然而生，极力去打击、排斥别人，当别人失败时，感到幸灾乐祸，不向别人提供任何有益的信息。同时，在别人成功时，这种人常用"酸葡萄心理"来维持自己的心理平衡。

自负心理的危害性，主要是自己不能正确地评价自我，削弱了对周围环境的洞察力，从而降低了分析和判断问题的能力，导致与本来很适合自己个性发展的理想环境对立。自负心理并不是自尊自重，自尊自重是保持美好人格的正确态度，而自负则是自命不凡、轻视别人的不良行为，对人对己都不能作恰如其分的评价，结果使自己陷于盲目，别人也受到严重的压抑。夸大自我、轻视别人、远离实际的行为必然带来他人潜在的不满和疏远，形成交际中的自我封闭。

(3)自卑。自卑就是因过低地评价自己而产生的软弱的消极情绪。奥地利心理学家 A. 阿德勒对自卑感有特殊的解释，称其为自卑情结。自卑情结指以一个人认为自己或自己的环境不如别人的自卑观念为核心的潜意识欲望、情感所组成的一种复杂心理。阿德勒认为自卑情结指一个人由于不能或不愿进行奋斗而形成的文饰作用。自卑情结是由婴幼儿时期的无能状态和对别人的依赖而引起的，所以对人有普遍意义。

一个人能因自卑感而心灰意冷，甚至万念俱灰。在这种情况下，自卑感对人的成长是一种阻碍因素而不是以一种激励因素，这样的人被认为存有自卑情结。按照阿德勒的理论，每个人都会感到自卑，但是在一些人身上会引起精神病症，而在另一些人身上却产生了对成就的需求。

自卑的人对自己缺乏正确的认识，通常都会拿自己的缺点和别人的优点相比，总是觉得自己处处不如别人，看不到自己的价值。长此以往，就会产生一种悲观厌世的情绪。因为找不到自己的价值，所以容易对生活失去希望，严重自卑的人甚至会有轻生的念头。

自卑感是产生自我封闭心理的根源，深信自己无能且无价值，在交往中缺乏自信，办事畏首畏尾，没有自己的主见，一遇到有错误的事情就以为是自己不好。这样导致他们失去交往的勇气和信心。

大学生自卑与多种原因有关，主要有：一是不合理的认知，如看不到自己的优势，对自我的外貌、地位、能力、家庭等不满意；二是理想化心态，理想自我比现实自我超出太多，不论怎么努力都达不到；三是不合理的比较，总是拿自己的短处与别人的长处比较，或者是只在某一方面与他人比较；四是消极暗示；等等。

3. 过分追求完美

每个人都希望自己是完美的，也都不同程度地追求完美，但如果对自己的要求过高，希望自己完美无缺，就很容易带来适应障碍。过分追求完美常常表现为相辅相成的两个方面：一方面是对自己要求过高，脱离实际，从而使自己的"完美"期望常常受挫；另一方面是对自己苛求，即对自己的不完美之处看得很重，结果难免悲观自责。

完美主义者通常表现为死板、走极端、烦躁等。死板是因为怕失败，对自己要求苛刻，所以不敢作为到不作为，对失败的恐惧使他们如履薄冰，工作效益远不如其他人，并最终缺乏冒险精神，缺乏创造性。走极端多是个性好强与错误的价值取向结合造成的结果，走极端者容易偏激，将自己与社会隔离开来，从而陷入痛苦生活；完美主义者对他人的伤害也非常明显，他们固执己见、控制欲强，经常将自己的意志强加于别人，而别人又无法接受，导致双方不愉快。烦躁则是由于外部事物发展与自己的理想不相符、或者与自己的意识完全对立时所表现出来的不良情绪。这类人基本缺乏客观意识，严重者易与他人产生语言与行为冲突。

4. 自我中心

自我中心是指个体仅依据其自身的视角来感知世界、不能意识到他人可能具有不同视角和观点的倾向性。儿童早期对世界的认识完全是以他自己的身体和动作为中心的，是"自我中心主义"。皮亚杰认为，儿童大约在出生之后 18 个月的时候会发生一场"哥白尼式"的革命，即一种普遍的"去自我中心"的过程，使儿童开始把自己从客观世界中区别出来，把自己与他人区别开来。这个去"自我中心"的过程一直到学龄期开始才逐渐完成。在自我概念的发展中，有的人可能一直停留在自我中心期，这将会影响大学生的环境适应。

5. 理想自我的设定误区

理想自我（ideal self）是个体对希望自己是一个什么样的人的自我看法。

每个人都有理想自我和现实自我两种心理体验，这二者是有机结合在一起的。现实自我决定个体如何选择理想自我，而理想自我又给现实自我的发展提供指导和动力。现实自我是指目前的现实生活中个体的真实情况，即目前个体的心理、生理、社会等方面的最真实的表现，也包括目前别人眼中的个体是什么样的情况，它是个体在现实生活中获得的真实感觉。理想自我就是个体期待自己是怎样的人，是自我定位的目标。现实自我是个体对当前自我状况的认识和评价，理想自我则是个体期望达到的自我状况，二者之间的差距既是个体进步和完善的动力，也是当今大学生烦恼的重要根源。大学生的理想自我设定较高，脱离实际，现实自我和理想自我之间的差距短时间难以弥补，就会导致一系列的问题，如产生自卑和自责情绪，或者沉湎于好高骛远、难以踏实做事的盲目自信中；或者对别人的评价过度关注，导致人际关系敏感。

（四）大学生自我意识的完善

1. 良好自我意识的特征

自我意识的优化程度是一个人心理成熟的重要标志，良好的自我意识应具体体现在自我认知、自我体验、自我调控方面都有良好的发展。

（1）有自知之明。自我意识良好的人，表现在了解自己，有自知之明，即对自己的优点和缺点、长处和短处，都能做出恰当、客观的分析、评价，既不过分抬高自己，也不过分贬低自己。

（2）自我悦纳。自我意识良好的人，主导的自我体验是自尊、自信、自爱，既不会因自己的不足而自卑懊恼，也不会因自己的长项而得意忘形，接受自己，喜欢自己，快乐地做自己。

（3）行为协调。自我意识良好的人，有主客观相统一的理想追求，对自己不会提出苛刻的、非分的期望和要求。青年学生富有理想追求，但主观愿望与客观条件有时难以达到统一，而且往往是客观条件落后于主观愿望，这是可以理解的现象。但要使自己的心理状态达到平衡，并使自己顺利地达到目标，就要让主观和客观条件达到基本统一。具体表现为，一是个体能认识到自己的优势与不足，看到客观条件提供的可能性、现实性，使自己的行动尽量切合实际，去掉或者降低不切实际的要求，从实际出发，踏踏实实地采取行动，积极地追求理想；二是能正确对待挫折。

具有良好的自我意识的人，能正确地进行自我评价，不会或较少将一些可以克服的障碍和干扰误认为是自己无法逾越的鸿沟。即使遇到挫折也有较强的心理承受能力，不会轻易被挫折打倒，能不断地排除消极情绪，积极面对和克服挫折，更好地适应环境，适应社会。

2. 大学生自我意识的培养

（1）建立正确的自我认知。人贵有自知之明，客观全面地认识自我，实事求是地评价自我，是自我调节和人格完善的重要前提，是培养健全的自我意识的基础。自我评价是自我意识发展的主要成分和主要标志，是在认识自己的行为基础上产生的。自我评价是自我认识中的核心成分，它直接制约着自我体验和自我调控，看不到自己的长处就很难有自尊、自信，看不到自己的不足就容易自我满足、自我膨胀，所以进行自我意识训练核心应放在自我评价能力的提高上。

首先要学会多元自我评价。当我们只看到自己的个别方面时，容易形成片面评价，往往不是过高就是过低。因此，要提高我们的自我评价能力，就要纠正单一的、片面的自我概念，多元地、全面地认识自己。其次可用自省法。"吾日三省吾身"，我们不妨认真仔细地自我观察、自我分析，用尽量多的形容词描述自己，要忠实于自己的内心。最后可以进行自我认识训练，重点放在三个方面：一是认识到自己的身体特征和生理状况；二是认识到自己在集体和社会中的地位及作用；三是认识到内心的心理活动及其特征。树立发展的观点，看到自己的变化与未来的发展。

自我评价是从多方位、多渠道建立的。比较，是大学生自我评价的重要依据。每个人都会自觉不自觉地与他人进行比较，大学生常常与同伴进行比较，通过比较做出评价。比较时，与谁比，比什么，怎么比很重要，如果选择不好，评价结果就容易有偏差。因此要学会进行合理的比较，这就需要大学生有开阔的眼界、发展的眼光、宽广的胸怀和高远的境界。

他观自我的描述，也是大学生自我评价的一个重要依据。自己很难全面看自己，因此要多了解他人对自己的评价。"以人为镜，可以明得失"，多了解父母眼中的我、同学眼中的我、老师眼中的我、恋人眼中的我、兄弟姐妹眼中的我，再寻找这些描述中共有的品质，将其归类。描述的维度越多，就越能找到比较正确的自我。

拓展专栏

乔韩窗口理论

美国心理学家 Joseph Luft 和 Harrington Ingham 提出关于人自我认识的窗口理论，此理论用他们两人的名字命名，即乔韩窗口理论。他们认为人对自己的认识是一个不断探索的过程，每个人的自我都有四部分：公开的我、盲目的我、秘密的我、潜在的我，如图 4-1 所示。

类别		自我观察	
		认识到	未认识到
他人观察	认识到	A 公开的我	B 盲目的我
	未认识到	C 秘密的我	D 潜在的我

图 4-1　乔韩窗口理论示意

该理论认为，每个人的自我都由这四部分构成，但比例是不相同的，而且随着个人的成长与生活经历，自我的四个部分也会发生变化。一个人 A 部分越大，自我认识就越正确，自我评价越全面，心理越健康，越有利于自身发展；B 部分越大，说明对自我认识偏差大，可能盲目夸大了自己的优点和缺点，盲目自负或自卑；C 部分越大，表明越害怕别人看清自己，进而否定自己，总是按照别人对自己的评价和期许来表现自己，隐藏真实的自我，因而 C 越大，越觉得别人不理解自己；D 部分的存在使我们无法完全认识自己。

只有完成了客观全面的自我评价，成功解决了"我是谁""我将走向何方"的疑问后，青少年的自我同一性才能形成。自我同一性的形成标志着青年期的结束，成年期的开始。同一性完成了，也就实现了人格独立。

(2)培养积极的自我体验。自我体验反映了主观自我的需要与客观自我的现实之间的关系。客观自我满足了主观自我的要求，就会产生积极肯定的自我体验，即自我满足；反之，客观自我没有满足主观自我的要求，则产生消极否定的自我体验，即自我责备。当个体体验到成功感时，就会产生积极的自我肯定，向更高的目标进取；反之，当个体体验到挫败感时，则常会产生消极的自我否定，闷闷不乐，甚至放弃努力。可见，恰当的自我体验，对个体的身心发展具有重大的意义。

悦纳自我是培养积极的、健康的自我体验的核心。悦纳自我是对自己的肯定、认可，是建立在对自己的全面了解，认可自己的优点，同时接受自己的缺点基础之上的，悦纳自我才能产生自我价值感。自我价值感是个体在关于自己价值的判断、评价基础上，形成的对自己的态度与情感，即自尊、自卑等自我情绪体验。客观积极的自我价值感使人积极向上，努力实现自身价值。

成功体验与失败体验一般与工作是否取得成功有关，但它们还取决于自我的期望水平。也就是说，客观的我所取得的成绩虽然已达到了社会的水准之上，但能否产生成功体验，还要看主观的我对客观的我的要求，即期望水平。一般来说，自豪感的体验是在个体意识到自己的行为与理想自我形象相符合时产生的。羞愧感的体验是个体意识到自己的行为未能达到自己的理想形象的要求时产生的。内疚与羞愧不同，羞愧是感到自己比不上他人，认为自己的智慧、努力不够，对社会贡献少于他人；而内疚是由于自己的行为违反社会道德准则，侵犯了他人利益而受到良心上的责备。

自信、自我价值感、成功体验、自豪感等都是令人愉快的、向上的积极自我体验，对人的社会实践具有积极意义，而适当的内疚与羞愧对个体减少消极的、不当的行为具有重要意义。积极自我体验的缺乏以及不当的自我体验则对人的实践具有消极意义，甚至会引起心理问题，影响人格的健康和谐发展。个体可以通过调整认知、确定合理期望值、积极实践等方法培养积极的自我体验，减少消极的自我体验，保持乐观的心态。

（3）学会有效的自我调控。每个人只有立足社会的要求，从个人实际出发，使自己的行为和社会要求保持一致，才能得到社会的认可。有效的自我调控一定是建立在准确地理解社会要求的基础上的。

一是制订自我完善的计划。自我完善不是一蹴而就的，它是一个复杂的系统的过程，要有相应的计划和程序，才能避免盲目和不知所措，有了计划然后严格执行，才能使这个过程有条不紊地进行。

二是培养良好的意志品质。意志是行动的保障，只有拥有良好的意志品质，才能有效地调节控制自我，不断接近理想自我，否则，自我的成长就停留在了认知的层面，成了空谈。比如，生活中有人吸烟之后戒烟、饱食之后减肥的现象。良好的意志品质具体表现在：自觉的确立自我调控的目标，果断地放弃与目标不符的想法与行为，并努力使自己回到正确的轨道上，自觉抵制诱惑使自己坚持正确的想法与行为，最终达到目标。

老子的《道德经》写到："为学日益，为道日损，损之又损，以至于无为。"意思是：学习、做学问的人，他们每天都能从学习中有所收获，那么日积月累，他们的学识素养也就越来越高。按道行事的人，每天都在认识自身那些潜意识中的思维及行为模式，减少并改正那些错误的意识及言行，而后自己无意的做法也都是按道行事的，那么他们就已经把"道"融入他们的思维及行为模式中去了，他们的内心与举止协调统一，非常自然。自我调控就是这样一个过程，每个人的言行都有时难免会偏离正确的方向，如果自我意识不发挥作用，那些小问题就可能演变成不利于个人成长、危害社会的严重问题。只有不断对照正确的认知，坚持正确的、去掉错误的，才能逐渐使自己的言行符合社会准则，成为一个高素质的、适应社会的人。

三是努力超越自我。大学是学习的黄金时期，也是人格成长的重要时期，如果任由自己停留在自己多年来形成的舒适区，那么就蹉跎了宝贵的时光。大学生有巨大的潜力和发展的可能性，每个人都需要认真思考"我要成为什么样的人"。这里不妨发挥一下"认同"的作用，与理想形象认同，按照你设想的自己想要成为的人行事。再发挥一下积极暗示的作用，经常在内心对自己说"我就在表演我的榜样"，那么久而久之，你身上就会具有一些榜样的特征。如果大学生能把握住大好年华，勇于尝试、自我雕刻、自我突破，就会不断进步，成为更好的自己。自我调控过程中要注意避免走极端，不做完美主义者。

研究发现，最为人所欣赏者，并非全能的人，而是精明中带有缺点的人。为什么在行为表现上略带瑕疵的人反而会讨人喜欢？按心理学的解释，此种现象被称为仰巴脚效应（pratfall effect），意指精明的人无意中犯点小错误，不仅是瑕不掩瑜，反而更使人觉得他具有和别人一样会犯错的缺点，反而成为其优点，让人更加喜爱他。生活中有不少比较完美精明的人，这样未必讨人喜欢。因为一般人与完美无缺的人交往时，总难免因己不如人而感到惴惴不安，如一旦发现精明人也和自己一样有缺点，就会因为他也具有平凡的一面而感到安全。在人的一生中，如果目标客观而且现实，就会感到轻松愉快，自然而然地感觉到自己富有创造精神，工作效率提高而充满自信。

总之，大学生要培养健全的自我意识，就要客观地认识自我，自尊、自爱、自信，培养顽强的毅力，积极参加实践，不断地超越自我，完善自我，接受"昨天的我"，珍惜"今天的我"，努力塑造"明天的我"，才能实现从"旧我"向"新我"，从"小我"向"大我"的蜕变与成长。

第二节 人 格

人格（personality）一词最早源于古希腊语"persona"，原意是指古希腊戏剧中演员戴的假面具，它代表剧中人的身份，表现剧中人物的某种典型性格特点，类似于中国的京剧脸谱。心理学借用这个术语包含两个含义：一是指人会根据不同社会角色来进行种种行为，就像舞台表演中根据角色要求所戴的面具一样；二是一个人由于种种原因不愿向其他人展现的人格成分，即在面具的背后隐藏着真实的自我。

从心理学角度看，人格反映了一个人整个心理面貌，是个体在遗传素质的基础上，通过与后天环境的相互作用而形成的相对稳定而又独特的心理行为模式。

人格是一个复杂的结构系统，从广义角度来看，人格是一个人整个心理面貌的总和。从次广义角度来看，人格结构系统包括需要、动机、兴趣、能力、气质、性格、自我意识等成分。在这里，我们主要介绍狭义的人格结构：气质和性格。

一、气质

(一)气质概述

1. 气质概念

气质(temperament)是指个体心理活动方面的比较稳定的动力特征。所谓心理活动的动力特征，是指心理活动发生时的强度(如情绪体验的强弱)、速度(如知觉的速度、思维的速度)、稳定性(如注意力集中时间的长短)、指向性(心理活动倾向于外部事物还是内心世界)等方面的特点和差异组合。心理学上所讲的"气质"与我们日常所说的"脾气""禀性"意思相似。在现实生活中，我们很容易观察到，有的人脾气暴躁，有的人沉着冷静，有的人活泼开朗，有的人多愁善感，郁郁寡欢；在行动上有的人反应敏捷、动作轻快，有的人反应迟钝，动作缓慢。心理活动的这些动力特征为个体的心理和行为染上了一种独特的色彩。

气质具有天赋性、稳定性和可塑性等特点。气质在很大程度上是由遗传因素决定，年龄越小，气质的原始表现越明显，俗话说"江山易改，禀性难移"，说明气质较难改变，具有天赋性和稳定性的特点。但由于人具有主观能动性，能够对其表现进行调控，因此气质也具有一定的可塑性。

2. 气质类型及其特征

古希腊著名的医生希波克拉底早在公元前5世纪提出了气质的学说，他将人的气质分为胆汁质、多血质、黏液质和抑郁质四种并沿用至今。研究表明，不同气质类型的人均有不同的特点。

(1)胆汁质——急。属于"兴奋而热情的人"。这种气质类型的人直率、热情、精力充沛，易冲动，脾气暴躁；做事勇敢果断，表里如一，但容易感情用事，刚愎自用。胆汁质的男生更多地表现为敏捷、热情、坚毅，情绪反映强烈而难以自制；女生则更多地表现为热情肯干、积极主动、思维敏捷、精力充沛，但容易感情用事，欠思量。

(2)多血质——活。属于"活泼而好动的人"。这种气质类型的人活泼、好动、敏感，反应迅速，很容易适应新的环境，善于交际，兴趣广泛但容易转移，情绪不够稳定，缺乏耐心和毅力。多血质的男生更多地表现出敏捷好动，适应能力强，工作效率高，但易轻率行事，不愿做耐心细致和具有平凡性质的工作；女生则更多地表现出热情活泼、富有朝气，但较任性，从事需要煞费苦心的工作时难以坚持到底。

(3)黏液质——稳。属于"沉着而稳重的人"。这种人安静、稳重、反应缓慢、沉默寡言，情绪不易外露，善于克制自己，善于忍耐，注意稳定但难于转移，办事稳当，但缺乏冒险精神及创新意识。黏液质的男生更多地表现为沉着坚定，态度持重，善于忍耐，考虑问题细致而周到，但较为刻板；女生则更多地表现为冷静稳健，埋头苦干，有较强的自我克制能力，但执拗，表情平淡，易因循守旧。

（4）抑郁质——弱。属于"情感深厚而羞涩的人"。这种人容易胆小、孤僻、多愁善感，不善交际，遇事犹豫不决、优柔寡断，但细心、谨慎，情绪体验深刻、细腻而又持久，善于觉察出别人不易觉察的细节，对人能体贴入微。抑郁质的男生行为更多地表现为孤僻、迟缓，遇到问题时容易惊慌失措，但善于观察，处事谨慎，情绪深刻持久，态度平稳坚定；女生则更多地表现出迟疑、怯懦、柔弱、腼腆，多疑多思，多愁善感，但温柔稳重，情感体验细腻。

在日常生活中，我们可以看到不同气质类型的人在面对同样情境、同样事情时的态度及处理方式截然不同。丹麦漫画家皮特斯特鲁普所作的《一顶帽子》形象地表现了不同气质类型的人对同一事物的反应，如图 4-2 所示。

图 4-2　四种典型气质类型的不同表现（[丹麦]皮特斯特鲁普）

当然，现实生活中单纯属于这四种典型气质之一的人并不多，绝大多数人是四种气质的混合型或中间型，所以我们在判断人的气质时，不要简单地将某人划归为某一基本类型。

（二）正确看待气质类型

1. 气质没有好坏之分

气质本身无好坏之分，因为每一种气质类型都有其优点和缺点，也都存在有利于形成某些积极的或消极品质的可能性。如在正确的教育影响下，胆汁质的人可能形成办事主动、意志坚强、有毅力、热情和独创精神等特性，而在不良的环境影响下，他们可能出现缺乏自制、粗暴、急躁、易生气、爱激动等不良品质；黏液质的人在正确的教育影响下，容易形成勤勉、实干、坚毅等特性，而在不良的环境影响下，他们则可能发展为消极、迟钝、懒怠以及对人甚至对自己都漠不关心的不良品质。

2. 气质不决定人的智力水平和社会价值，但影响智力活动的方式和效率

气质的特点对心理活动的发生、进行和表现都产生着重要的影响，如胆汁质的人精力旺盛，不易疲劳，能坚持长时间的紧张学习和工作；而抑郁质的人紧张学习、工作时间稍长就会感到疲乏，难以适应，需要及时休息以恢复体力和精力；多血质的人能很快适应变化的环境，工作、学习起来迅速、灵活；而黏液质的人则反应迟缓，学习、工作速度较慢，缺乏灵活性。

虽然气质影响着一个人智力的活动方式和效率，但气质只是给人们的心理活动或行为涂上了某种色彩，并不能决定一个人学习和工作的成就和社会价值。不同气质类型的人可以在同一实践领域中取得辉煌成就。例如，苏联心理学家经过分析认为，普希金属胆汁质，赫尔岑属多血质，克雷洛夫属黏液质，果戈理属抑郁质，他们都是大文学家。任何一种气质类型的人，既可能在学习、工作中取得突出的成就，成为某一领域的杰出代表，也可能成为碌碌无为，一事无成的人；既可能成为品行高尚、有益于社会的人，也可能成为道德败坏、对社会有害的人。

3. 气质是择业和选拔人才的依据之一

职业与气质有密切关系。研究和实践表明，某些气质特征往往为一个人从事某种工作提供了有利的条件。一般认为，黏液质和抑郁质的人容易适应持久、细致的工作，而胆汁质和多血质的人则难以适应；多血质和胆汁质的人容易适应迅速的工作，而黏液质、抑郁质的人则难以适应。所以从自己的气质出发选择职业，对自己、对工作都是有益处的。例如，胆汁质的人适合从事如导游员、推销员、节目主持人、演说家、勘探工作者等需要反应迅速、动作有力、应激性强、冒险性大、难度较高且费力的工作；多血质的人适合从事外交工作、管理工作、律师、新闻记者、演员、侦探等需要迅速反应能力的工作；黏液质的人适合从事自然科学研究、医生、法官、管理人员、会计等安静、有条不紊、思辨性较强的工作；抑郁质的人适合胜任校对、打字、化验、雕刻、刺绣、机要秘书等不需要过多与人打交道而又需要较强观察力、耐心、细致的工作。所以说，气质成了人们择业和选拔人才的依据之一。

二、性格

(一)什么是性格

性格(character)是个人对现实的态度和行为方式中比较稳定而又具有核心意义的心理特征。恩格斯说："人物的性格不仅表现在他做什么，而且表现在他怎样做。""做什么"反映了人的活动动机和对现实的态度，"怎样做"反映了人的行为方式。如一个人他在学习上对自己要求严格、认真、严谨，在生活中经常帮助别人，严格要求自己，我们就可以说他具有严于律己，宽以待人的性格特征。它是一个人如何对待社会、对待工作、对人、对己的态度和如何采取行动中所体现出来的某种共同的倾向。

性格不像气质那样具有天赋性，它是个体在后天的生活实践中逐渐形成的，是长期塑造的结果。个体一旦形成了某种性格，便会时时处处都表现出统一的态度或行为方式，因此性格具有稳定性的特点。如一个吝啬的人，他会处处表现出斤斤计较；一个鲁莽的人，他做事也总是会不计后果。由于性格具有稳定性，我们如果了解一个人的性格特征，就可以预料他在什么情况下会表现出什么样的态度和行为。例如，在"空城计"中，因为诸葛亮了解司马懿具有多疑、优柔寡断的性格特征，才会设空城以等援兵，并取得成功。当然，由于性格是在后天形成的，性格也不是不可改变的，在特定的情境要求下，人也会逐渐改变自己原有的性格特征，而形成新的性格特征。例如，一个性格怯懦、胆小怕事的人，由于生活的锻炼，会变得越来越自信、胆大起来；一个活泼开朗、学习进步的孩子，可能会因为家庭生活的变故而变得沉默寡言、学习落后。

性格有好坏之分。一个人对现实稳定的态度和习惯化的行为方式往往与他的人生观、价值观和世界观相连，具有明显的社会价值。因此，凡是有助于社会进步，符合大多数人利益的特征都属于好的性格特征，反之则属于不好的性格特征。比如，诚实、善良、勤劳、节俭等对社会有积极作用，是优良的性格特征；而虚伪、残忍、奢侈、懒散等性格对社会有消极作用，是不良的性格特征。

(二)性格的结构

性格有着复杂的、多侧面、多层次的心理结构，它包含各种不同的性格特征。由于这些性格特征在不同人身上的组合情况及表现形式都各不相同，从而形成了人的千差万别的性格。正如世界上没有两片完全相同的树叶一样，世界上也没有性格完全相同的两个人。

一般来讲，心理学从以下四个方面来分析和研究性格的结构。

1. 性格的态度特征

性格的态度特征是指表现在人对客观现实的稳固的态度方面的特征，既是性格结构中最主要的组成部分，也是性格的最直接的表现，其他方面的特征在不同程度上都要受到它的影响。

性格的态度特征包括三方面的内容。

(1)表现在对社会、集体、他人的态度上的性格特征。如是爱祖国、爱集体，以国家、集体的利益和荣誉为重，还是对国家、集体的利益和荣誉漠不关心；是正直无私，还是虚伪狡诈、自私自利；是为人热情、富有同情心，还是对人粗暴傲慢、冷酷无情，等等。

(2)表现在对劳动、工作、学习的态度上的性格特征。如是勤奋还是懒惰，是认真还是马虎，是耐心细致还是粗心大意，是精益求精还是潦草从事，是敢于创新还是墨守成规，是遵守纪律还是自由散漫，等等。

(3)表现在对自己的态度上的性格特征。如是谦虚、自信，还是骄傲、自负；是自尊、自强，还是自轻、自贱；是开朗、大方，还是拘谨、羞怯，等等。

2. 性格的理智特征

性格的理智特征是指表现在人的感知、记忆、思维、想象等认知方面的特征。在感知方面，性格的理智特征主要表现为被动感知型和主动观察型，前者易受外界环境刺激的干扰和暗示，后者则不易受外界环境刺激的干扰，能根据自己的目的、任务和兴趣，积极主动地进行观察和判断；此外还表现为详细分析型（特别注意细节）和概括型（注意事物的整体和轮廓）、快速型（观察迅速，但不深入、不持久）和精确型（观察敏锐而细致）。在记忆、想象方面也同样有主动和被动之分，而思维则有分析型、综合型、独创型、常规型等之分。

3. 性格的情绪特征

性格的情绪特征主要包括四个方面的内容。

(1)情绪强度方面的性格特征。它表现为一个人受情绪感染和支配的程度以及情绪受意志控制的程度。如有的人情绪反应一经出现就非常强烈、冲动，难以用意志加以控制；有的人则情绪体验比较微弱，对工作、生活和自身的影响也比较小，易于控制和调节。

(2)情绪稳定性方面的性格特征。它表现为一个人情绪的起伏和波动的程度。有的人情绪易激动，甚至为一些琐碎小事也能引起强烈的情绪反应，情绪波动幅度大；而有的人则情绪比较稳定，波动幅度小，不容易为一般情境引起强烈的情绪反应。

(3)情绪持久性方面的性格特征。它表现为情绪在个体身上保持时间的长短。有的人情绪活动持续的时间比较长，对工作、生活和自身都有较深、较长的影响；有的人情绪活动持续的时间短，忽冷忽热，甚至转瞬即逝。

(4)主导心境方面的性格特征。它是指不同的主导心境在一个人身上稳定表现的程度。如有的人经常情绪高涨，乐观开朗，有的人则郁郁寡欢，悲观消沉。

4. 性格的意志特征

性格的意志特征是表现在个人自觉调节、控制自己行为方式和水平方面的特征。具体包括：

(1)表现在对行为目标明确程度方面的性格特征。如对行为目标是否明确，是否独立、有主见，不受暗示，是否有组织、有纪律，等等。

(2)表现在对行为自觉控制水平方面的性格特征。如行为是主动还是被动，是自制力强还是自制力弱，等等。

(3)表现在紧急或困难条件下的性格特征。如是沉着、镇定，还是惊慌失措；是勇敢、顽强，还是软弱、怯懦；是迅速、果断，还是优柔寡断，等等。

(4)表现在对已作出的决定贯彻执行方面的性格特征。如是严肃认真，还是轻率马虎；是持之以恒、有始有终，还是虎头蛇尾、半途而废，等等。

课堂实践 ⏰

认识自己的性格

一、活动目的

认识性格、了解自己的性格特征。

二、活动步骤

1. 写出我在良好性格方面的特点（各写三个）

良好性格在态度方面的表现：_____

良好性格在意志方面的表现：_____

良好性格在情绪方面的表现：_____

良好性格在理智方面的表现：_____

2. 成立一个 10 人左右的小组开展交流，每个同学在纸条上写上自己的 5 个性格特点，然后将纸条顺序打乱，每人抽一张，轮流读出纸条上的描述，大家一起猜猜纸条上所描述的人是谁。

三、活动感悟

_____

（三）性格的类型

1. 从心理活动倾向来划分性格类型

瑞士精神分析心理学家荣格按照个体心理活动是倾向于外部世界还是倾向于内部世界，把人的性格分为内向型和外向型两种。内向型的人心理活动指向于内部世界，一般表现为安静、敏感、爱思考、富于想象；办事可靠，但容易瞻前顾后、小心谨慎；不善交往，往往对人有所保留或保持一定距离；反应缓慢，适应环境较困难。外向型的人心理活动指向于外部世界，所以他们喜欢热闹、爱好交际；为人坦率、热情、随和；情绪外露，不善思考，易感情用事；反应迅速、容易适应环境的变化。在现实生活中，典型的内向或外向型性格的人是很少的，大多数人是介于内向和外向之间的中间型，兼有内向和外向的特点。

2. 从个体独立性程度来划分性格类型

西方比较流行的一种性格分类方法是按照个体活动的独立性程度，把人的性格分为独立型和顺从型两种。独立型的人具有坚定的信念，自信心强，不易受次要因素的干扰；善于独立思考，独立地发现问题和解决问题；在紧急或困难情况下能沉着冷静，易于发挥自己的力量。但独立型的人有时可能会武断行事，把自己的意志强加于人。顺从型的人独立性差，做事缺乏主见，易受暗示，常不加批判地接受他人意见；应激能力差，在紧急情况下常表现为束手无策或惊慌失措。

3. 从行为方式上来划分性格类型

美国旧金山的两位心脏病专家弗雷德曼和罗胜曼根据人们在行为中是否充满竞争意识、是否有时间紧迫感等特点，把人的性格分为 A 型性格和 B 型性格。A 型性格的人有强烈的时间紧迫感，总想争分夺秒地工作、学习以争取更多的时间，其生活常处于紧张状态当中。这类人上进心强，有竞争性，心中常常充满着成功的理想，对他们来说，告诉他们有竞争对手比给他们奖金、奖状更有效。A 型性格的人缺乏耐心，常对人怀有戒心或敌意，更容易产生攻击性行为。与 A 型性格的人形成鲜明对照的是 B 型性格的人，这类人心境平和，喜欢不紧张的工作，喜欢过悠闲、自在的生活。他们为人处世注意分寸，平时不愿在小事上与人一争高下，有耐心，没有时间紧迫感。

弗雷德曼和罗胜曼发现，A 型性格的人更容易得高血压、冠心病等心血管疾病，也是腰背痛、焦虑的致病因素。有研究表明，A 型性格的人冠心病的发病率是 B 型性格的 2 倍多，而心肌梗死的复发率为 B 型性格的 5 倍。

在 A 型性格和 B 型性格的基础上，人们又提出了 C 型性格。C 型性格的人顺从忍耐，在行为上表现出与别人过分合作，体验较多的抑郁、不满；过分压抑负面情绪，常有不安全感；情绪常常起伏不定，易焦虑、紧张。研究发现，C 型性格的人易患癌症。

三、影响大学生人格发展的因素

(一)先天遗传因素

先天遗传因素是人格形成和发展的重要前提，为人格的发展提供可能性和条件。心理学家以同卵双生子和异卵双生子为研究对象，对其情绪的稳定性、活动性和社会性三种人格特质进行评定，结果表明，同卵双生子之间的相关性、显著高于异卵双生子。

(二)家庭因素

家庭是社会的细胞，是儿童最早接触的社会环境，社会对儿童的影响首先是在家庭中实现的。家庭是人格的摇篮，父母是儿童的第一位老师，而且也是子女一生的老师，俗话说："有其父必有其子。"其中有一定的道理。父母按照自己的意愿和方式教育孩子，孩子的人格就是在与父母持续相互作用中逐渐形成的。父母的教养方式、教育的能力水平、父母自身的人格特征以及家庭成员之间的关系等都对其人格的形成有着重要的影响。

拓展专栏

家庭教育与人格的形成

美国教育学博士珍妮特·沃斯和新西兰资深记者戈登·德莱顿在《学习的革命》一书中说：

如果一个孩子生活在鼓励之中，他就会学会自信；

如果一个孩子生活在忍耐之中，他就会学会耐心；

如果一个孩子生活在宽容之中，他就会学会忍让；

如果一个孩子生活在表扬之中，他就会学会感激；

如果一个孩子生活在真诚之中，他就会学会友好；

如果一个孩子生活在支持之中，他就会学会信任；

如果一个孩子生活在接受之中，他就会学会爱；

如果一个孩子生活在和蔼之中，他就会学会友善；

如果一个孩子生活在认可之中，他就会学会自爱；

如果一个孩子生活在温暖之中，他就会学会关心；

如果一个孩子生活在承认之中，他就会学会要有一个目标；

如果一个孩子生活在艰苦之中，他就会学会奋斗；

如果一个孩子生活在分享之中，他就会学会慷慨；

如果一个孩子生活在公平之中，他就会学会正义；

如果一个孩子生活在诚实和正直之中，他就会学会什么是真理和公正；

如果一个孩子生活在安全之中，他就会学会相信自己周围的人；

如果一个孩子生活在友爱之中，他就会学会热爱生活。

(三)学校因素

学校是通过各种活动有目的、有计划地向学生施加教育的场所，学生在学校中不仅学习、掌握一定的文化科学知识，还接受一定的政治教育和道德教育，学习为人处世的方法，逐渐形成价值观和世界观，从而影响着人格的形成与发展。影响人格的形成与发展的学校因素主要有学校的教育理念、校园文化、班集体的氛围、教师对学生的态度及管理方式等。美国心理学家勒温等人研究了教师不同管教风格对学生性格的影响。他们发现在专制型、放任型和民主型的管教风格下，学生会表现出不同的人格特点，见表4-1。

表 4-1　教师管教风格对学生言行的影响

教师管教风格	学生言行特征
专制型	作业完成效率提高，对领导依赖性加强，缺乏自主行动，常有不满情绪
放任型	作业完成效率低，任性，经常出现失败和挫折现象
民主型	作业完成效率高，行动积极主动，很少表现出不满情绪

(四)社会文化因素

社会文化因素对人格的影响主要是通过社会风尚、大众传媒等实现的。目前，电视、网络对儿童人格的影响相对更为显著。社会风气的好坏能直接影响学生人格的形成，如在向雷锋同志学习，做好事不留名的社会风气下，孩子容易养成善良、热情、坦率的人格特征；在一切向钱看的社会氛围中，人会形成自私、冷漠、猜忌等人格特征。

(五)个体因素

个人的经历是个体社会化的必经途径和手段，也是人格形成和发展的不可逾越的阶段。俗话说："三岁看大，七岁看老。"一般而言，幸福的童年有利于儿童形成健康的人格，不幸的童年则会使儿童形成不良的人格，但二者不存在——对应的关系，个人的主观能动性同样也起着重要的作用。例如，同样的生活环境和教育，不同的人可能会形成不同的特征，可能是积极的也可能是消极的。溺爱可能导致儿童任性、以自我为中心，逆境也可能磨炼出儿童坚忍顽强的性格。特别是随着学生年龄的增长，自我意识水平的不断提高，他们具备一定的自我教育能力后，会主动地了解自己、分析自己，自觉地扬长避短，调节、控制自己的性格结构及其发展，塑造自己健全的人格特征。

四、大学生健全人格的塑造与培养

心理学研究表明，一个人的人格健康在很大程度上会影响其事业的成就、家庭的幸福、人际关系的和谐。因此，大学生健全人格的塑造与培养是心理健康教育的重要组成部分，健全的人格有助于大学生的身心健康，是大学生成才的基石，也是适应社会进步与发展的需要。

(一)认识自我，悦纳自我

认识自我是改变自我的开始，大学生要塑造、培养健全人格，首先就要正确、全面地认识自己的人格特点，不仅要了解自己的良好的人格特征(如自信、开朗、正直、勇敢、热情、勤奋、坚毅、诚恳、善良等)，也要发现自己人格上的缺陷和不足(如自卑、冷漠、懒散、急躁、狭隘、任性、偏激、依赖、自我中心等)，这样才能从自身实际出发，扬长补短，发扬自己已有的优点，制订计划改变自己的不足和缺陷，持之以恒坚持下去，从而完善自己的人格。但是，"金无足赤，人无完人"，每个人都有自己的长处和短处，有些短处是可以改变的，如脾气不好、毅力不足等，但有些不能改变的短处，如身材矮小、其貌不扬等，我们就要保持心态平和，积极悦纳自己，坦然接受自己所不能改变的现状。

(二)学会管理和调控自己的情绪

人生不如意之事十之八九，人不可能永远都处于愉悦的心境当中，总会遇到各种挫折、烦恼，如考试失利、失恋、找工作碰壁等。一个拥有健全人格、心理成熟的大学生，不是没有消极情绪，而是自己善于调节、控制自己的情绪，能够认识到消极情绪的产生是正常的、不可避免的，并会及时采取合理的方式发泄消极情绪，如找朋友倾诉、写日记、唱歌、看电影、听音乐、做运动等，消除郁闷，释放怒气和怨气，恢复平和的心态。

(三)努力提升个人素养

精神分析学家荣格说："文化的最后成果是人格。"培根也说："读史使人明智，读诗使人灵秀，数学使人周密，科学使人深刻，伦理学使人庄重，逻辑修辞学使人善辩，凡有所学，皆成性格。"可见，人的知识越广，人的心理也越完善。不少人格发展缺陷都源于无知，无知容易使人自卑、粗鲁，丰富的知识则使人自信、坚强、理智。当代大学生应在学习过程中努力提升自己，坚持做到科学精神与人文素养并重。对大学生而言，学习科学文化知识、增长智慧的过程也是塑造健全人格的重要环节。

(四)培养良好的习惯

人的言行是人格的最直观的外在表现，而人的日常言行的积累成为习惯就是人格。健康的人格体现在良好的行为方式当中，不良的人格特征大多表现出许多不良的习惯。因此，要养成某个良好的人格特征，就要从眼前的每一件小事做起。"千里之行，始于足下""合抱之木，生于毫末"，一个人优良的人格特征(如自信、勤奋、坚强等)都是长期培养和锻炼的结果。

(五)建立良好的人际关系

能够与他人建立良好的人际关系是人格健全的标志之一，也是个人获得社会支持的重要途径。卡耐基说，"一个人事业上的成功，只有 15% 是由他的专业技术决定的，另外 85% 则要靠人际关系和他的为人处世的能力"。因此大学生要积极主动地进行人际交往活动，在交往过程中掌握与人沟通、交往的技巧与方法，学会信任、尊重他人、关心他人，真诚地赞美他人，互相理解、包容，将个人融入集体之中，在交往中对自己的人格做出有针对性的调整，完善人格。

(六)积极参加社会实践活动

实践是人格发展的必经之路。无论是知识的获取、能力的培养，还是情绪的调节、意志的磨炼都离不开社会实践活动。目前，我国高校社会实践活动内容丰富，形式多样，如志愿者活动、勤工助学、义工、科技小组、社会调查、艺术节、体育活动等。使学生在实践活动中锻炼自己，了解社会，认识自己，完善自己，从而不断塑造健全的人格。

心理自测

气质类型测验

一、测试说明

下面 60 道题可以帮助你大致确定自己的气质类型。在回答下列问题时，若与自己的情况"很符合"记 2 分，"较符合"记 1 分，"介于符合与不符合之间"记 0 分，"较不符合"记 -1 分，"很不符合"记 -2 分。答题时要实事求是，尽快完成。

二、测试题目

1. 做事力求稳妥，一般不做无把握的事。

2. 遇到可气的事就怒不可遏，想把心里话全说出来才痛快。

3. 宁可一个人干事，也不愿很多人在一起干活。

4. 到一个新环境很快就能适应。

5. 厌恶那些强烈的刺激，如尖叫、噪声、危险镜头等。

6. 和人争吵时，总是先发制人，喜欢挑衅别人。

7. 喜欢安静的环境。

8. 善于和人交往。

9. 羡慕那种善于克制自己情感的人。

10. 生活有规律，很少违反作息规律。

11. 在多数情况下情绪是乐观的。

12. 碰到陌生人觉得很拘束。

13. 遇到令人气愤的事，能很好地克制自我。

14. 做事总有旺盛的精力。

15. 遇到问题总是举棋不定、优柔寡断。

16. 在人群中从不觉得过分拘束。

17. 情绪高昂时，觉得干什么都有趣；情绪低落时，又觉得什么都没有意思。

18. 当注意力集中于一事物时，别的事很难使我分心。

19. 理解问题总比别人快。

20. 碰到危险情景，常有一种极度恐怖感。

21. 对学习、工作怀有很高的热情。

22. 能够长时间做枯燥、单调的工作。

23. 符合兴趣的事情，干起来劲头十足，否则不想干。

24. 一点小事就能引起情绪波动。

25. 讨厌做需要耐心、细致的工作。

26. 与人交往不卑不亢。

27. 喜欢参加热烈的活动。

28. 爱看感情细腻、描写人物内心活动的文艺作品。

29. 工作学习时间长了，常感到厌倦。

30. 不喜欢长时间谈论一个问题，愿意实际动手干。

31. 宁愿侃侃而谈，不愿窃窃私语。

32. 别人总是说我闷闷不乐。

33. 理解问题常比别人慢些。

34. 疲倦时，只要短暂地休息就能精神抖擞重新投入工作。

35. 心里有话宁愿自己想，不愿说出来。

36. 认准一个目标就希望尽快实现，不达目的，誓不罢休。

37. 学习、工作一段时间后，常比别人更疲倦。

38. 做事有些莽撞，常常不考虑后果。

39. 老师或他人讲授新知识、新技术时，总希望他讲得慢些，多重复几遍。

40. 能够很快地忘记那些不愉快的事情。

41. 做作业或完成一件工作花的时间总比别人多。

42. 喜欢运动量大的剧烈体育运动，或者参加各种文艺活动。

43. 不能很快地把注意力从一件事情转移到另一件事情上去。

44. 接受一个任务后，就希望把它迅速得到解决。

45. 认为墨守成规会比冒风险更稳妥。

46. 能够同时注意几件事物。

47. 当我烦闷的时候，别人很难使我高兴起来。

48. 爱看情节起伏跌宕、激动人心的小说。

49. 对工作抱有认真严谨、始终一贯的态度。

50. 和周围人的关系总是不好。

51. 喜欢复习学过的知识，重复做能熟练做的工作。

52. 希望做变化大、花样多的工作。

53. 小时候会背的诗歌，我似乎比别人记得清楚。

54. 别人说我"出语伤人"，可我并不觉得是这样。

55. 在体育活动中，常因反应慢而落后。

56. 反应敏捷，头脑机智。

57. 喜欢有条理而不甚麻烦的工作。

58. 兴奋的事情常使我失眠。

59. 老师讲新概念时，我常常听不懂，但是弄懂了以后则很难忘记。

60. 假如工作枯燥无味，我马上就会情绪低落。

三、测评方法

将各题得分按下面的题号分类计分，并汇总各类得分

胆汁质题号 2、6、9、14、17、21、27、31、36、38、42、48、50、54、58，总得分_____。

多血质题号 4、8、11、16、19、23、25、29、34、40、44、46、52、56、60，总得分_____。

黏液质题号 1、7、10、13、18、22、26、30、33、39、43、45、49、55、57，总得分_____。

抑郁质题号 3、5、12、15、20、24、28、32、35、37、41、47、51、53、59，总得分_____。

四、评价参考

1. 如果某气质类型得分明显高出其他三种，均高出 4 分以上，则可定为该气质

类型。如果得分超过 20 分，则为该气质的典型型；如果得分在 10～20 分，则为一般型。

2. 如果两种气质类型得分接近，其差异低于 3 分，而且又明显高于其他两种，高出 4 分以上，则可定为两种气质的混合型。

3. 三种气质得分均高于第四种，而且得分接近，则为三种气质的混合型，如多血质—胆汁质—黏液质混合型或多血质—黏液质—抑郁质混合型。

4. 如果四种气质类型得数皆不高且接近在 3 分以内，则可能是你没有如实作答，也可能你是四种气质类型的混合型，但这种情况很少见。

专题讨论

1. 分析自己的人格特点，如果要成为一个人格健全的人，你需要从现在开始做出哪种努力和改变？

2. 你喜欢具有哪些人格特征的人？这对你有什么启发？

阅读欣赏

1. 王登峰，崔红. 解读中国人的人格[M]. 北京：社会科学文献出版社，2005.
2. 杨凤池. 幸福"心"帮助[M]. 北京：中华书局，2011.
3. 岳晓东. 历史中的心理学[M]. 北京：机械工业出版社，2010.
4. 心理佳片：《火柴人》[美]
5. 心理佳片：《飞越疯人院》[美]

第五章　生活中的你我他
——大学生人际交往与心理健康

有朋自远方来，不亦乐乎？

——《论语》

人是社会性的动物，没有人能独立生存。每个人从出生的第一天起，就被复杂的人际关系网所覆盖，成为社会关系网络中的一个环节。人际交往是大学生社会化的一条重要途径，是大学生提高自身综合能力、实现全面发展的必经之路，提高人际交往能力对大学生一生的发展意义重大。

案例导读 ▶

我和室友关系很糟糕

明明是一名大一学生，今年20岁。上高中的时候明明学习很刻苦，除了学习没有其他的爱好，也没什么朋友。因高考成绩不理想，补习了一年。考入大学后，辅导员安排明明当宿舍长，明明很想好好与宿舍同学相处，但时间一长，明明发现自己真的无法和室友们相处：明明习惯早睡，室友们却喜欢聊到深夜；明明比较爱干净，室友们却喜欢乱丢乱放，把寝室搞得乱七八糟……明明以宿舍长的身份给室友们提出一些建议和要求，她们不但不听，反而恶语相向。就这样，明明与室友经常因为一些琐事发生争执，明明认为自己是对的，但室友们并不认同，最后几乎没人和明明说话。现在明明和室友的关系很糟糕，已经到了孤立无援的地步。

思考讨论：

1. 明明与室友的关系紧张僵化主要原因是什么？
2. 我们该怎么帮助明明改善与室友之间的关系，使她摆脱痛苦呢？

第一节　人际交往概述

一、人际交往与人际关系

(一)什么是人际交往

人际交往是指个体在共同活动中运用语言或非语言媒介，与个体或群体实现沟通信息、交流思想、表达情感和协调行为的互动过程。对个体而言，人际交往包括三种成分：一是认知成分，反映的是个体对人际交往的认识，它是人际知觉的结果；二是情感成分，它是关系双方情感满意的程度和亲疏关系，是人际关系的基础；三是行为成分，是双方实际交往过程中的外在表现和结果。

在人际交往的过程中，认知成分是交往的基础和前提，情感和行为的产生是建立在认知过程基础之上的。

(二)什么是人际关系

人际关系是一种社会关系，是人与人之间通过交往与相互作用而形成的直接的心理关系。主要表现为人们心理上距离的远近、个人对他人的心理倾向及相应行为等，反映人们寻求满足的心理状态。大学生的人际关系主要有亲子关系、同学关系、师生关系、网络空间的人际关系等。

人际交往和人际关系是两个既有联系又有区别的概念。人际交往既是人际关系实现的根本前提和基础，又是人际关系形成的途径；而人际关系则是人际交往的结果和表现。两者的区别在于人际交往侧重于人与人之间的相互作用，是一个动态过程；人际关系侧重于人与人之间在交往的基础上所形成的心理状态和结果，是一个相对静态的描述。从时间上看，人际交往在前，人际关系在后。

二、人际交往的原则

(一)交互原则

从心理学上讲，每个人都是天生的自我中心者，个体都希望别人能承认自己的价值，支持自己，接纳自己，喜欢自己。由于这种寻求自我价值被确认和情绪安全感的倾向，在社会交往中个体更重视自己的自我表现，希望能吸引别人的注意。美国社会心理学家阿伦森的研究表明，人际关系的基础是人与人之间的相互重视、相互支持。对于真心接纳、喜欢我们的人，我们也更愿意接纳对方，愿意同他们交往并建立和维持关系。

如果别人的行动偏离了我们的期望，我们会认为别人不通情达理，从而产生一种不愉快的情绪体验，对对方产生心理排斥。可见，我国古人所讲的"爱人者，人恒爱之""己所不欲，勿施于人"是有着心理学基础的。

(二)功利原则

我国心理学家研究发现，由于人们的价值观倾向不同，人际交往中存在不同的社会交换机制。对于重内在情感价值的人而言，他们在人际交往中个人情感卷入更多，因而有明显的重情义、轻物质的倾向，与别人的交换倾向于增值交换过程。他们在人际交往中感到欠别人的情分，因此在回报时，往往也超出别人的期望，这种过程的循环往复，就导致了卷入交往双方都感到得大于失。与此同时对于重外在物质利益的人而言，他们在人际交往中的物质利益意识多于个人情感的卷入，因此倾向于用物质来衡量自己的得失，在人际交往中处于减值交换。

(三)自我价值保护原则

自我价值保护指个人对自身价值的肯定意识与评判。每一个人为了保持自我价值的确立，在心理活动的各个方面都会有一种防止自我价值遭到否定的自我支持倾向。

当我们面对别人对自己的否定时，我们面临两种选择：一是承认别人转变的合理性，否定我们自己，贬低自我价值；二是进行自我价值保护，尽可能保持自我价值不降低。许多研究表明，自我价值的否定是非常痛苦的，因此当面临自我价值受威胁时，人的优先反应不是否定自身，而是尽可能保护自己。为此，人际交往必须遵循尊重、理解、宽容、真诚、信用等原则。

(四)尊重原则

尊重包括自尊和尊重他人两个方面。自尊就是在各种场合自重自爱，维护自己的人格；尊重他人就是重视他人的人格、习惯与价值，尤其是隐私的尊重。只有尊重他人才能得到他人的尊重。

俄国大作家屠格涅夫有一天走在街上，一个年迈体弱的乞丐向他伸出发抖的双手，大作家找遍所有的衣袋，分文没有，感到惶恐不安，只好上前握住乞丐那双脏手，深情地说道："对不起兄弟，我什么也没有，兄弟!"大作家这一声声"兄弟"，却超过钱币的作用，使老乞丐为之动容，老乞丐泪眼盈盈地说："哪儿的话，我已经很感恩了，这也是恩惠啊!"无论什么人，无论地位高低，渴求得到尊重的心情是一样的。

(五)真诚原则

真诚待人是人际交往中最有价值、最重要的原则。以诚待人是人际交往得以延续和深化的保证。美国一位心理学家曾列出555个描写人品的形容词，让大学生说出最喜欢哪些、最不喜欢哪些，结果学生评价最高的八个形容词中，有六个和真诚有关，即真诚、诚实、忠诚、真实、信赖和可靠。而评价最低的品质中，虚伪居首位。古人说："以诚感人者，人亦诚而应。"在交往中，只有彼此抱着心诚意善的动机和态度，才能相互理解、接纳、信任，才能在感情上引起共鸣，使交往关系巩固和发展。那种"逢人只说三分话，未可全抛一片心"的交往信条，侵蚀着健康的交往关系。

(六)宽容原则

宽容表现在对非原则问题不斤斤计较，能够以德报怨。在人际交往中难免会遇到一些不愉快的人和事，要学会宽容，学会克制与忍耐。苏轼说过："匹夫见辱，拔剑而起，挺身而斗，此不足为勇也。天下有大勇者，卒然临之而不惊，无故加之而不怒，此其所挟持者甚大，而其志甚远也。"大学生在人际交往中心胸要宽、气量要大，遇事要权衡利弊，切不可事事斤斤计较、苛求他人、固执己见，要尽量团结那些与自己见解有分歧的人，营造宽松的交际环境。学会原谅别人是美德，学会宽容别人是高尚。有了这样的心境，就会有良好的人际关系，就会使自己每一天都快乐。

(七)理解原则

金玉易得知己难寻。所谓知己，是能够理解和关心你的人。相互理解是人际沟通、促进交往的条件。理解不等于知道和了解，就人际交往而言，你不仅要细细了解他人的处境、心情、特性、好恶、需求等，而且要根据彼此的情况，主动调整和约束自己的行为，尽量给他人关心和帮助，多为他人着想，自己反感的行为别强加于人。古人说："己欲立而立人，己欲达而达人，己所不欲勿施于人。"如果你在交往中，能做到善解人意，处处理解和关心他人，相信你会很受欢迎。

(八)诚信原则

人际交往讲究诚信，诚信有两层含义：一是言必信，即说真话，不说假话。如果一个人满嘴胡言，到头来他说真话别人都不会信了。二是行必果，即说到做到，遵守诺言，实践诺言。如果一个人到处许诺而不去践行，必然会引起人们的反感和唾弃，故君子无信不立。

要取信于人，第一要守信；第二要信任，一是要信任别人，二是要争取别人的信任；第三不要轻易许诺，不说大话，不做毫无把握的承诺；第四要诚实；第五要自信，相信自己能行，并给人值得信赖感。

总之，人际交往能力是现代大学生应具备的重要素质，也是衡量一个人能否适应社会的一个关键指标。作为国家未来和希望的大学生，要想在将来的充满竞争的社会中占得一席之地，必须学会与人打交道，学会与人合作共事。

三、人际交往中的心理效应

在人际交往中，存在许多心理效应，这些心理效应对于个体在人际交往中的行动和结果都有重要的影响。

(一)首因效应

首因效应是指"第一印象"产生的特殊作用，即先入为主的效应。心理研究表明，双方的第一次交往非常重要，它会直接影响甚至决定今后你们之间的关系。第一印象鲜明、深刻而牢固，会形成一种固定的看法。首因效应表现为泛化作用，犹如一滴墨水滴到一杯清水里，会迅速扩散到整杯水。人的大脑也会出现这种泛化意识。比如，当你对某人的第一印象非常好时，你以后就容易从积极的方面去看待对方，他的一些缺点，你可能会选择性忽略。反之，当对某人第一印象不好时，你可能就会对他抱有偏见，在今后的交往中也很难改变对他的看法。

影响首因效应的主要有三个因素。一是价值标准，每个人评价事物均有自己的标准，当我们观察的对象符合自己的标准时，就会产生好感；反之则产生冷漠感或厌恶感。一见钟情的产生就是因为对方的初次行为、外貌特征、言谈举止、风度等符合自己的标准。二是经验水平，人们对外界信息做出判断，往往是依据自己的经验水平，如一个人在过去生活中的某个方面吃过亏，当下一次遇到类似的人或事时，就很难产生好印象。三是自身需要被满足的程度，当人产生某种需要的时候，那么能满足需要的人或事物就容易使人产生好的第一印象，如雪中送炭比锦上添花更容易给人带来好的印象。

首因效应是人们在交往中出现的正常的心理效应，但是仅仅凭借第一印象很难真实地反映一个人的面貌。所以大学生在人际交往中应该全面、客观地观察一个人，尽量克服首因效应的局限性和盲目性。

（二）近因效应

近因效应是指最近获得的信息给人留下的深刻印象，它对以后你们之间的交往会发生一定影响。这种效应多发生在对熟人的知觉中，它会改变对人的第一印象。如常在一起比较熟悉的同学，一旦他做出了一件出乎所有人意料的事情，就会使了解他的人改变以往对他的认识和看法，产生新的认识。

近因效应也是人们在交往中常出现的心理表现，它往往左右我们对人的看法，要正确、客观地看待一个人，我们不仅要看他过去，还要看他现在，也要看他将来。

（三）晕轮效应

晕轮效应又称成见效应或光环效应。是指当我们对他人的某些品质、特征形成的清晰鲜明的印象后，会掩盖他人其余的品质的心理现象，如"以点带面、以偏概全""一白遮百丑""一好百好，一坏百坏"。晕轮效应往往悄悄地却强有力地影响着我们对人的评价。如看到某人的某些缺点或不喜欢某人，就可能看不惯他的言谈举止、穿着打扮，甚至会把他看得一无是处。晕轮效应的极端化就是推人及物，从喜欢一个人的某个特征推及喜欢他整个人，进而喜欢一切与他有关的事物。晕轮效应在大学生的人际交往中十分常见，受其影响的大学生在人际交往中容易犯以点带面、以偏概全的毛病从而产生认知偏差。所以在人际交往中，我们要尽量避免晕轮效应带来的负面影响，要多侧面、多角度、客观地评价别人。

（四）刻板效应

刻板效应也叫定势效应，是指对社会上的各类人群所持有的固定的、概括而笼统的看法。其形成的过程就是按预想的类型把人分为若干类别，然后按类贴上标签。于是我们在对人的知觉中，往往按某个人的一些显著特征，如年龄、性别、种族、国籍、职业、文化和教育背景等，把他简单地归入某一群体中去。如人们普遍认为北方人诚实、正直、身材魁梧，南方人聪明、能随机应变、身材小巧；女人柔弱温柔贤惠，男人坚强大度豪爽。刻板效应并非先天就有，主要是受后天因素（如教育、文化背景、风尚等）的影响。刻板效应在某种条件下有助于我们对他人做概括的了解，但往往会产生有害的偏见，从而导致认知的偏差。所以，大学生要善于从每个人的具体行为中去认识对方，不可凭刻板效应简单地给某个人去贴标签。

（五）投射效应

投射效应是指认知者在对他人形成印象时，往往假设他人和自己一样，有相同的认知倾向，把自己的特征投射到他人身上，由己推人。所谓"以小人之心，度君子之腹"就是指投射效应。例如，一个对他人有敌意的同学，总会感觉到对方对自己怀有敌意甚至仇恨，对方的一举一动似乎都有挑衅的色彩。

（六）从众心理

从众心理是普遍存在的社会心理现象，是指个人的观念与行为在群体的引导和压力下，不知不觉或不由自主地与多数人保持一致的社会心理现象，通俗的说就是

"随大流"。美国社会心理学家阿希(S. Asch，1951)曾用线条判断进行过从众心理实验，结果在测试人群中仅有1/4~1/3的被试没有发生过从众行为，保持了独立性。可见从众是一种常见的心理现象。

至于从众的原因，大体上有四种情形。一是行为参照：在情境不确定的时候，其他人的行为最具有参考价值。二是对偏离主流的恐惧：木秀于林，风必摧之。三是与群体融合的需要：与群体成员保持一致可以使人更容易被他人接受。四是群体凝聚力：对自己的群体有强烈的认同感。

在大学生中，从众表现在方方面面，如一个宿舍、一个班级、一个学校风气的形成。如果从众行为过分普遍，则反映了部分大学生自我意识弱化，独立性较差，缺乏独立的世界观、人生观、价值观，这是大学校园中消极现象普遍出现的主要原因，即使从众行为出现积极效应，但个体一旦失去从众氛围，又很容易不知所措，找不到自己努力的方向，大学生入学后的迷茫困惑，走向社会后的无助失落，实际上就是从众心理最直接的"后遗症"。所以大学生应摆脱盲目从众，保持独立的思想，同时自己主动融入群体，适应社会，拥有真正属于自己的绚烂人生。

拓展专栏

关于线条判断的从众心理实验

美国社会心理学家阿希在从众心理实验用的实验材料是18套卡片，每套两张，一张画有标准线段，另一张画有比较线条，如图。被试7人一组，其中6人是实验助手（即假被试），第7人是真正的被试。被试的任务是，在每呈现一套卡片时，判断A、B、C三条线段中哪一条与标准线段等长。

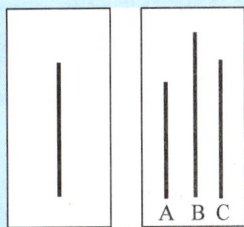

实验开始前几次判断，大家都一致做出了正确的选择，从第7次开始，假被试(助手)故意做出错误的选择，实验者开始观察真被试的选择是独立还是从众。面对这一实验情境，真被试在做出反应前需要考虑以下三个问题：是自己的眼睛有问题，还是别人的眼睛有问题？是相信多数人的判断，还是相信自己的判断？在确信多数人的判断是错误时，能否坚持自己的独立性？阿希从1951年开始，1956年、1958年又多次重复这项实验，结果发现：有1/4~1/3的被试始终保持独立性，无从众行为；约有15%的被试平均作了总数3/4的从众行为；所有被试平均作了总数1/3的从众行为。

四、人际交往的影响因素

人际交往受许多因素的影响，大体分为客观因素和主观因素两类。

（一）客观因素

1. 距离接近

时间空间距离接近，人们交往、接触的机会越多，相识相交的可能性越大，人们越容易形成密切的关系，这即是人们所说的"近水楼台先得月"。在大学里，一些同学由于同系、同班、同宿舍、同属某个社团、同乡等关系，经常接触、交往频繁，或者具有共同的经历、共同的话题，更容易建立密切关系。

2. 相似或互补

俗话说："物以类聚，人以群分。"有着相似的态度、兴趣、爱好、信念、价值观和行为习惯的人，彼此容易产生情感共鸣，容易形成密切的关系。同时，如果他人的特点正好弥补了自己的缺点，满足了自己的理想，也容易使自己产生认同，如被动型的人可能更喜欢与支配型的人相处，自认为幼稚不成熟的女孩更愿意找成熟稳重的男友相伴终生。

3. 外貌

一个人的容貌、穿着、仪态和风度也会对人际吸引产生影响。特别是在人们开始交往的初期，好的外貌容易给人良好的第一印象。外貌美能产生光环效应，相识之初，人们往往会认为外貌美的人也具有其他的优秀品质，虽然实际上未必如此。

4. 个人特点

一个人如果在能力、特长、气质、性格品质等方面比较突出，往往能形成很强、很持久的吸引力。有研究表明，尊重他人、关心他人、对人一视同仁、富有同情心、有责任心、热情、开朗、待人真诚的人更容易被他人喜欢，而自私自利、虚伪、缺乏责任心、浮夸不真实、喜欢支配别人或者自命不凡的人最让人讨厌。

（二）主观因素

1. 人际安全

人际安全是指个体在交往中对自身状况保持有利地位的肯定性体验。觉得自己人际关系不好的大学生往往觉得自己的人际安全得不到保障，如总感到自己被别人欺负、嘲笑或愚弄，总感觉别人在背后说自己坏话，或者时刻担心自己的弱点和劣势暴露出来。因此在人际交往中总是局促不安，担心别人如何看待自己，也不敢主动和他人交往，经常防御性地退缩或回避。

2. 人际期望

人际期望是个体对人际双方在一定条件下的心理、行为的预期和愿望。这种期望其实是个体主观的投射，常常是自发的、内在的和无意识的，很大程度上受制于过往的经验。同时，大学生对不同的人际关系有着不同内容、不同价值的期望。比如，大学生普遍期望大学教师很有学识、很有风度、关爱学生，自己可以向他们诉说；期望宿舍同学能像兄弟姐妹一样亲密无间。一旦现实与期望不符，大学生就很容易对彼此的关系感到失望。

3. 人际张力

人际张力是指个体在人际关系中体验到的一种心理紧张状态。如与宿舍同学关系紧张，只要身处这种人际情境中，个体就感觉到紧张、压抑、无奈、无能为力或者表现为冲动、偏激等。人际张力越大，个体越难适应人际关系。一旦离开这一情境，可能相应的紧张痛苦就会自行解除。由于同学关系和师生关系在一般情况下不会变换，所以有些大学生深受其苦。可以看到人际安全和人际张力是相对的，安全感越差，人际张力就越强。

4. 人际报复

人际报复是指被贬损的一方对对方或对社会的报复行为，是一种对人对己对社会都非常不利的病态心理，是人际关系的"毒药"。

报复心理是恶性案件的"催生素"。报复心理重的人，心理承受能力很弱，容不得别人对自己有丝毫的不尊敬；别人做出任何对不起自己的事，都要采取报复的行动才能达到心理平衡；更有甚者，"等价"的报复还不足以平衡自己，只有加倍的报复才能解"恨"。多少恶性案件的发生，都始发于这种可怕的报复心理。

人际交往的影响因素很多，如每个人的生活经历和成长环境、对待人际交往的态度等。代际差异等因素也决定着个体交往的结果，尤其是影响人际交往的主观因素，它是隐性的，不易被人察觉，因此影响人际交往的因素也取决于个体自身和环境等因素。

第二节　大学生人际交往中常用的礼仪

现代人的生活离不开社交，而大学生作为受教育程度较高的群体，一方面迫切希望提高自己的人际交往能力，另一方面人际交往能力参差不齐、总体偏低。很多大学生在人际交往基本礼仪方面还存在着诸多问题。大学生要想形成良好的人际关系、提高人际交往能力，掌握基本人际交往礼仪是必要的基础。

一、称呼礼仪

在社交中，一般要先称呼对方，而人们对称呼一直都很敏感。选择正确、恰当的称呼，既反映自身的教养，又体现对他人的尊重。

称呼一般可以分为职务称、姓名称、职业称、一般称、代词称、年龄称等。职务称包括校长、老师、主任、书记、局长、科长等；姓名称通常是以姓名直接称呼，或者在姓或姓名后加上先生、女士等后缀；职业称是以职业为特征的称呼，如秘书、服务员、服务生、师傅等；代词称是用您、你们等来代替其他称呼；年龄称主要以大爷、大妈、叔叔、阿姨等来称呼。

使用称呼时，一定要注意主次关系及年龄特点。如果对多人称呼，应以年长为先、上级为先、关系远为先。

二、问候礼仪

问候是见面时最先向对方传递的信息。对不同环境里所见的人，要用不同方式的问候。

和初次见面的人问候，最标准的说法是说"你好"或者"很高兴认识您""见到您非常荣幸"等，在很多场合可以直接用"你好"。如果对方是有名望的人，也可以说"久仰大名""幸会"；与熟人相见，用语可以亲切、具体一些，如"可算见着你了"。对于一些业务上往来的朋友，可以使用一些称赞语，比如说"你气色不错""你越长越漂亮了"等。

三、握手礼仪

握手是沟通思想、交流感情、增进友谊的一种方式。握手时应注意不能用湿手或脏手，不戴手套和墨镜，不交叉握手，不摇晃或推拉，不坐着与人握手。

握手的顺序一般讲究"尊者决定"，即待女士、长辈、职位高者伸出手之后，男士、晚辈、职位低者方可伸手去呼应。平辈之间应主动握手。若一个人要与许多人握手，顺序是：先长辈后晚辈，先主人后客人，先上级后下级，先女士后男士。

握手时要用右手，目视对方，表示尊重。男士同女士握手时，一般只轻握对方的手指部分，不宜握得太紧太久。右手握住后左手又搭在其上，是我国常用的礼节，表示更为亲切、更加尊重对方。

四、名片礼仪

在社交场合，名片是自我介绍的简便方式，是一个人身份的象征，当前已成为人们进行社交活动的重要工具。

递送名片。递送名片时应将名片正面面向对方，双手奉上。眼睛应注视对方，面带微笑，并大方地说："这是我的名片，请多多关照。"名片的递送应在介绍之后，在尚未弄清对方身份时不应急于递送名片，更不要把名片随便散发。与多人交换名片时，应依照职位高低或由近及远的顺序进行，切勿跳跃式地进行，以免使人有厚此薄彼之感。

接受名片。接受名片时应起身，面带微笑注视对方。应说"谢谢"并微笑阅读名片，然后回敬一张本人的名片。如身上未带名片，应向对方表示歉意。在对方离去之前或话题尚未结束时，不必急着将对方的名片收起来。

存放名片。接过别人的名片后，切不可随意摆弄或扔在桌子上，也不要随便地塞进口袋或丢在包里。应放在西服左胸的内衣袋或名片夹里以示尊重，切不可当着对方的面随手扔进垃圾箱。

五、介绍礼仪

介绍就基本方式而言，可分为自我介绍、为他人作介绍、被人介绍三种。在介绍的过程中，介绍者与被介绍者都要态度热情得体、举止大方。整个介绍过程应面带微笑。一般情况下，介绍时双方应当保持站立姿势，相互热情应答。

（一）自我介绍

自我介绍的基本程序是：先向对方点头致意，得到回应后再向对方介绍自己的姓名、身份和单位，同时递上准备好的名片。进行自我介绍时，可一边伸手跟对方握手，一边自我介绍。表情要坦然、亲切，注视对方，举止庄重大方，态度镇定而充满信心，表现出渴望认识对方的心情。如果见到陌生人就紧张、畏怯、语无伦次，不仅说不清自己的身份和来意，而且会造成难堪的场面。

根据不同的交往对象，做自我介绍的内容应繁简适度。自我介绍总的原则是简明扼要，一般以半分钟为宜，情况特殊的也不宜超过 3 分钟。如果对方表现出认识自己的愿望，则可在报出本人姓名、单位、职务（即自我介绍三要素）的基础上，再简略地介绍一下自己的籍贯、学历、兴趣、专长等。

自我介绍应该实事求是，既不能把自己拔得过高，也不要过度地贬低自己。介绍用语一般要留有余地，不宜用"最""第一""特别"等极端的词语。

（二）为他人作介绍

应遵循"让长者、客人先知"的原则，即先把身份低的、年纪轻的介绍给身份高的、年纪大的；先将主人介绍给客人；先将男士介绍给女士。介绍时，应简洁清楚，不能含糊其词。可简要地介绍双方的职业、籍贯等情况，便于不相识的两人相互交谈。介绍某人时，不可以用手指点对方，应有礼貌地以手掌示意。

（三）被人介绍

被人介绍时，应面对对方，显示出想结识对方的诚意。等介绍完毕后，可以握一握手并说"你好""幸会""久仰"等客气话表示友好。男士被介绍给女士时，男士应主动点头并稍稍欠身，等候女士的反应。按一般规矩，男士不用先伸手，如果女士伸出手来，男士立即伸手握手并轻轻点头，就合乎礼貌了。

第三节　大学生的人际交往

德国学者斯普兰格曾说："在人的一生中，再也没有像青年时期那样强烈地渴望被理解的时期了。没有任何人会像青年那样身陷于孤独之中，渴望着被人接近与理解，没有任何人会像青年那样站在遥远的地方呼唤。"可见，正处于青年时期的大学生是具有鲜明特性的，在人际关系方面也具有独特的群体特征。

一、大学生人际交往的特点

(一)自主性和平等性

"95后"大学生对现实世界的好奇心和求知欲使他们在与他人的交往中主动表达自己的意见和态度，在交往过程中拥有较高的自由度，完全可以发挥主观能动性，根据自己的意愿去选择交往对象，拓宽自己的朋友圈。绝大部分"95后"是独生子女，他们更重视人与人的平等，人与人平等地沟通是"95后"交流的中心。

(二)多样性和不平衡性

随着时代的发展和进步，大学生人际交往在内容和形式上呈现出多元化的趋势。在内容上，随着大学生心智的成熟，独立思考问题的能力也随之增强，视野也变得开阔起来，在遇到问题时有自己的看法和态度；在形式上，具有丰富性，大学生可以参加各种社团和集体活动，同时也可以参加校外实践，利用网络进行多种形式的交往。

由于地域、家庭条件等人口学因素的影响，个别大学生容易出现敏感、自尊心强、自卑、自闭等心理问题，会出现交往被动，如不敢与人交往、不敢加入学生社团组织等情况。

(三)情感性和非功利性

社会心理学研究表明，人的行为具有某种互酬性。"酬"包括物质内容也包括精神、情感内容，即交往双方都希望自己能够得大于失或至少得等于失。大学生往往是出于性格、习惯、观念等方面的相似而结为朋友，没有特定的目的，相互之间注重的是情感上的价值，注重的是彼此思想上、情感上的交流，较少带有功利性。

(四)理想性和现实性

大学生正处于求知阶段，思想较单纯，与人交往崇尚高雅、鄙视庸俗、崇尚真诚，特别渴望真诚纯洁的友谊，希望彼此之间的交往不带任何杂质，常常以理想的标准要求对方，一旦发现对方某些不好的品质就深感失望。但是有些时候他们也会进行一些功利性的交往，从而表现出交往的现实性。

(五)开放性和时代性

大学生的交往随着社会生产和经济生活的变化也发生了改变，表现出开放性的特征。交往对象由同性到异性、由老师到社会各类人员，交往范围由班级到宿舍到其他系、班、院校，交往内容也随之变得丰富多样。随着计算机技术的飞速发展，网络交往成为人们交际的一种新方式。中国互联网信息中心发布的统计资料显示，目前中国的网络用户中，学生占 21％，是比例最大的一个群体，其中高校学生高达90％。大学生在网络空间进行聊天、交友等人际交往，反映出交往的时代性。

(六)迫切性和主观性

大学生交往的迫切性表现在：由于生理和心理的渐趋成熟，大学生交友的愿望强烈，学习及生活环境的改变使他们迫切需要结识新朋友和适应新环境，同时自主择业的现实也使他们迫切想与人沟通，从多方面获得信息，为将来就业提供更多的选择机会。随着自我意识的增强，他们对周围事物的评判带有较强的主观色彩，表现在择友和交际中常常以自我为中心来处理新环境中的人际关系，在认识和评价他人时有主观、极端、简单化的倾向，从而影响人际和谐。

二、大学生人际交往中常见的问题

(一)自我中心倾向

当代大学生多是独生子女，自幼备受家庭的宠爱与呵护，在人际交往中，更习惯从自己的立场、观点出发对待周围的人和事。对别人期望高、要求严，自我约束松、要求低，因而在与同学、朋友、老师相处过程中，时常"以自我为中心"去看待别人、要求别人，很少去体会别人的想法与感受。交往中缺乏与人合作的意识以及换位思考的能力。这使一些大学生很难真正适应大学的环境和集体生活。

(二)消极闭塞倾向

有些大学生在人际交往中存在消极闭塞倾向，主要表现如下：

1. 自卑

自卑是个体由于某种生理和心理上的缺陷或其他原因而引起的轻视自我的内心体验。

退缩和过分的争强好胜是自卑心理两种最明显的表现。这两种表现都会妨碍一个人恰如其分地与人交往，尤其是过分退缩畏怯。在大学里，分数不再是评价学生的唯一标准。一些成绩名列前茅但无任何特长的大学生，可能还不如一些成绩一般但多才多艺、能说会道的同学受欢迎、受关注，因此这些人很容易产生自卑心理。除此之外，家庭经济状况、社会地位以及自身的某些生理缺陷等，也会使大学生感到自卑。自卑的人容易消极地、过低地评价自己，总觉得自己在容貌、身材、知识、能力、口才甚至衣着等方面不如别人，低人一等，害怕与人交往。过分争强好胜也是一种自卑心理，只是它隐藏在自傲清高的表象之下。这样的人害怕别人在交往中发现自己的短处，所以试图先利用自己在某一方面的优势打压别人，但这样的行为和方式很容易把朋友赶跑，虽然他的内心十分渴望与别人交往，渴望得到别人的关心。自卑感一旦形成便具有很强的扩散性，很容易泛化，会给大学生之间的交往带来不利的影响。

克服自卑心理首先要正确认识自己，客观、全面、辩证地看待自己与别人的差异，不可总是用自己的短处和别人的长处比较。同时对自己在某些具体事情上的失败做恰当的外归因，不可以偏概全。其次要尽可能发挥自己的长处。最后要多进行自我鼓励，积极与人交往，积极参加各种活动，扩展自己的活动范围，多关注自己在活动和交往中细小的进步，并以此鼓励自己。

2. 嫉妒

嫉妒是人们在人际交往中与他人比较时发现自己在能力、地位与境遇等方面不如别人而产生的一种不悦、失落、不服、仇恨、害怕、愤怒甚至带有破坏性的复杂情绪状态，主要表现为对别人取得的成绩和优势不服气、看到别人失败就幸灾乐祸、当自己无法取得心理平衡时就会怨天尤人。嫉妒主要针对的是和自己差不多的人。大学生中嫉妒现象比较常见，但一般都比较隐蔽。如果嫉妒心过于强烈，嫉妒者会感到非常痛苦，甚至还会出现攻击性言语和侵犯行为。

嫉妒者把别人的优势或成就视作对自己的威胁，怕别人的优势彰显出自己的无能。但他们并不是通过自己的努力去弥补已经存在的差距，而是借助贬低、诽谤、中伤等手段攻击对方，以求心理上的满足，似乎认为这样就可以缩小自己与对方的差距。

消除嫉妒心理应该做到：首先，我们要改变认知模式，正确面对失利。社会生存必然要面临不断地与他人比较的状况，我们应当不断拼搏，用实际成绩来证明自己，而不是自怨自艾。其次，我们要培养豁达的人生态度，要看到同学的优点和长处并真诚地赞赏且向他们学习，他们不仅仅是我们的对手，也是促使我们更加向前的动力。最后，我们要不断充实自己。每一个埋头沉入自己事业的人，是不会有精力去嫉妒别人的。

3. 猜疑

猜疑是指没有事实依据而仅凭主观想象进行判断推测，总怀疑他人、挑剔他人的一种不良心理。猜疑心过重的大学生在人际关系中常表现为敏感多疑、小心谨慎、戒备心强，习惯性地怀疑别人，把别人的一举一动与自己联系起来，完全处于一个自我封闭的心理状态中。不少大学生疑心较重，信奉"逢人只说三分话，不可全抛一片心"，一旦遇到意外或不顺心的事，先怀疑别人是不是在背后做了手脚。

猜疑心理产生的原因主要是成长过程中缺乏安全感，缺乏对人的基本信任。猜疑者给人的感觉是心胸狭窄、气度狭小，过分注意自己的得失，他们希望别人相信自己，又怀疑别人看不起自己、不相信自己。猜疑者自身也常常体验到在这种心理状态下，很难与别人进行正常的人际交往，既影响个人潜能的发挥，又影响朋友关系的建立和发展。

克服猜疑心理首先要完善自己的性格。这需要深刻分析自己性格的形成过程，重建对人的基本信任感。其次要学会及时沟通，消除误会。被人误会或是发生误解是很平常的事，关键是我们必须要学会消除误会，最好是创造机会深入交换意见。最后要学会自我安慰、自我解脱。

4. 害羞

害羞又称社会焦虑，是指羞于同别人交往的一种心理状态，表现为腼腆、胆怯、拘谨、动作忸怩、脸色绯红、说话声音又低又小，有时动作还颤抖不自然。害羞是人际交往中普遍存在的心理现象，一个人如果过度害羞，在人际交往活动中就会过分约束自己的言行，无法充分表达自己的意愿和情感，从而妨碍良好的人际关系的形成。

害羞形成的原因大致有三种：一是气质的因素。过于内向或抑郁气质的人，特别不擅长在大庭广众下表现自己。二是认知偏差的因素。过分关注自己的举手投足，患得患失，所以羞于与人交往，缺乏交往的主动性。三是创伤性经历。由于生活、学业中的挫折和失败经历，而变得小心谨慎，消极被动地接受周围的一切。害羞的根源是缺乏自信，特别在意别人如何看自己，担心自己说错话、做错事，给别人留下不好的印象，于是干脆不说话、不交往，这样慢慢就形成了恶性循环。

克服交往中的害羞心理，首先要增强自信心，没有人是天生害羞的，想想我们在家里或和好朋友在一起时，我们是有能力自如交往的。其次，不必过多在意别人的评价，被人议论或评价是正常的事，我们越是在意就越容易害羞，甚至害怕。最后，要加强自我训练，比如紧张时给自己恰当的暗示，有意识地模仿那些善于交际的朋友，从熟悉的环境开始锻炼，而后逐步扩大交流情景，慢慢地克服害羞。

5. 自负

自负的大学生在行为中往往表现出目中无人、高傲自大、争强好胜、固执己见的特点。在大学共同的学习和生活环境中，自负的学生一般都片面强调自我需求的合理性，不顾及他人感受和需求，让别人围着自己转，在同学中显得非常霸道，表现得极端自私和自以为是，不高兴时会不分场合地乱发脾气，高兴时则手舞足蹈，完全不考虑别人的情绪。自负心理往往会使大学生陷入孤独的境地中，人们都讨厌和这种类型的人交往，因此，自负的人最终会在人际交往中成为"孤家寡人"，会遭到他人的疏远和孤立，无法与人建立亲密的关系。

(三)互惠功利倾向

随着市场经济的深入发展，人们商业意识日趋增强。面对激烈的竞争和就业的压力，越来越多的大学生开始重视人际交往的互惠性，"有用即交往""有求即结识""互相利用"等功利意识增强。注重"往前看"，前进道路上能用到的人就想办法结交相识，用不上的就不交往；忽视"向后看"，感恩意识缺乏。

(四)现实淡漠倾向

随着网络技术的发展，虚拟世界开始成为当代大学生的精神家园，"踏着铃声进出课堂，宿舍里面不声不响，互联网上互诉衷肠"可谓是某些大学生交际现象的形象描述。青年学生利用网络进行的交际日益增多，网络虚拟交往具有两面性，在扩大人际交往范围的同时，也容易使大学生忽视现实的人际关系，表现为逃避现实的心理现象。大学生一旦在现实交往中受阻，就会转向虚拟世界里寻求安慰和满足，淡漠地面对现实人际环境，形成恶性循环，导致大学生更加沉溺于网络，脱离现实，最终将导致退缩孤僻、自我封闭。

三、大学生人际交往中出现问题的原因

(一)自身因素的影响

大学生的心理尚未完全成熟，且社会阅历浅、思想意识单纯，学习内容多集中于书本知识。大学生虽然掌握了较为扎实的书本知识，但因生活阅历简单，心理承受能力差。自我认识、自我评价、自我教育多以学习为基础，往往过誉自己。

(二)家庭因素的影响

当代大学生几乎都是独生子女或来自少子女家庭，自幼受到父母宠爱，习惯以自我为中心，缺乏迁就他人、理解他人、关爱他人的意识。他们从小受到父母的过多保护，致使缺少与人交往的经验，对与人交往中的许多问题不知所措。社会贫富的分化、家庭经济条件的差异，也使有些大学生悲观退缩，成了大学生交往的障碍。

(三)学校因素的影响

长期以来，学校在高考的压力下，过分追求学生的成绩，而忽视了学生人际交往能力的培养，导致部分大学生出现智商高、情商低的现象，处理不好与他人相处、沟通时出现的问题。而高校教学方式的相对滞后，也导致大学生在人际交往方面没有得到有效的指导与帮助。

(四)社会因素的影响

中国重义轻利的传统观念，依然为社会所弘扬和提倡。但市场经济中追逐利润是客观规律，金钱、财富在人们观念中的地位得到提升，物欲、功利意识浓厚起来，致使人们在不知不觉中产生了嫌贫爱富、追逐名利的思想，青年学生容易受影响。

(五)网络因素的影响

现代信息技术特别是互联网的发展，打破了人们在时间和空间交往上的限制，但虚拟的网络交往代替了人们之间直接的情感交流。网络在快速传递知识信息、提供娱乐的同时，也为大学生发泄不良情绪、寻求精神寄托、逃避现实生活提供了场所，导致大学生现实人际交往能力的下降。一些大学生沉迷网络，忽视了现实生活，遇到问题习惯于舍近求远。

四、大学生如何提高人际交往能力

针对大学生人际交往的常见问题，大学生需要掌握一些自我调节的方法，走出

人际交往障碍的困扰，建立和谐的人际关系。

（一）树立正确的交往价值观

人际交往虽然复杂多变，但有基本规律，这些规律就是交往的价值观念，如我国传统儒家思想的"己所不欲，勿施于人""仁、义、礼、智、信"等交往准则。人际关系的基础是人与人之间的相互重视、相互支持、相互尊重。人们在交往中，通过信息的交流，构建了社会知识，传达了彼此的情感，促进了情感上的共鸣与深层次的理解，满足了交往双方的心理归属感，提升了交往双方身心健康和谐度。交往价值观的树立，使个体在交往中体验到"君子坦荡荡"的积极情绪。

（二）调整认知方式

大学生人际交往出现问题的一个关键原因是大学生本身存在着人际交往的认知偏差，调整大学生的认知方式是改善人际关系的重要措施，它要求我们调整思维模式，学会正确看待自己、他人以及自己与他人的关系。

首先，要调整头脑中不合理的信念，如对待人或事的过分绝对化和过分概括化，会导致消极情绪的产生，从而阻碍人际交往。如有的大学生认为"我把心都掏给了他，他为什么不真心对待我""我对他这么好，他为什么不对我好"等。大学生在人际交往中要认识到有些绝对化要求的不合理、不现实之处，要学会以合理的方式去看待自己和周围的人与事物。过分概括化是一种以偏概全、以一概十的不合理思维方式的表现，只有将这些不合理的信念用合理的信念代之，我们才能客观地看待自己、他人以及自己与他人的关系，人际关系才能趋向和谐。

其次，我们在人际交往过程中要善于发现、欣赏自己与他人的优点，承认他人的长处，虚心向对方学习；正确全面地把握自己的长处，扬长避短，自我肯定。无论是自己还是他人，存在短处是在所难免的，大学生要考虑的往往不是如何去克服它们，而是如何避开它们，使自己的长处得到最充分的发挥。

（三）增强人格魅力

首先，增强自身的仪表魅力。仪表包括外貌、穿着、体态、风度等因素，穿着打扮能影响人的内在的心情和外在的风度行为，它们对人际吸引力都有很大的影响。所以，大学生应恰到好处地修饰自己，注意在不同场合下选择合适样式和色彩的服装，每天精神饱满地出现在众人面前，形成自己独特的气质和风度。同时，还应注意追求外在美和内在美的协调一致，仅注重外表的美是肤浅的，由内而外的美才是最具魅力的。因为随着时间的推移、交往的加深，外在美的作用会逐渐减弱，对他人的吸引会逐渐由外及内，从相貌、仪表转为才能、风度。

其次，增强自身的个性魅力。良好的个性特征对建立良好的人际关系有促进作用。大家都愿意与有善良、乐观、积极向上、乐于助人等良好性格的人交往，没有人愿意与自私、虚伪、狡猾、性情粗暴、心胸狭隘的人打交道。因此，大学生要形成尊重他人、关心他人、富有同情心、待人真诚、心胸宽广等性格特点，培养健全而有魅力的个性。

(四)学会倾听

善于倾听也是人际交往的一种重要技巧。交往是双向的,讲与听是必不可少的两个方面。大学生在谈话时更喜欢陈述己见,以引起别人的注意。事实上,用心倾听不仅是一种友好的表现,而且也有助于我们暂时把个人的成见放在一边,用心去体会说话者的内心世界及感受,更深入地了解对方。

首先,作为听者,要少讲多听,不要打断对方的谈话,最好不要插话,要等别人讲完之后再发表自己的见解;其次,要尽量表现出聆听的兴趣,听别人讲话时要正视对方,切忌做小动作,以免对方认为你不耐烦;再次,力求在对方的角色上设身处地地考虑问题,对对方表示关心、理解和同情;最后,不要轻易地与对方争论或妄加评论。

(五)学会控制情绪

大学生要学会克服自卑和自负心理,克服猜疑和嫉妒心理,学会控制情绪,学会自我暗示,暗示自己不要激动,学会忍耐,保持冷静。学会深呼吸,增加血液中的氧含量,有助于放松心情。正确的呼吸方式:放松腰带,双手扶下腹,均匀平缓呼吸。

(六)加强角色扮演的心理训练

模拟现实问题场面,让自己扮演各种不同角色,站在不同的立场上来处理问题,以便了解别人的需要、感受,从而改善待人的态度。在现实生活中,许多大学生仅仅从自身立场出发考虑问题,而没有站在对方角度来考虑其感受、需要,无法理解对方,容易造成双方的误解。这就需要大学生在心中扮演对方的角色来了解对方,从而改善人际关系。例如,大学生在父母面前是孩子,在老师面前是学生,在公交车上是普通乘客等。这就要求大学生在人际交往过程中能随着场合的变换及时调换角色,做出与该角色相对应的心理、行为反应,否则将导致角色僵化,产生人际关系问题。

课堂实践

穿越"生死网"

一、活动目的

通过小组成员一起完成任务的过程,感悟团体的力量,增强同学间的信任感和凝聚力。

二、活动规则

1. 组员不得触碰网的边缘。

2. 每个网眼只能过一个人。

3. 通过后即封闭,小组其他成员不得再次穿越这个网眼。

4. 通过网的唯一通道是未封闭的网眼,任何人任何部位都不得触网。

5. 小组中成员通过最多的获胜。

6. 注意安全。队员被托起后,任何时候都不得松手或抛起,放下队员时要先放下脚,待其站稳后,才能松手。

三、活动步骤

用绳子在两棵树之间编制成一个类似蜘蛛网的"生死网"。网眼形状不规则,数量不少于小组成员数量,大小以 $60cm \times 40cm$ 为宜。为烘托气氛,可以在网眼处挂上小铃铛作为报警器。

1. 决定小组出场顺序。

2. 按照顺序穿越"生死网",同学或教师计时。

3. 活动结束,宣布各组完成时间,评出优胜小组。

四、活动感悟

小组分享活动感受。

心理自测

人际关系综合诊断量表

一、测试说明

这是一份人际关系行为困扰的诊断量表,共 28 个问题,每个问题做"是"或"非"两种回答。请你根据自己的实际情况如实回答,答案没有对错之分:

1. 关于自己的烦恼有口难言。(   )

2. 和生人见面感觉不自然。(   )

3. 过分地羡慕和妒忌别人。(   )

4. 与异性交往太少。(   )

5. 对连续不断地交谈感到困难。(   )

6. 在社交场合感到紧张。(   )

7. 时常伤害别人。(   )

8. 与异性来往感觉不自然。(   )

9. 与一大群朋友在一起,常感到孤寂或失落。(   )

10. 极易受窘。(   )

11. 与别人不能和睦相处。(   )

12. 不知道与异性相处如何适可而止。(   )

13. 当不熟悉的人对自己倾诉生平遭遇以求同情时,自己常感到不自在。(   )

14. 担心别人对自己有什么坏印象。(   )

15. 总是尽力使别人赏识自己。(   )

16. 暗自思慕异性。(   )

17. 时常避免表达自己的感受。(   )

18. 对自己的仪表(容貌)缺乏信心。（　　　）

19. 讨厌某人或被某人所讨厌。（　　　）

20. 瞧不起异性。（　　　）

21. 不能专注地倾听。（　　　）

22. 自己的烦恼无人可倾诉。（　　　）

23. 受别人排斥与冷落。（　　　）

24. 被异性瞧不起。（　　　）

25. 不能广泛地听取各种各样的意见、看法。（　　　）

26. 自己常因受伤害而暗自伤心。（　　　）

27. 常被别人谈论、愚弄。（　　　）

28. 与异性交往时不知如何更好相处。（　　　）

二、评分标准

回答"是"为 1 分，回答"非"为 0 分。

三、评价参考

0~8 分：说明你在与朋友相处上的困扰较少。你善于交谈，性格比较开朗、主动，关心别人。你对周围的朋友都比较好，愿意和他们在一起，他们也都喜欢你，你们相处得不错，而且你能够从与朋友相处中得到乐趣。你的生活是比较充实而且丰富多彩的，你与异性朋友也相处得比较好。一句话，你不存在或较少存在交友方面的困扰，你善于与朋友相处，人缘很好，获得许多好感与赞同。

9~14 分：说明你与朋友相处时存在一定程度的困扰，你的人缘很一般。换句话说，你和朋友的关系并不牢固，时好时坏，经常处在起伏波动之中。

15~28 分：说明你在同朋友相处上的行为困扰较严重，分数超过 20 分则说明你的人际关系困扰程度很严重，而且在心理上出现了较为明显的障碍。你可能不善于交谈，也可能是一个性格孤僻的人，或者有明显的自高自大、讨人嫌的行为。

专题讨论

1. 在你的人际交往经历中，存在最多的问题是什么？如何应对？

2. 你自卑吗？因何自卑？如何看待自卑？

阅读欣赏

1. 戴尔·卡耐基．卡耐基沟通的艺术与处世智慧[M]．北京：中国华侨出版社，2012.

2. 郭丽．心扉轻启——大学生人际交往心理个案分析[M]．广州：华南理工大学出版社，1999.

3. 冯刚．大学，梦想起飞的地方[M]．北京：清华大学出版社，2005.

4. 心理佳片：《女大学生宿舍》

第六章　谈情说爱
——大学生的性与爱

"爱情不风流，因为它是灵魂的事。真正的爱情是灵魂与灵魂的相遇，肉体的亲昵仅仅是它的结果。不管持续时间长还是短，这样相遇极其庄严，双方的灵魂必深受震撼。相反，在风流韵事中，灵魂并不真正在场，一点小感情只是肉欲的佐料。"

——周国平

爱情是人类最永恒、最持久的生命之火，是人性中最真挚、最纯洁的情感之花。爱情，长久以来似乎是诗人和作家垄断的话题，其中有"但愿人长久，千里共婵娟"的祝福；有"一日不见，如三秋兮"的思念；有"莫道不消魂，帘卷西风，人比黄花瘦"的煎熬；有"东边日出西边雨，道是无晴（情）却有晴（情）"的困惑；有"曾经沧海难为水，除却巫山不是云"的忠贞；有"众里寻他千百度，蓦然回首，那人却在灯火阑珊处"的苦觅；更有"人生自是有情痴，此恨不关风与月"的无畏。爱情伴随着我们成长，也伴随着我们衰亡，它影响着我们的喜怒哀乐，也影响着我们的人生幸福。

案例导读 ▶

明知不爱　为何无法放弃

李某，女，大三学生。从小由奶奶带大，父母经常吵架，互相大打出手，让她感到恐惧，长大了她也害怕看到打架，特别缺少安全感，从小到大跟父母沟通得少。其具有双重性格，爱走极端，不喜欢的不理睬，喜欢的便什么都好，特别争强好胜，干什么都以征服和战胜为目的，自认为自己很怪，在宿舍跟同学比成绩，常和同学闹矛盾。大一时李某就深深爱上了本班男生张某，两年多的时间里，对对方一直特别关注、体贴、呵护，男生对她也不错。但据同学说男生跟她像哥们关系，不是男女爱情，张某也亲口对李某宿舍同学说他对她的感情不是爱。同时，男生张某跟另一女生 A 也不错，李某便将 A 当成情敌，看到 A 就心生嫉妒、厌烦、生气、愤怒，认为是 A 抢走了自己的男友。同宿舍同学看得很清楚，并经常劝她离开张某，可李某听不进去。李某有时又感到很困惑，不知道自己对张某是不是真爱，因为和张某在一起待的时间长了又觉得厌烦，觉得他很小气，还不如女孩子，但还是喜欢和他一起聊天、玩儿，自己觉得也很矛盾。明明知道男方不爱自己，可就是无法逃离，有些痴迷妄想，又觉得自己很傻，不可救药。总之，李某长时间不知何去何从，心烦意乱，夜不能寐，身体开始出现不适，并请假回家休养。虽然舍友很关心她，帮她出主意，让她感觉到了一点点幸福，但依然无法摆脱失败爱情的泥潭。

思考讨论：

1. 真正的爱情到底是怎样的？

2. 我们应该追求怎样的爱情？

3. 李某应该怎么处理眼前的问题？给出你的建议。

第一节　大学生的爱情

一、什么是爱情

爱情是一个永恒的话题，似乎人人都在谈论爱情，但没有一个人能清楚地描述爱情到底是什么，爱情也没有固定的模式和标准。你可以因为外表爱一个人，可以因为学识爱一个人，也可以因为钱财爱一个人，在不同人的眼中，爱情有着不同的样子。古希腊哲学家苏格拉底讲了一个意味深长的神话来解释爱情现象：在远古时代，男女两性合为一体，圆如四轮，有四手、四脚、一头和两面。走起路来，四手四脚就像四面张开，像车轮的辐条一样在地面滚动，快如旋风。这种变身的人力大无比，禽兽见了都要躲避。他们在地球上称霸，还想与众神之王宙斯一决高低。宙斯得知后苦思冥想，终于想出一个好主意，将他们一分为二，各成一体。分身后智力、体力大为削减，他们终日想着接肢合体，重温旧梦。"每一半都急切地扑向另一半，强烈地希望融合为一体"，这种欲念就是"爱情"。我们从中看到了爱情的魔力，它甚至能让宙斯感到畏惧。英国文学家莎士比亚说："爱情不是花荫下的甜言，不是桃花源中的蜜语，不是轻绵的眼泪，更不是死硬的强迫，爱情是建立在共同的基础上的。"美国的神经学专家里伯慈和柯赖恩的研究发现传递爱情物质的多巴胺参与爱的进程并引导着人的行为，多巴胺会源源不断地产生，给我们爱的感受，但是随着时间的流逝，多巴胺也会减少或者消失，激情也将不复存在，所以才会有"婚姻是爱情的坟墓"的说法。

那到底什么是爱情呢？心理学理论认为：爱情是心理发展到一定程度的男女两性，基于共同的生活理想，彼此倾慕并渴望对方成为自己终身伴侣的一种强烈的、纯真的、专一的、有浪漫色彩的高级情感。这种感情是人际吸引最强烈的形式。爱情是性爱和情爱的结合，是肉体和灵魂的融合，是生物性和社会性的统一。

美国著名的心理学家斯滕伯格提出了"爱情三角理论"，该理论认为爱情包括三种成分：亲密、激情及承诺。亲密是两人之间感觉亲近、温馨的一种情感体验。激情是一种强烈的渴望和对方结合的状态。承诺是做出"爱"与"不爱"、是否维护这一爱情关系的决定，包括对爱的忠诚与责任。这三种成分构成了喜欢式爱情、迷恋式爱情、空洞式爱情、浪漫式爱情、伴侣式爱情、愚蠢式爱情、完美式爱情等七种类型（如图6-1）。

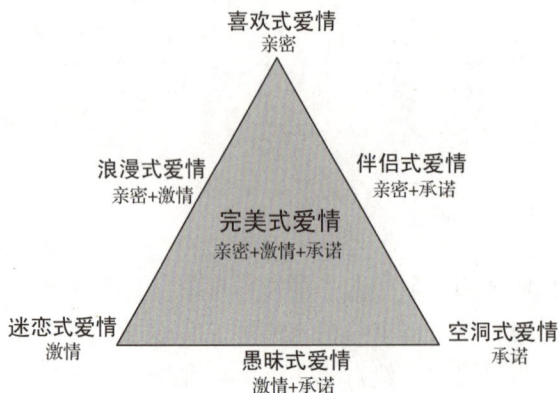

图 6-1　爱情三角理论

二、爱情的产生

爱情是人的生理活动和心理活动、自然性和社会性的统一，它体现着人深刻的社会性，是男女之间的最亲密的社会关系，它通过一定的社会形式把人的自然属性和社会属性联结在一起，从而引起两性精神中最深沉的冲动。

（一）爱情产生的生理因素

爱情深刻的基础是人的生物因素，性欲是爱情产生的最基本的原动力。在青春期，由于性机能迅速发展和成熟，引起了青年男女生理上重大的变化，对有关性的问题反应比较敏感，体验也比较深刻。性的成熟使青少年开始关注异性并对异性产生兴趣和渴望，加之年龄的增加，对两性关系认识的加深，青年男女开始彼此吸引并产生好感。

（二）爱情产生的心理因素

爱情的产生不仅有生理基础，而且有着深刻的心理原因，构成爱情的心理因素是多方面的。产生爱情的双方要互相倾慕，有相同的人生观、世界观和价值观，互相尊重并且同时尊重自己，彼此忠贞，心理相容。

（三）爱情产生的社会因素

爱情不只是男女两个个体的事，它不仅丰富人的情感世界，而且具有重大的社会意义和价值，它是人类对自己的创造力的一种美学和伦理评价，对人类社会发展起着巨大作用。因为爱情将两个不同的性别角色结为一体，而大自然创造的男女，不仅具有不同的性征，而且在心理、生理等方面存在很大差异，男女融为一体可以互补两性的先天不足，遏制一方先天弱点的任意发展，从而形成一个完美的社会创造体，进而扩大和加深了人生的改造能量。所以说社会因素在爱情中占有相当重要的地位。

三、大学生的恋爱

(一)大学生恋爱的特点

1. 恋爱选择的自主性提高，情感的成熟与稳定性较差

大学生脱离了家庭的束缚，自主自立意识明显增强，何时谈恋爱、和谁谈恋爱、怎么谈恋爱等都不受传统习俗的局限，在确定恋爱关系后，大都不征求父母的意见，自己做主，自由选择，显示出较强的独立性和自主性。但在恋爱过程中，由于缺乏处理感情纠葛的能力，其感情和思想易变，极易造成恋爱中断或对恋爱对象的选择摇摆不定，显现出大学生幼稚、不成熟的一面。

2. 注重恋爱过程，轻视恋爱结果

现在大学生中流传着一句顺口溜："不求天长地久，只求曾经拥有。"当代大学生注重的是恋爱过程本身，对恋爱的结果已经不太在意。注重恋爱过程，有助于双方互相了解、加深认识，也有利于培养感情、增加心理相容度，同时也反映出大学生不愿落入世俗，着意追求爱情的真谛。但是，只注重恋爱过程，强调爱的"现在进行时"，把恋爱与婚姻相分离，不考虑爱的"将来完成时"，是强调爱的权利，否认爱的责任的表现，未免有失偏颇。

3. 主观学业第一，客观爱情至上

绝大多数大学生能够正确看待学业与爱情的关系，但也有许多大学生一旦坠入情网就不能自拔，强烈的感情冲击着一切，使其学业受到严重影响。有的大学生整天沉浸在卿卿我我的甜言蜜语中；有的大学生"加班加点"谈恋爱，致使上课困倦，无精打采；有的大学生干脆逃课，一心一意谈恋爱，成为"恋爱专业户"。很多大学生在不知不觉中变得"儿女情长，英雄气短"，成就事业的热情一天天冷却，爱情逐渐成为生活的唯一追求。可见，如何处理好爱情与学业的关系是大学生应该上好的一堂课。

4. 恋爱观念开放，传统道德淡化

随着时代的发展，当代大学生的恋爱观日益开放，传统道德逐渐淡化。中国传统文化及伦理道德虽对大学生影响较深，但现代的一些恋爱观、婚姻观也影响着大学生，使大学生常常处于理智和感情的矛盾中。在理性认识上觉得应该遵守传统的伦理道德观，但在爱的激情下，又不愿再受传统观念的束缚，恋爱双方公开化，潇洒热烈，甚至有一些大学生会在公共场合、大庭广众之下旁若无人地做出过分亲密的举动。

5. 失恋态度宽容，承受能力较弱

大学生中"有情人"虽多，但"终成眷属"者少，这样就产生了一批失恋者。感情受挫出现心理阴影很正常，绝大多数学生通过找朋友诉说或理性思考后，能恢复正常。但仍有一部分学生摆脱不了"感情危机"，有的失去信心，放弃了对爱情的追求；

有的一蹶不振，悲观厌世，认为一切都失去了意义；还有的人会视对方为仇敌，肆意诽谤，甚至做出伤害对方的事情，因失恋而失志、失德，虽然这样的人数不多，但社会影响却很坏。

(二)大学生常见的恋爱挫折

1. 单恋

单恋是一方的倾慕情感苦于不被对方知晓和接受而造成的一厢情愿式的渴望，俗称"单相思"。单恋通常表现为三类：一是自作多情，明知对方不爱自己，还一味地追求和纠缠。二是误会，一些人因缺乏同异性交往的经验，因而在与异性接触时，误把对方的友情当爱情。三是暗恋，即自己深爱对方，却因怯于表白而苦苦思念。

单恋形成的原因比较复杂。首先是个性原因。一种是单恋者性格内向，感情体验深刻，又不善言谈与表达。当渴望爱与被爱又不顺利时，他们有时会自编自导一个玫瑰色的梦，在梦中来满足自己的爱与被爱的需要。另一种是单恋者争强好胜，征服欲和占有欲较强，明知对方不爱自己却不肯罢休，一味纠缠。其次，单恋者大多不善交往，尤其与异性交往甚少，不了解男女两性的差异，易把友情、同情等当爱情。最后，单恋者在成长过程中往往不被喜欢、不被爱，自信心偏低，渴望爱又不敢奢望爱，渴望爱又羞于表达爱，所以他们更容易陷入自己的虚幻的情感世界，经受单恋的痛苦煎熬。

那么该如何从单恋的痛苦中走出来呢？

(1)明白地表达爱慕之情是摆脱单相思的直接方式。如果是处在恋爱的年龄，并且对方也是单身，最好的方式就是直接明白地表达自己的感情。当然需要做好承担各种结果的心理准备，需要有接受被拒绝的勇气。如果对方接受则皆大欢喜；如果对方婉言拒绝，也能让自己早日从美梦中醒过来；如果遭到对方的漠视与嘲讽，那么你也会清醒地认识到：不懂得尊重爱的人，根本不值得被爱。

(2)理性地收藏起这份爱。如果单恋的对象已经有了男女朋友或已成家，则不能盲目地表达爱慕之情，而是要尽早理智地收回情感，有意识地减少或避开与单恋对象的接触；可以找朋友诉说，听听朋友的开导；还可以多参加各种兴趣活动，转移注意力，淡化这份感情；必要时可接受心理辅导，寻求专业人士的帮助。

2. 三角恋

三角恋是与两个或两个以上的异性建立恋爱关系。一般有两种情况，一是双方已经确立了恋爱关系以后出现第三者，一是同期与两个或两个以上的异性建立恋爱关系。从处于三角恋中人的状态看，有主动和被动之分。主动者主观上并不在乎三角恋的发生，甚至有意制造三角恋，这是不道德的行为；被动者则是在自己不情愿或在不知不觉中陷入三角恋情中，他(她)们自己很痛苦，很想摆脱这种尴尬局面。

那么，三角恋者该如何处理这种无谓的感情纠葛呢？

(1)分清楚爱情的选择性和爱情的排他性之间的界限。爱情应当有所选择，但真诚的爱情又是专一排他的。如果你是在同时与几个对象有了恋爱关系后再进行选择，那就混淆了选择与排他之间的界限。在这种情况下，应当对自己的感情加以权衡，决定有所放弃，然后逐渐地、有理有节地淡化与多余对象的感情联系和行为接触。

（2）重新对自己与对象的恋爱关系进行评价。在三角关系中，总有人处于失利地位。处于失利地位的一方，感情体验会极其痛苦，更需要靠理性思考来帮助自己。自己的恋人对他人产生了感情，是自己言行不得体对他（她）关照不够？还是所爱者经不起爱情的考验？进行一番冷静思考后，可与对象坦诚相谈，或能改变局面。即使对方的感情已经不可挽回，内心也应平静接受。切不可感情冲动，不顾双方感情的实际，一味地要挽回面子，那样做不但于事无补，还会给自己带来更大的情绪困扰。

（3）勇于做出退避决策。退避解决三角恋看似消极实则是积极的策略。从道理上讲，感情既然已经陷入三角恋情这种说不清、道不明的境地之中，这种感情到底还有多大价值？如果再在上面消耗时间与精力，不仅不会给自己带来幸福，而且有可能对自己的感情造成更大的伤害。所以，综合各方面进行理性思考后，发现自己与所爱者不可能有建设性的发展时，就应该拿出勇气，积极地退出三角恋爱关系。当然这种退避方式容易让人产生错觉："退让就是失败。"这种想法显然不合理，这种行为恰恰是敢于正视现实、以退为进、信心十足的勇敢选择。

3. 失恋

失恋是指恋爱一方否认或中止恋爱关系，给另一方造成严重感情挫折。失恋是大学生在校期间遇到的最严重的挫折之一。失恋对任何男女来说都是一杯浓烈的苦酒，会在人的灵魂深处烙上深深地印痕，有时这种无言的隐痛会伴随人的一生。失恋者常常有以下表现：第一，情绪出现明显而剧烈的变化。如悲伤、痛苦、悔恨、愤怒，感受到深深的失败感和自卑感。第二，认知出现偏差。有的失恋学生开始对自己什么都不满，认为自己一无是处，在别人、尤其是异性面前抬不起头来；有的失恋者突然对爱情和异性产生怀疑和恐惧，不再相信爱情和异性；有的开始动摇自己建立亲密关系的能力。第三，行为反常。有的失恋者一反常态，不思饮食，从此一蹶不振，对学习和生活丧失信心和兴趣；有的会醉酒、冲动攻击等；有的会沉默寡言、离群索居。第四，报复心理。有些失恋者认为自己的感情被愚弄，或认为对方是卑鄙无耻的骗子，或者因为自私心、占有欲极度膨胀，威胁不成，遂产生报复心理。第五，自杀行为。当双方的爱情发展到相当的程度，一方突然被抛弃，心理上很难承受，如果失恋者感情脆弱，又缺乏社会帮助和支持，极易在情感冲动下采取自杀行为，想以此得到解脱。第六，心理出现异常。

那么，失恋者如何更快更有效地摆脱痛苦呢？

（1）合理宣泄，不去纠缠。

不要过分压抑失恋的痛苦，找亲朋好友诉说一番，甚至大哭一场，你会感觉轻松好受许多。这个阶段一定要注意不要找对方宣泄感情。绝大部分失恋者都会不甘心，常会产生与对方好好谈谈的冲动，其心理动机是澄清误会，希望和好如初，但通常这种行为会使对方更厌烦。正确做法是赶快离开，并且要果决。

（2）改变认知，正视现实。

爱情是美好的，但不是一帆风顺的。爱情是双向的、相互的，失去任何一方，爱情就失去了平衡，恋爱即告中止。失恋是残酷的，它会使失恋者悲痛欲绝、失落颓废，但失恋也会让人学会许多东西，如知道自己最想要的是什么；知道自己该如何获得幸福的爱情；使自己更看清了自己；使自己变得更成熟、更坚强、更理性；使自己懂得什么是真正的爱情，爱情不是同情、怜悯，更不是强求，爱情是苦乐相伴的。因此，失恋的大学生应该勇于面对现实，善于总结经验，吸取教训，并告诉自己失恋不是是非对错的问题，而是合适不合适的问题。失恋是人生的一种体验，只是生命的一个乐章，失恋本身不是失败，而沉浸在失恋的阴影中不能自拔的人才是恋爱的失败者。失恋而不被击倒，仍然相信爱情，敢于继续追逐幸福的人，才是最美丽、最可爱的人。

（3）积极行动，转移注意。

失恋者之所以难于摆脱恋情的困扰，是因为生活的各个方面都与昔日恋人有联系，所以，失恋后可以换换环境、关注其他事物、参加其他有意义的活动，使消极情绪得到控制，用新的乐趣冲淡心中的苦闷。爱情固然重要，但不是生活的全部，切不可因盲目的爱而忘了人生的意义，要提醒自己不断进步，才会有机会赢得新的、更为美好的爱情。失恋者切忌马上爱恋别的对象，因为失恋者急于想摆脱痛苦，渴望感情寄托，往往会感情用事，很可能导致选择不当，造成另一次爱情的失败。

（4）提升自我，实现升华。

人可以失去爱情和恋人，但永远不能失去自我。保持自我、提升自我、完善自我是重获幸福爱情的资本和基石。所以，失恋者应该将失恋的挫折感、压抑感转化为奋斗的动力。歌德在失恋后写出《少年维特之烦恼》、小仲马在失恋后创作了《茶花女》，都是失恋后升华的很好例证。

（5）寻求帮助，重建平衡。

如果你感到积郁很深，实在难以排解，甚至觉得自己有些神经症性症状，则有必要寻求专业的心理咨询机构的帮助，通过专业心理咨询师的疏导，走出失恋的困境，重建心理平衡。

拓展专栏

苏格拉底与失恋者的对话

苏（苏格拉底）：孩子，为什么悲伤？

失（失恋者）：我失恋了。

苏：哦，这很正常，如果失恋了没有悲伤，恋爱大概也就没有什么味道。可是，年轻人，我怎么发现你对失恋的投入甚至比恋爱的投入还要倾心呢。

失：到手的葡萄给丢了，这份遗憾、这份失落，你非个中人，怎知其中的酸楚。

苏：丢就丢了，何不继续向前走，鲜美的葡萄还有很多。

失：我要等到海枯石烂，直到她回心转意向我走来。

苏：但这一天也许永远都不会到来。

失：那我就用自杀来表示我的诚心。

苏：如果这样，你不但失去了你的恋人，同时还失去了你自己，你会蒙受双倍损失。

失：踩上她一脚如何？我得不到别人也别想得到。

苏：可这只能使你离她更远，而本来你是想和她更接近的。

失：您说我该怎么办？

苏：真的很爱？那你当然希望你所爱的人幸福？

失：那是当然。

苏：如果她认为离开你是一种幸福呢？

失：不会的，她曾经和我说过，只有跟我在一起的时候她才感到幸福。

苏：那是曾经，是过去，可她现在并不这么认为。

失：这就是说她一直在骗我？

苏：不，她一直对你很忠诚。当她爱你时就和你在一起，现在她不爱你就离去了，世界上再没有比这更大的忠诚。如果她不再爱你，却装得对你很有情谊，甚至跟你结婚、生子，那才是真正的欺骗呢。

失：可我对她所投入的情感不是白白浪费了？谁来补偿我？

苏：不，你的情感从来没有浪费。因为你付出情感的同时，她也对你付出了情感，在你给她快乐的同时，她也给了你快乐。

失：可是她现在不爱我了，我却苦苦地爱着她，这多不公平啊！

苏：的确不公平，我是说对你所爱的人不公平。本来爱她是你的权利，但爱不爱你则是她的权利，而你却在想行使自己权利的时候，剥夺别人行使权利的自由，这是何等的不公平！

失：可是您看得明明白白，现在痛苦的是我，而不是她，是我为她痛苦。

苏：为她痛苦？她的日子可能过得很好，不如说是为了你自己而痛苦吧。明明是为自己还打着为别人的旗号。

失：依您的说法，这一切倒成了我的错了？

苏：是的，从一开始你就犯了错。如果你能给对方带来幸福，她是不会从你的生活中离开的，要知道没有人会逃避幸福的。

失：可是她连机会都不给我，你说可恶不可恶？

苏：当然可恶，好在你现在已经摆脱了这个可恶的人，你应该感到高兴，孩子。

失：高兴？怎么可能呢，不管怎么说，我是被人给抛弃了。

苏：被抛弃的并不是就是不好的。

失：此话怎讲？

苏：有一次，我在商店看中一套高贵的服装，爱不释手，服务员问我要不要。你猜我怎么说，我说质地太差，不要！其实我口袋里没钱。年轻人，也许你就是被遗弃的高贵服装。

失：您真会安慰人，可惜还是不能将我从痛苦的失恋中引出来。

苏：是的，我很遗憾我没有这个能力，但我可以向你推荐一个有能力的朋友。

失：谁？

苏：时间，时间是最伟大的导师。我见过无数被失恋折磨得死去活来的人，是时间帮助他们抚平了心灵的创伤，并为他们选择了新的情人，最后，他们都收获了本该属于自己的幸福。

失：但愿我也有这一天，可我第一步该从哪里做起呢？

苏：去感谢那个抛弃你的人，为她祝福！

失：为什么？

苏：因为她给了你忠诚，给了你寻找幸福的新机会。

(三)大学生恋爱的能力

爱是一门艺术，更是一种能力。只有拥有爱的能力的人，才会真正地爱他人、爱自己；只有拥有爱的能力的人，才会使生命因为爱而变得更加丰富；只有拥有爱的能力的人，才会真正体会到爱给人带来的快乐和幸福；只有拥有爱的能力的人，才会使爱情之花开得更娇艳、更长久。爱的能力是一种综合性能力，表现在多个方面。

1. 认识异性的能力

真正的完美爱情是由男女两情相悦而产生的，只有充分认识自己、认识异性才能更好地把握爱情。而处于恋爱中的男女在生理上有许多不同之处，且在心理和行为上也存在明显差异。青年男女理解彼此差异，有助于成功选择自己的理想伴侣，使爱情之舟绕过暗礁、险滩，顺利驶向幸福彼岸。那么通常情况下，恋爱男女主要存在的差异表现在四个方面：第一，在表达方式上，男性直接主动，女性含蓄间接。第二，在内心体验上，男性更多的是新奇、喜悦和神秘，而女性常常是心慌、羞涩和不知所措。第三，在感情的流露上，男性较为外显而热烈，女性表现的含蓄而深沉。第四，在性冲动上，男性易被视觉刺激唤起性兴奋，而女性易被听觉、触觉刺激引起性兴奋。

心理自测

你了解恋爱中的异性吗

一、测试题目

1. 女性比男性浪漫。（是　否）

2. 女性比男性更易坠入爱河。（是　否）

3. 男性恋爱的感受通常比女性深。（是　否）

4. 关系破裂对女性的打击比男性大。（是　否）

5. 恋爱中的女性比男性更倾向于表达深层感情。（是　否）

6. 在性行为中，男性通常比女性主动。（是　否）

7. 女性从恋爱中清醒地比男性慢。（是　否）

8. 欲擒故纵的女性会赢得周围男性的喜欢。（是　否）

二、评分标准

回答否的得 1 分，计算总分。

三、评价参考

得分 4 分以上：你是个高手，你对异性很了解。

得分 2～3 分：你对爱情和爱情影响下的两性反应了解一般。

得分 0～1 分：你对异性不了解。

拓展专栏

爱的性别差异

1. 对求爱中浪漫行为研究发现，男性比女性更浪漫。

2. 布兰德斯大学鲁宾教授发现，男性坠入爱河更快。

3. 女性比男性更易感受爱情的痛苦和狂喜。

4. 关系破裂后男性承受的痛苦较大，这与其不善表达感情有关。

5. 亲密关系中，男女表达内心感受程度相差不大，但说话方式有所不同。男性愿意显示他们的优势，女性则相反，特别是她们感到这些优势会威胁到自己所爱的男性时，女性更易显示她们的虚弱、担忧。

6. 性行为中男女主动性一样。

7. 男性从恋爱中清醒更慢。

8. 两性关系初期，欲擒故纵对男性有些吸引力，但从长远来说不行。

2. 识别爱的能力

大学生对爱有着无限的憧憬，这种憧憬又充满了梦幻色彩，面对现实中的爱往往不能做出准确的判断。有些学生无法正确区分爱情与喜欢、爱情与友情，有的大学生将自己的某种欲望当成爱，有的大学生易被一些虚假的浪漫和空口承诺所迷惑，有的学生甚至会被社会上、网络上怀揣不良动机的人所骗而造成终身遗憾,有的大学生在面对别人示爱时无所适从,在几个对象之间徘徊,结果误人害己。所以,大学生应该具备识别爱的能力,应该明白"爱是什么",应该拥有健康的恋爱观,知道自己喜欢什么、需要什么、适合什么,应对自己、他人保持敏感和热情,应主动关心他人、热爱他人。当别人向你表达爱时,能及时准确地对爱的信息做出判断,坦然做出自己的选择。

3. 表达爱的能力

恰当地表达爱是对大学生勇气的考验,是对大学生自信心和交流能力的挑战,也是对大学生的责任感与担当的度量。很多大学生因为害怕被拒绝或者不知道如何表达自己的情感而与爱情失之交臂。表达爱的能力不只是语言的技巧,更重要的是在表达爱意之前,你是否做好了成败的心理准备,是否愿意承担爱的责任。

4. 接受爱的能力

接受爱与表达爱同样需要勇气,接受一份爱就意味着失去另一个被爱的机会,也意味着接受一份责任,准备面对爱情中的风风雨雨,两个人的喜怒哀乐,甚至是失败与悲伤。勇敢地接受爱其实是一种面对现实生活的勇气,培养大学生接受爱的能力需要大学生提高对爱的敏感度以及对自己情感的理智分析能力。

5. 拒绝爱的能力

当遇见自己不愿意或不值得接受的爱时,应该有勇气恰当地拒绝。要勇敢而果断地说"不",不能含混不清、拖泥带水,否则容易让对方产生误会,心存幻想,使对方备受煎熬,同时也浪费了自己的时间和精力。在拒绝时也要使用恰当的方式,切勿恶语讥讽、伤害对方的自尊,也不能将别人的爱当成炫耀的筹码。别人有爱你的权利,你也有拒绝别人爱的权利,但我们应该珍视每一份真挚的感情,这是对他人、对自己的尊重,也是一个人高尚道德情操的表现。

6. 发展爱的能力

爱情是在两个人的相互交往中不断发展变化的,芬芳的爱情之花需要不断浇灌、需要精心呵护;爱情的稳定、持续发展需要双方共同努力,使它由浪漫走向现实、由肤浅走向深刻、由幼稚走向成熟。提高发展爱的能力,不断加强心灵的沟通,使双方的感情在沟通中得到升华,使彼此的性格更加和谐;忠贞专一,不朝秦暮楚、见异思迁;正确对待恋爱中的矛盾,善于解决矛盾;尊重对方的自由与尊严,爱情无需刻意去把握,越是想抓牢自己的爱情,越容易失去自我、失去原则、失去彼此之间应该保持的宽容与谅解。

第二节 大学生的性心理

一、什么是性心理

性心理是指在性生理的基础上，与性特征、性欲望、性行为相关而产生的心理活动和内心体验，包括性感知、性观念、性情绪、性意志等。它与人类的生殖繁衍、爱情维系、感情提升都有密切联系。性感知是主体对由于视、听、嗅、触等引起的性冲动和外生殖器受刺激所得到的性快感。性观念是对性活动形成的稳定而系统的认知。性情感是主体对异性所持的态度以及与异性接触过程中所获得的态度体验，如对异性的好感、思慕、爱恋等。性意志是指主体调控性行为的能力，性意志强的人善于控制自己的性行为，把它约束在正常和合法的范围内，而性意志薄弱的人，易受性冲动所左右。

二、大学生性心理的特征

(一)对性知识的渴求

大学生的性生理日趋成熟，性意识逐渐觉醒，对异性充满了好奇，学生对性知识、性行为和生育等现象表现出强烈的探索欲望和浓厚的兴趣，他们会利用各种途径和渠道来获取相关的知识，如医学书籍、心理学书籍、文学作品、影视作品、网络媒体等。由于传统文化的影响，大学生多受传统道德的束缚，他们的好奇与探秘往往不敢公开，而社会上泛滥着各种不良思潮，也容易影响和诱惑他们。

(二)对异性交往的渴望

大学生随着阅历的增加，对两性关系有了进一步的了解和认识，对性情感体验也开始有了新的变化。他们已经不满足于对异性的模糊的、泛泛的好感和爱慕，而是希望通过与异性交往，有选择地寻找自己的"白马王子"或"白雪公主"。他们喜欢和异性在一起活动，都力求在异性面前施展自己的才华，以引起对方的关注，并希望自己成为异性眼中有魅力的人，如男生会喜欢高谈阔论表现男子汉气概，甚至起哄、恶作剧、开玩笑等；女性会表现得更加沉静，爱装扮，更温柔、关心和体贴，以此突出两性的性别特色。

(三)性意识的强烈性与掩饰性

大学生随着性生理的成熟，性激素大量释放，性欲和性冲动表现得更强烈，渴望性体验，这是身体发展中的正常现象。但是人是社会人，人既有自然属性，又有社会属性，尤其大学生受我国传统观念的影响，使他们不愿意展露自己真实的感受和内心想法，如渴望接近异性，但表面上又显得拘谨、羞涩或冷漠的态度等。性的生物性需要与性的社会性要求的矛盾，使得与性成熟有关的性爱行为，往往只能表现得十分隐蔽。

(四)性心理的动荡性与压抑性

大学生正处于性能量旺盛时期，而很多大学生性心理尚不成熟，还未形成稳定、正确的恋爱观和性道德观，自控能力较弱，其性心理容易受外界不良因素的影响而动荡不安。如现实生活中各种性信息的传播、西方性自由和性解放观念的渗透，使一些大学生形成不健康甚至是错误的性认知和性爱观，导致精神空虚、情趣低下、沉湎于"谈情说爱"，甚至会出现性犯罪。与此相反，一些大学生视性为禁区，过分压抑自己的性意识和性冲动，使其不能得到合理的宣泄、疏导，导致性心理的扭曲。

三、大学生常见的性心理困扰与调节方法

大学生对性的强烈渴望受到外在客观条件的制约，同时缺乏科学的性教育，使许多大学生陷入性渴望和性恐惧的矛盾之中，出现了许多性心理问题或性心理困扰，严重影响大学生的身心健康。大学生的性心理困扰主要表现如下：

(一)性焦虑

1. 什么是性焦虑

性焦虑是由于性心理矛盾冲突没有及时得到解决而产生的担忧、紧张、害怕等复杂的消极情绪体验。一般表现在对自己的形体特征、性角色和性功能的焦虑。

2. 性焦虑的表现形式

(1)对形体特征的焦虑。男女第二性征的发育成熟是区别成熟两性的标志，也是两性互相吸引的重要因素。男性希望自己身材高大、体格健壮、声音浑厚；女性希望自己身材苗条、容貌美丽、音调柔和。而大部分同学对自身的生理特征不满意，出现烦恼和忧虑，担心自己对异性缺乏吸引力，年龄越大，越接近恋爱、结婚年龄，这方面的焦虑越严重。

(2)对性心理行为的焦虑。大学生担心自己的心理行为与性角色不符，从而不被异性所接受。有些男生认为自己缺乏男子气概，有些女生觉得自己不够温柔、细心和体贴，他们极力追求完美，有时会出现不恰当的过度补偿，只重外在，而忽视了内涵，还有可能弄巧成拙，反而失去自我本真，更削减了自己的魅力。

(3)对性功能的焦虑。男生易产生遗精恐惧，女性易产生月经焦虑。遗精是指男性在无性交状态下的射精现象，是男性生理发育过程中正常的生理现象，"精满则自溢"是性成熟的标志。但由于受传统观念的影响，不少人认为遗精会失去身体的精华、会伤元气，所以有些男生一遗精就会惊恐失措、焦虑不安，严重影响大学的正常学习和生活。女性的经期中，其生理和心理常常会出现频繁的波动，如体力下降、易疲劳、情绪烦躁等，有时还影响正常的学习生活，令其烦恼。另外，由于学习压力、身体不适、不良心境等可能导致经期不规律，或早或迟、或痛经等，让一些女

生担惊受怕，惶恐不安。

3. 调节方法

（1）接受自己不可改变的身体特征。身材和容貌主要通过遗传而来，不易改变，所以要学会积极面对和接受。男生要想使自己的体魄更健美，可以多参加体育锻炼，如跑步、举哑铃、练武术等；女生可以练练瑜伽、跳跳舞蹈和健美操等。

（2）正视并处理好遗精现象。首先，改变认知错误。精液中的大部分是水分，其营养成分对整个身体来说是微乎其微的，自然的遗精不会对身体造成消极影响，在某种意义上还有积极意义，可以缓解性驱力的紧张，使生理平衡。遗精没有规律，也没有统一标准，每个人每个月遗精几次不定，顺其自然，保持淡定心态即可。其次，平时多参加各种文体活动，丰富自己的兴趣爱好，减少或转移性刺激，尤其睡前要保持心态平静。

（3）克服月经焦虑。首先，女性要了解自己的经期规律和特点，提前做好准备，对自己情绪的波动要有心理预期。其次，注意活动适当，在经期不要参加剧烈的活动。最后，要避免不良暗示。有的女生担心自己经期睡不好、身体不佳、情绪烦躁，这些消极暗示会导致更加焦虑。

（二）性幻想

1. 什么是性幻想

性幻想也称性想象，是人在觉醒状态下，在大脑中进行的自我满足的性活动。性幻想是一种正常的心理现象，就像自编、自导、自演的爱情剧，它不能完全满足性需要，但可以缓解由失望带来的气馁，起到平息心理冲突、抚慰心灵的作用，也是一种合理的释放性能量的途径。当大学生沉迷于性幻想，上课不能集中注意力，听课效率下降，无法思考学习问题，整日昏昏沉沉、迷迷糊糊时，他（她）会自责、恨自己有"坏"念头、认为自己"道德败坏"，在同学面前抬不起头来，因而陷入痛苦烦恼，不能自拔，严重影响大学生的学习生活。

2. 调节方法

（1）树立健康的性观念。将性视为"下流"的，把性看成"万恶之首"的思想是落后愚昧的，作为当代大学生要敢于正视和科学对待性问题，把性看成正常的生理和心理现象，避免过分的自我谴责而产生罪恶感和自卑感。

（2）要进行正常的异性交往。与异性交往，建立异性间的友谊，有利于了解异性，消除对异性的神秘感，降低对异性的敏感度，减少人为的性压抑可减少性幻想。

（3）提高自我调控能力。性幻想在所难免，但也不是不可控制，关键自己要有良好的意志品质，增强自我控制力，正确处理现实与幻想的关系，让自己成为幻想的主人。

（4）转移注意力。大学生可多参加丰富多彩的活动，多读健康有品位的书籍，培养高雅情趣，远离性刺激，减少性幻想。

课堂实践

爱情"心"配方

一、活动目的

知道出现关心异性、喜欢异性甚至憧憬属于自己的爱情的想法是正常的。

二、活动步骤

1. 请大家利用现有材料(白纸、白板笔、蜡笔、彩笔、剪刀)将自己想象的爱情表现出来,同时播放轻音乐。

2. 在制作过程中,所有的东西都要自创,包括语言;将最能代表自己内心、最想表达的东西阐述出来即可。

三、活动感悟

1. 介绍自己制作出来的爱情作品有何寓意。

2. 介绍自己如何看待大学生的恋爱。

(三)性自慰

1. 什么是性自慰

性自慰俗称手淫,是指用手或其他器具刺激性器官获得快感、宣泄性冲动的一种性活动。近年来,我国将手淫更名为性自慰,界定了性行为的对象是个体自身,其功能在于心理缓释,有助于人们正确看待这种行为,减轻心理压力。性自慰引起了许多大学生的心理困惑,其表现有:

(1)在理论上知道性自慰是正常的自慰行为,但在潜意识中仍然认为是有害的。

(2)性自慰引起大学生消极的自我评价。消极自我评价阻碍了他(她)们进行正常的人际交往,造成心理紧张与焦虑,导致生理健康水平的下降。

(3)对未来的恐惧与担忧。有的性自慰者担心自己因自慰而感染疾病,担忧将来不孕不育,害怕未来的对象知道自己的自慰行为而抛弃自己等。

2. 调适方法

(1)改变不合理认知。性自慰本身是性宣泄的一种方式,只要适度对身体无害,而对性自慰产生的过分担忧和矛盾冲突才是最大的危害,所以,只要正确认识看待和接受,会减少困惑与不良影响。

(2)不要放任性自慰行为。虽然性自慰是正常现象,但如果不克制,放任自流,会导致对性自慰的依赖,无法自我控制,会严重影响学习和生活。

(3)改变不健康的生活方式。有较多自慰行为者往往孤独自处,过分关注自我,缺乏快乐源泉,一旦品尝到性自慰带来的乐趣,容易不能自拔。所以,多参加集体活动,加强人际交往,培养广泛兴趣爱好,不要贪床恋床,可减少对性自慰行为的关注。

(四)性行为

人类的性行为包含着很丰富的内容,除了目的性性行为(性交行为)外,还有亲吻、拥抱、触摸、爱抚等边缘性性行为。大学生结婚前发生的目的性性行为称为婚前性行为。性行为失当主要是指婚前性行为。

1. 婚前性行为给大学生带来的困惑

从医学角度看，大学生婚前性行为多数在隐蔽的状态下进行，缺乏安全和舒适的环境，常常伴有内心的恐惧、紧张、害怕，易产生不道德感、羞愧感、罪恶感，容易引起男性阳痿、早泄或心因性性功能障碍；女性如果怀孕、流产，会让她们饱受心理和生理的创伤，甚至有的女性会因流产而导致终生不孕，为未来婚姻生育带来更大的隐患。从心理学角度看，婚前性行为给双方带来巨大的心理压力，会使双方矛盾冲突加剧。女性有了亲密行为后，容易以身相许，希望与对方走向婚姻；而婚前性行为会提高男性的心理优势，容易让男性对女朋友失去兴趣，导致恋爱中止，对女性造成更大的心理伤害。有个别大学生一旦突破这道防线后，便开始放纵性行为，频繁更换性伴侣，寻找一夜情，放纵性行为给人带来一时之快后又会令人产生无尽的烦恼，如内心空虚、找不到真爱、心存恐惧、感染性病、寝食不安等。

2. 调适方法

(1)用理智和道德来规范和约束自己的性行为。性应该是爱情的结果和产物，当性冲动出现时，要用道德理智控制感情的闸门，让汹涌的激流得以平息，保持性爱的高尚性与纯洁性。

(2)男女双方都要自尊、自重、自爱。热恋男女应保持头脑冷静，防止因一时冲动而行为失控。

(3)注意言行。要尽可能避免使用挑逗性语言。

(4)学会环境转移和心理调节。从幽暗处转移到明亮处，从人少僻静处转移到人多的公共场合，从谈情转移到听听音乐、谈谈学习等。

(5)避免上当受骗。性行为给女性造成的伤害远远大于男性，所以女性面对性的诱惑应该慎之又慎，尤其面对网络情人、社会上的追求者时，要注意保持理性。

(6)树立正确的贞操观。只要性爱者之间知心、真心、交心，彼此忠于感情，在婚前发生性行为，这种行为仍然是高尚的，如果两个人最终没能走进婚姻，女性也不必过分自责、自怜、自卑，因为你不是性放纵者，而是爱情的崇尚者。

拓展专栏

怎样拒绝男友的性要求

1. 别的恋人之间都是这么做的，我们那么相爱，就试试吧。

别人是别人，但是我还没有想好，我相信好多人都不会这么做，包括我在内。

2. 如果你真的爱我，就应该理解我的感情，我真的非常想。

我不同意不等于我不爱你，如果你爱我的话，就不要逼我做我不想做的事。

3. 我们彼此那么爱着对方，还有什么不可以做的呢？

但是我们还没有足够的准备，我还要好好想一想。

4. 来吧，我们都是大人了，都已经成熟了，还等什么？

成熟的人做什么事都会想得清清楚楚，并会考虑后果。不如我们先讨论一下事后会有怎样的后果和责任，你说好不好？

5. 我们不是上次已经试过了吗？感觉也不错，这次你怎么又不愿意了呢？

上次是上次，现在我要再想想清楚，我想你不会逼我的，对不对？

6. 有性要求是正常的，而且性行为会带来快感，你不想试试吗？

你付出那么多就是为了"试试"吗？

7. 总之我太爱你了，实在控制不住。

你太冲动了！如果你爱我，就应该顾及我的感受。

8. 我知道你其实和我一样很想试试的，为什么不试试呢？

其实你不知道我想要什么，证明你根本不了解我。我要的是真正关心我、尊重我。

9. 拥抱使我很兴奋，如果你真的爱我，就证明给我看。

我不想的，爱不是这样证明的吧！不如我们冷静一下，好吗？

10. 如果你不肯，说明你不是真爱我，那我就找别人了。

我觉得你不尊重我，你是真的爱我吗？如果你真的是这么想的，我倒要好好想想你是否真的值得我爱。

心理自测

恋爱观测试

一、测试题目

1. 你认为恋爱作为人生一个极其重要的环节，其最终所达到的目的应该是：

A. 找一个情投意合的爱侣　　　B. 成家过日子，抚育儿女

C. 满足性饥渴　　　D. 只是觉得新鲜有趣，没有明确的想法

2. 你对未来妻子的要求最主要的是（男性选择）：

A. 善于理家，利落能干　　　B. 容貌漂亮，气质超然

C. 人品不错，能体贴帮助自己　　　D. 只要爱，其他一切无所谓

你对未来丈夫的要求最主要的是（女性选择）：

A. 潇洒大方，有男子风度

B. 有钱有势，社交能力强

C. 为人诚实正直，有进取心，待人和蔼可亲

D. 只要爱，其他一切无所谓

3. 你决定和对方建立恋爱关系时所依据的心理根据是：

A. 彼此各有千秋，但大体相当　　　B. 我比对方优越

C. 对方比我优越　　　D. 没想过

4. 对最佳恋爱时间的考虑是：

A. 自己已经成熟，懂得人生的意义和爱情的内涵，并且确定了人生的主攻方向

B. 随着年龄的增长，自有贤妻和好丈夫光临，"月老"不会忘记每个人的

C. 先下手为强，越早越主动

D. 还没想过

5. 你希望自己是怎样结识恋人的：

A. 青梅竹马，情深意长　　　　B. 一见钟情，难分难舍

C. 在工作中逐渐产生恋情　　　　D. 经熟人介绍

6. 你认为推进恋情的良策是：

A. 极力讨好取悦对方　　　　B. 尽力使自己变得更为完美

C. 百依百顺，言听计从　　　　D. 无计可施

7. 你希望恋爱的时间是：

A. 越短越好，最好是"闪电式"　　B. 时间依据进展而定

C. 时间要拖长些　　　　D. 自己无主张，全听对方的

8. 谁都希望完整全面地了解对方，你认为了解对方的最佳途径是：

A. 精心布置特殊场景，连连对恋人进行考验

B. 坦诚交谈，细心观察

C. 通过朋友打听

D. 没想过

9. 你十分倾心的恋人，随着时间的推移，暴露出一些缺点和不足，这时候你：

A. 采取婉转的方式告知并帮助对方改进

B. 因出人意料而伤脑筋

C. 嫌弃对方，犹豫动摇

D. 不知道如何是好

10. 当你初步踏入爱河之中，一个条件更好的异性向你表示爱慕时，你于是：

A. 说明实情，挚情于恋人　　　　B. 对其冷淡，但维持友谊

C. 瞒着恋人和其来往　　　　D. 感到茫然无措

11. 当你对倾慕很久的异性发出爱的信息时，你忽然发现他（她）另有所爱，你怎么办？

A. 静观待变，进退自如　　　　B. 参与角逐，继续穷追

C. 抽身止步，成人之美　　　　D. 不知道

12. 恋爱进程很少一帆风顺，你对恋爱中出现的矛盾、波折怎么看？

A. 最好平顺些，既然已经出现了，也是件好事，双方正好趁此机会深入了解对方

B. 感到伤心难过，认为这是不幸

C. 疑虑顿生，就此提出分手

D. 没对策

13. 由于性情不和或其他原因，你们的恋情搁浅了。对方提出分手，这时候你：

A. 千方百计缠住对方　　　　　B. 到处诋毁对方

C. 说声再见，各奔前程　　　　D. 不知所措

14. 当你信任的恋人背信弃义，喜新厌旧，甩掉你以后，你怎么办？

A. 当自己眼瞎认错了人　　　　B. 你不仁，我不义

C. 吸取教训，重新开始　　　　D. 痛苦地难以自拔

15. 你的爱途坎坷，多次恋爱均告失败，年龄也越来越大，你：

A. 一如从前，宁缺毋滥　　　　B. 讨厌追求，随便凑合一个

C. 检查一下择偶标准是否实际　D. 叹息命运不佳，从此绝望

二、评分标准

题号	A	B	C	D
1	3	2	1	1
2	2	1	3	1
3	3	2	1	0
4	3	2	1	0
5	2	1	3	1
6	1	3	2	0
7	1	3	2	0
8	1	3	2	0
9	3	2	1	0
10	3	2	1	0
11	2	1	3	0
12	3	2	1	0
13	2	1	3	0
14	2	1	3	0
15	2	1	3	0

三、评价参考

A 型（35～45 分）：恋爱观成熟正确。你是一个成熟的青年，你懂得爱什么和为什么爱，这是你进入情场的最佳入场券。不要害怕挫折和失败，它们是考验你的"纸老虎"，终将在你的高尚和热忱面前逃遁。大胆地走向你梦中的恋人吧，你的婚姻注定会美满幸福。

B 型（25～34 分）：恋爱观尚可。你向往真挚美好的爱情，然而屡屡失败，一时

难以如愿。你不妨多看看成功的朋友，将恋爱作为圣洁无比的追求，不断矫正爱情的航线，这样你就与幸福相隔不远了。

C 型（15～24 分）：恋爱观需要认真端正。你的恋爱观存在不少问题，甚至有不健康之处，它使你辛勤播种的爱情种子难以萌芽，更难以结出甜蜜的果实。如果你已经轻率地开始恋爱了，劝你及时退出或纠正自己的行为。

D 型（3～14 分）：恋爱观还未形成。你或许年龄还小，不谙世事；或许虽年龄不小，却天真幼稚。爱情对你来说是个迷茫未知的世界，你需要防范感情圈套。建议你多读几本两性关系的书籍，待变成熟后，再涉爱河不迟。

专题讨论

1. 假如你失恋了，请学完本章内容后，试着谈谈如何对待失恋？

2. 爱情与友情，你学会区分了吗？生活中的你是否遇到了此类的困惑？该如何解决？

3. 你认为性教育是否应该走进大学课堂？为什么？

4. 如何看待大学生婚前性行为？如果已经发生，该如何处理？

5. 有人说，恋爱是大学生的必修课，也有人说，恋爱是大学生的选修课，你怎么认为？

阅读欣赏

1. 岳晓东. 怎样做最好的自己：大学生心灵和谐面面观［M］. 合肥：安徽人民出版社，2011.

2. 罗兰·米勒. 亲密关系（第六版）［M］. 王伟平译. 北京：人民邮电出版社，2015.

3. 汪向东. 关于心理学的100个故事［M］. 南京：南京大学出版社，2011.

4. 心理佳片：《美丽心灵》［美］

第七章　我的情绪我做主

——大学生的情绪管理

成功者与失败者最大的不同在于，前者是情绪的主人，后者是情绪的奴隶。

——[法]拿破仑

我们总是渴望欢乐、抵抗悲伤、赞扬乐观、嘲弄消极。社会文化鼓励我们做一个活泼外向、积极阳光、正能量的人，然而并不是每个人的情绪都是快乐的。很多时候，生命中的那些"负面情绪"也能给我们力量：悲伤让我们深刻地去学习、体验，去增加生命的分量；恐惧使我们未雨绸缪，小心驶得万年船；愤怒为我们画出底线，警告外敌不可侵犯；厌恶决定品格，阻挡我们在跟风从众中失去自我。每种情绪都塑造着我们，接纳它们才能真正地接纳自己。

案例导读 ▶

她的心被掏空了

张某，女，某大学二年级学生。张某身材小巧，皮肤白皙，性格温柔、内向、安静而羞怯。张某上小学时母亲去世，九年级时父亲也离开了她的世界，有两个姐姐都已嫁人。自从父亲去世后，她一直不相信这是真的，没有明显的痛苦感，只是感到精神空虚、失落，没有精神寄托。在大学的课堂上表现懒散、没精神，注意力无法集中，经常想象某个男生对自己是如何喜欢、如何关心，自己伤心时会像父亲一样安慰自己，自己可以随意任性，有时自己在想象中会被感动。平时她喜欢刻意打扮自己，装成淑女，想方设法吸引男生的注意。但真正面对男生时，又不知所措，不敢说一句话，在体育课上面对全班同学时，心里也特紧张，不敢做太多动作，担心男生会不喜欢她，越紧张动作做得越僵硬，自己越感到自卑、没面子。同时，她又认为男生看出了她在"勾引"他们，感觉男生非常厌烦自己，所以想压抑、控制自己不去想男生，可又控制不住，整天几乎是在想象中度过，迷迷糊糊，没有方向。张某多次说："我不敢也不愿意回到现实，因为回到现实我的心是空空的。"所以她通过幻想逃避着现实与责任，害怕独处，害怕长大。她通过幻想感受着父亲的存在，她只有通过做白日梦才能填充自己空虚的心灵。

思考讨论：

1. 张某目前这种情绪反应形成的原因是什么？
2. 如何帮助案例中的张某调节好情绪，走出人生困境？

第一节 认识情绪

一、什么是情绪

情绪是指人对客观事物是否符合自己的需要而产生的内心体验及相应的行为反应。客观事物满足了人的需要时就会产生积极的正面情绪，如高兴、满意、愉快、幸福等，客观事物不能满足人的需要就会产生消极的负面情绪，如悲伤、失落、生气、痛苦等。

从定义上可以看出，情绪的构成包括三个层面的内容：在认知层面上的主观体验，在生理层面上的生理唤醒，在表达层面上的外部行为。当情绪产生时，这三种层面共同活动，构成一个完整的情绪体验过程。

（一）主观体验

情绪的主观体验是人的一种自我觉察。人有许多主观体验，如喜、怒、哀、乐、爱、恨等。人们对不同事物的态度会产生不同的感受。如对朋友遭遇的同情，对敌人凶暴的仇恨，事业成功会使人欢乐，考试失败会让人悲伤。而这些主观体验只有个人内心才能真正感受到或意识到，如我知道"我很高兴"，我意识到"我很痛苦"等等。情绪的主观体验反映了人内心世界的丰富多彩。

（二）生理唤醒

人在情绪反应时，常常会伴随一定的生理唤醒。如人在激动时，会血压升高、心跳加速；恐惧时身体战栗、瞳孔放大；愤怒时汗腺分泌增加、面红耳赤等，所以，在不同的情绪状态下，人的生理指数都会发生相应的变化。

（三）外部行为

人们在产生情绪时，还会反映到人的外部行为表现中，这种与情绪相关的行为表现称之为表情，它经常成为人们判断和推测情绪的外部指标。表情主要有三种表现形式，即面部表情、体态表情和语调表情。面部表情是指通过眼部肌肉、面部肌肉和口部肌肉的变化来表现各种情绪状态，它能最直接反映人的情绪状态，人们可以通过一个人的面部表情的变化来了解一个人的情绪状态。如高兴时眉开眼笑，憎恨时咬牙切齿，担心时愁容满面，悲伤时痛哭流涕等。体态表情是指借助身体姿态和四肢活动来表达各种情绪，如高兴时手舞足蹈，愤怒时暴跳如雷，悔恨时捶胸顿足，惊慌时手足无措等。在重要考试后，我们可以通过学生的坐立不安、手舞足蹈和垂头丧气等肢体动作看出他们此时此刻的情绪状态。语调表情是人在情绪发生时在言语的声调、节奏和速度等方面的变化。如悲伤时语调低沉、语速缓慢，喜悦时语调高昂、语速较快，兴奋时语速快、声音尖锐等。总之，人的面部表情、体态表情、语调表情构成了人类的非语言交往形式，它们经常相互配合，更加准确地表达着不同的情绪。

由于人类心理的复杂性，人们的外部行为也会出现与主观体验、生理唤醒不一致的现象。例如，当一个人假装高兴时，他只有高兴的外部行为而没有真正内在的主观体验和生理唤醒，因而也就称不上有真正的情绪过程。因此，在评定情绪时，只有主观体验、生理唤醒、外部行为同时活动，同时存在时，才能构成一个完整的情绪体验过程。

二、情绪的种类

由于情绪表现的纷繁复杂，使得情绪的划分成了一件困难的事，至今也没有统一的定论。近年来，许多研究者对此进行了长期的探索，其中有三种分类方法颇具代表性。

(一)从情绪的基本形式分

近年来，西方情绪心理学中的一派倾向于把情绪分为基本情绪和复合情绪。基本情绪是先天的、不学而能的，是人和动物共有的，属于所谓的原始情绪。美国心理学家克雷奇等人把快乐、悲哀、愤怒和恐惧视为四种最基本的情绪。

快乐是自己的愿望得以达成或所期待的目标得以实现、内心的紧张状态解除后随之而来的一种情绪体验。根据快乐的程度不同，可将快乐依次分为：满意、愉快、欢乐、狂喜等。

悲哀是失去所盼望的、所追求的或有价值的东西而引起的情绪体验。依据所失去事物的价值，其强度水平依次是：遗憾、失望、悲伤、哀痛、绝望等。

愤怒是由于外界因素一再地妨碍和干扰，使个人的目的和愿望不能达到时逐渐积累而成的一种情绪状态。根据愤怒的程度不同，可将愤怒依次分为：生气、温怒、愤怒、大怒、暴怒等。

恐惧是企图摆脱、逃避某种危险情景而又苦于无能为力时产生的情绪状态。恐惧产生时，常伴随一系列的生理变化，如心跳加速或心律不齐、呼吸急促、血压升高、脸色苍白、嘴唇颤抖、身冒冷汗、四肢无力等。

在四种基本情绪的基础上，又派生出许多情绪，组合成了各种复合情绪，如又爱又恨、悲喜交加、由愤怒、厌恶和轻蔑组合起来的敌意，由恐惧、内疚、痛苦和愤怒组合起来的焦虑等，都属于复合情绪。

拓展专栏

"吓死人"的科学道理

俗话说："人吓人，吓死人。"生活中常听到受惊吓的人说："哎呀，真是吓死我了！"人是否真的会被吓死呢？答案是：人确实会被吓死！某地一男青年平素喜欢开玩笑，一日与朋友们出去郊游，他从地上拾起一条冷湿的破绳子，突然扔到一怕蛇的女伴身上，大叫一声："蛇！"该女伴惊叫一声，倒地气绝，酿成了一场悲剧。

人为什么会被吓死呢？当一个人突然遭到惊吓时，大脑会指令肾上腺分泌大量的儿茶酚胺，使心跳突然加快，血压升高，心肌代谢的耗氧量急剧增加。过快的血流如洪水般冲击心脏，使心肌纤维撕裂，心脏出血，导致心脏骤停，致人死亡。

国外医学研究人员在对吓死者的尸体解剖后发现，死者的心肌细胞均受到了不同程度的破坏，心肌中央夹杂着许多玫瑰色的出血点，说明出血过多，损害了心脏功能。而对120名从心室纤维颤动的死亡线上救治的病人进行追踪，发现其中1/5的人在发作前遭受过极度惊恐等激烈的情绪波动，从生理上揭开了"吓死人"的奥秘。

因此，在生活中，开玩笑不要过分，特别是恶作剧式的恐怖玩笑更不宜开。有心血管疾病的人要会控制自己的情绪，避免惊、恐、悲、哀，以免发生意外。

(二)按照情绪状态分

情绪状态是指在一定时间内因某种原因引起的某种情绪反应。依据情绪发生的强度、持续的时间和紧张度可以把情绪分为心境、激情、应激。

1. 心境

心境是指人比较平静而持续时间比较长的一种情绪状态。

心境持续的时间因人、因事而异，有很大的差别。持续时间的长短在很大程度上与引起心境事件的性质和个人人格特点有关。如重大成就的喜悦、失去亲人的痛苦引起的情绪反应可能持续时间比较长。

引起心境的原因是多方面的，有时是由对个人来讲具有重大意义的活动事件的成败、工作的顺逆、人际关系是否和谐等引起的；有时是由于对往事的回忆引起的；有时是由身体状况引起的；有时是由自然环境中的一些因素引起的，如研究表明，气温在20℃到22℃的情况下，人的心情最舒畅；在18℃到20℃时人的工作学习效率最高；当温度超过34℃时，人不仅大汗淋漓，而且心情烦躁，易产生过激行为；当室温降到10℃以下时，人会感到沉闷、情绪低落；当气温低于4℃的时候，会严重影响人的思维。另外，湿度、气压、风、雨、雪、噪音等都对人的情绪有不同程度的影响。

心境具有弥散性，因某一特定事件引起之后，在一定时间内人会以同样的态度对待一切事物，就好像戴着有色眼镜看世界，一切事物都会被当时的心境染上情绪色彩。除了某些事物引起的心境外，每一个人还有自己独特的比较稳定的心境。有的人经常处于乐观向上的、朝气蓬勃的积极心境中，遇到问题经常能从积极的角度去看问题，而有的人经常处于悲观抑郁、萎靡不振的消极心境中，遇到困难总是看到事物的消极一面。

心境在现实生活中有重要意义，积极的、健康的、良好的心境能使人精神振奋，乐观地对待困难和挫折，提高工作和学习效率。消极的、不良的心境使人精神萎靡、悲观消沉，会使人沉闷，妨碍工作学习，影响身心健康。良好的心境是心理健康的一个重要标准。

2. 激情

激情是一种强烈的、爆发式的、时间短暂的情绪状态。

激情通常是由对个人来讲有特殊意义的事件引起的，如重大成功后的狂喜、惨遭失败后的绝望、突然失去亲人的极度悲痛等。

在激情状态下，人的内部生理、外部行为、思维意识都发生着变化。如暴怒时，肌肉紧张、面红耳赤、语言粗犷、浑身发抖；狂喜时，手舞足蹈、振臂欢呼；悲痛时，木然不动、涕泪交加。当激情的强度过大时，往往会减弱理智的作用，甚至使人失去控制自己的能力，产生不顾后果的行为。

但并不是所有激情都是消极、不可取的，战士为了正义事业在前线冲锋陷阵需要激情，诗人没有激情难以写出激动人心的作品，一个人生活中没有激情，就会平淡无味，但是人要做情绪的主人。

3. 应激

应激是人遇到突然出现的意外时做出适应性反应。

人们在生活中，往往会遇到突然发生的事件或偶然发生的危险，它要求个体迅速地集中自己的智慧和经验，及时做出反应，应付紧急情况。如司机在正常行驶中突然遇到危险，突发的地震、洪水等，在这些情况下人们所产生的一种特殊紧张的情绪状态，就是应激。

应激由应激源、应激认知和应激反应三个要素构成。应激源是产生应激的原因。应激认知是对应激源及其与自身之间关系的认识、评价与判断，它起着中间媒介的作用，决定着应激反应的强弱。应激反应是在应激源的作用下，个体在生理、心理和行为上所发生的一系列的变化。如心率过速、血压上升、呼吸急促、行为紊乱、动作失调、不知所措、语无伦次、张口结舌等，在心理上由于人没有事先预料到，造成思维混乱，知觉、记忆错误。有些人在应激的状态下，全身发生抑制反应，呆若木鸡。有的人由于身体机能失调，注意的转移发生困难，会产生休克现象。

应激状态对人既有积极的影响，也有消极的影响。在有些应激状态下，人可以调动身心的潜能，提高个体的应对能力，对个体的活动起积极的增力作用，如急中生智。但在有的情况下却会干扰人的认知活动，使人呆若木鸡。在现实生活中，应激是不可避免的，要抵御应激的消极影响，就必须控制应激的反应程度，使其保持在我们能够承受的适宜水平内。具体做法是：控制减少那些我们主观上可以控制的应激源；平时进行处理突发事件的能力训练，如突发地震、火灾等的应激训练；辨证达观地看待生活事件；安排张弛有度的生活节奏；关注他人并寻求他人支持。

(三)情感的分类

情感是同人的社会需要相联系的高级主观体验，它包含着人类所独有的社会意义，反映着人们的社会关系和社会生活状况，并对人的社会行为起着积极的或消极的作用，主要包括道德感、理智感和美感。

1. 道德感

道德感是依据一定的社会道德标准，对别人或自己的言谈举止、思想品德、行为做出评价时所产生的内心体验。如果自己或别人的言行符合这一标准，就产生愉悦、赞许、热爱等肯定的体验。如对自己祖国的热爱、自豪；对正义行为的钦佩、敬重等。而对违背道德标准的言行会产生厌恶、憎恨、内疚、鄙视等体验，如对贪污腐败的痛恨、对自己错误行为的内疚、对违反社会公德行为的愤恨等。道德属于社会历史范畴，不同时代、不同民族、不同阶级都有自己的道德评价标准。

2. 理智感

理智感是在智力活动中产生的内心体验。如人在认识事物或研究问题时，对新事物的好奇心、求知欲；对不能理解或不能解决的问题的惊奇和疑惑；对正在讨论、评价问题时所表现出维护自己观点的热情；对经过努力钻研和思考使问题得以解决表现出来的兴奋和喜悦等。这些求知欲、惊讶感、怀疑感、坚信感、满意感、成就感等都是理智感的表现。

理智感是人们在认识掌握科学文化知识的过程中产生的，是人认识和探索世界的动力，其作用的大小、感受是否深刻与一个人的知识经验、能力水平、兴趣爱好、理想抱负等有关。

3. 美感

美感是根据一定的审美标准去评价事物时而产生的内心体验。

美感主要是由客观事物引起的，包括自然景观、人类创造物、言谈举止等。美感经常与道德感联系在一起，善良、公正、见义勇为、廉洁自律等既与道德感相联系，又能引起美的体验。反之，自私自利、损人利己、阴险毒辣等既能让人产生否定的道德感，又不符合美的标准。当然二者也有区别，比如，影视作品中反面角色的表演，既能引起观众对他所显示的不符合道德标准的言行的憎恶，也能引起人们对演员的艺术表演能力的肯定，前者是道德感，后者是美感。另外，美感还受个体的知识水平、文化修养、审美能力等主观状态的影响。

三、情绪与身心健康

"情绪既可致病，亦可治病"，良好的情绪是维护生理健康的重要保证，也是促进心理健康的重要条件。不良情绪对身心健康有害。不良情绪主要指过度的情绪反应和持久的消极情绪两种。过度的情绪反应既包括如狂喜、暴怒、悲痛欲绝等强烈情绪，也包括过于迟钝、无动于衷、冷漠无情等与现实刺激强度严重不符的情绪反应；持续消极情绪主要指引起悲、忧、惧、怒等消极情绪的刺激消失后，在很长一段时间内个体沉浸在消极情绪之中不能自拔。巴甫洛夫曾讲过："忧愁、顾虑和悲观可以使人得病；积极、愉快、坚强的意志，乐观的情绪可以战胜疾病，使人更加强壮和长寿。"

拓展专栏

情绪影响身心健康的实验

古代阿拉伯学者阿维森那，曾把一胎所生的两只羊羔置于不同的外界环境中生活：一只羊羔跟随羊群在水草地快乐地生活；而在另一只羊羔旁边栓了一只狼，它总能感受到那只狼的威胁，在极度惊恐的状态下，这只羊羔根本吃不下东西，不久就因恐慌而死。医学心理学家还用狗做嫉妒情绪实验：把一只饥饿的狗关在一个铁笼子里，让笼子外面另一只狗当着它的面吃肉骨头，笼内的狗在急躁、嫉妒、气愤的负面情绪状态下，产生了神经性的病态反应。

实验告诉我们：恐惧、焦虑、抑郁、嫉妒、敌意等负面情绪，是一种破坏性情绪，长期被这些情绪困扰会导致身心疾病的发生。

（一）情绪与身体

情绪影响、调节着人的生理或身体状况。情绪发生时，会使人的呼吸系统、循环系统、内分泌系统等各项身体指标发生变化，如呼吸加速是要增加体内氧化作用，心跳加快、血压升高是要增加血液循环，如此使人能够适应复杂的环境变化。如果长期情绪紧张、心烦意乱、焦躁不安、遇事急躁，会使血中儿茶酚胺上升，血压增高，心跳加快，血液中胆固醇、甘油三酯浓度超出正常水平，造成血清蛋白过多，动脉硬化等。古代医书《内经》中也写道："怒伤肝，忧伤肺，思伤脾，恐伤肾。"持续的消极情绪不仅会降低人的免疫力，而且会严重损害人的身体健康，甚至会造成生命危险。相反积极的情绪却可以提高人的免疫力和病后的康复能力。俗话说得好：人得病后三分靠治、七分靠养。这里所说的养，便包括养心，好的心情能使病人早日康复，乐观的心态有时会使奇迹发生，所以，保持健康的积极情绪是非常重要的。

拓展专栏

心情不好时为什么会生病

世界卫生组织指出，当人产生了负面情绪时，七成以上的人就会以攻击自己身体器官的方式消化这些情绪。丹麦一项从 2000 年开始，历时 11 年、涉及 9870 名成年人的新研究发现，与没有相应问题的人对比：常因夫妻关系出现情绪困扰的人死亡率增加 1 倍，常因亲子关系焦虑的人死亡率增加 50%，常跟家人争吵的人死亡率升高 1 倍，常与邻居争吵的人死亡率增加 2 倍。

现在人们最爱说的一个字就是累，不仅累身更累心。生存压力让很多人越来越情绪化，身体也因此早早地发出了"报警信号"。其实，在每个人的体内，都有一张关于情绪的地图。

当人情绪变化时，往往伴随着一系列生理变化。比如，恐怖会让人瞳孔变大、口渴、出汗、脸色发白；而情绪低落或过度紧张时，人会越来越讨厌自己的长相，觉得怎么穿、怎么梳妆都不顺心，然后就会发现自己头发爱出油、鼻翼出油、心烦冒汗。长时间处在负面情绪中难以自拔，就会对健康不利。

大量临床医学研究表明，小到感冒，大到冠心病和癌症，都与情绪有着密不可分的关系。充满心理矛盾、压抑，经常感到不安全和不愉快的人免疫力低下，经常感冒，一着急就喉咙痛；紧张的人则会头痛、血压升高，容易引发心血管疾病；经常忍气吞声的人得癌症的概率是一般人的 3 倍。

(二)情绪与心理

情绪属于心理现象的一部分，它和其他心理现象之间有着千丝万缕的联系。

1. 情绪影响认知

人处在不良心境、强烈的激情和应激状态时，思维会发生混乱，感知、记忆会发生错误，注意转移会发生困难，整体认知能力会降低；过度的悲伤、抑郁会让人沉浸在自己的情绪中，无法感知周围世界。

2. 情绪影响能力

不良的消极情绪会阻碍能力的正常发挥，影响个体潜能的挖掘，限制人们创造力水平的提升。研究证明，愉快、平和的情绪状态，可以使个体的能力、创造力的发挥水平显著增高。

3. 情绪影响人格

情绪尤其是持续的情绪状态会改变人的人格。如长期自卑，会形成自卑性人格；持续悲观，会使你成为一个悲观沮丧的人。

4. 不良情绪会导致心理疾病

害怕久了会变得恐惧，恐惧久了且自身不能调节，可能会演化成恐惧症；忧郁久了可能会发展为抑郁症等。

(三)情绪与行为

情绪对人的行为具有调节功能。表现在积极的情绪及其适中的强度对行为活动有促进作用，即对人的活动起积极的增力作用。积极的增力作用表现在人在情绪发生的时候可以激发潜能，尤其是当人处于应激状态时，可以做到平时根本不可能做到的事情。相反，消极的情绪情感对行为活动会起阻碍作用，即消极的减力作用。

1. 情绪影响学习行为与效率

研究表明，愉快强度过高与过低时人的操作效果都不如愉快强度适中时人的操作效果，而痛苦的强度水平与人的操作效果之间基本上成直线相关，即痛苦强度越大学习效果越差。

2. 情绪影响考试成绩

有的学生平时学习成绩不错，但关键考试成绩不尽如人意，为什么？因为过度担心与紧张、过度焦虑与恐惧，会使考生在考试时大脑出现抑制状态，也就是俗话所说的脑子一片空白，什么也想不起来。当然紧张度太低，也会影响考试成绩。总之，考试成绩与情绪强度之间呈倒"U"形关系，适度的紧张有利于考出好成绩，过度紧张或者根本不把考试当回事，都不容易考出好成绩。

3. 情绪影响交往行为

一些学生由于自卑、紧张、害怕，不敢与人交往，即使交往也不能正常表现，这严重影响了良好人际关系的建立，进而会使人的许多正常需要不能获得满足。

4. 激情会导致冲动行为

人在非常激动的时候，不能冷静地思考问题，很难控制自己的行为表现，以致造成严重的后果，甚至会发生犯罪行为。

第二节　挫折与情绪管理

一、认识挫折

挫折普遍存在于人们的生活中，几乎每个人都体验过挫折给我们带来的心灵的震撼，品尝过不同挫折的滋味。但挫折并不可怕，只要我们能正确地认识它、了解它，就能有效地驾驭它、战胜它，从而成为生活的强者。

(一)什么是挫折

挫折是一种情绪状态，是指人们在有目的的行动中遇到了无法克服或自认为无法克服的障碍和干扰，使其预定目标不能实现时所产生的消极的情绪反应。如一位学业优秀的学生，积极努力、刻苦学习，准备考研，但在考试前几天，一场大病却将他送进医院，无法参加盼望已久的研究生入学考试，这种打击使他产生痛苦、难过、着急、烦闷等情绪反应，这就是我们所说的挫折。

从挫折的定义可以看出，挫折包含着三层意思：一是挫折情境，即干扰或阻碍行为活动，使个体需要不能获得满足的情境条件，如考题过难导致不及格、朋友背叛等情境。二是挫折认知，即个体对挫折情境的认知、态度和评价。挫折情境能否构成挫折以及感受挫折程度的大小、强弱，在很大程度上取决于个体对挫折情境的态度和评价，它是产生挫折和如何对待挫折的关键。如同样考60分，有的学生感到满足，而有的学生则感到失败和沮丧。三是挫折反应，即伴随着挫折认知而产生的情绪和行为反应，如烦恼、困惑、焦虑、攻击等。当挫折情境、挫折认知和挫折反应同时存在时，便构成了心理挫折。但有时只有挫折认知和挫折反应这两个因素，也可以构成心理挫折，如有的人怀疑周围人在议论自己、看不起自己而产生紧张、烦躁等情绪反应。

在挫折情境、挫折认知和挫折反应三个因素中，挫折认知是最重要的，挫折情境与挫折反应没有直接的联系，它们的关系要通过挫折认知来确定。正如巴尔扎克所说："世上的事，永远不是绝对的，结果完全因人而异。苦难对于天才来说是一块垫脚石，对于能干的人是一笔财富，而对于弱者是一个万丈深渊。"

课堂实践 ⏰

人生五部曲

一、活动目的

引导学生体会成长的过程，明白成长过程中的艰难与反复，体会成长过程中的挫折感、成就感等。

二、活动步骤

1. 全班同学参与完成从蛋—小鸡—鸟—猴子—人的五级进化过程。

2. 每级生物都有自己独特的代表性动作，蛋是蹲下抱头；小鸡是半蹲着左右舞动双手；鸟是站着左右舞动双手；猴子是单足站立着、一只手在额前；人是直立行走。

3. 活动过程中，学生都以身体姿势代表每级生物所处的阶段，不能用语言交流。

4. 每一次进化采用"锤子、剪刀、布"的方式进行，开始所有同学都是平等的"蛋"，就近找人猜拳，赢者进化成小鸡，输者仍然是蛋。之后继续寻找同类猜拳，赢者进化，输者退化。

5. 最后一轮猴子变人的过程中，赢者进化为人，站到场地一边，输者被打回蛋，从头再来。

三、活动感悟

1. 在做这个活动时，你是如何表现的？这给了你什么启示？

2. 在进化过程中，若你始终不能进化成长，你会怎么办？

3. 在猴子变人时，被打回蛋，你是如何想的？

(二)挫折产生的原因

挫折产生的原因很多，但归纳起来可以分为两种，一是外部因素，二是内部因素。

1. 外部因素

外部因素是由于外界事物和情况给人带来阻碍和干扰。包括自然因素、社会因素、经济因素三个方面。自然因素包括各种非人为力量所造成的时空限制、天灾地变等因素。它往往是人力所无法控制和避免的。如生老病死、自然灾害、各种意外事故等所招致的挫折，都属于自然因素。社会因素是指个体在社会生活中所遭受的人为因素的限制而引起的挫折，包括政治的、经济的、宗教的、种族的、伦理道德的以及一切风俗习惯等因素造成的个体需要受阻、动机受挫而引起的消极的情绪反应。如青年男女爱慕至深，但由于家里的反对而不能如愿以偿；由于人口太多，就业岗位有限而不能找到如意的工作等，都会使人感受到挫折。经济因素是由于经济原因使人的需要和愿望得不到满足，产生了挫败感。

2. 内部因素

内部原因是指由于个人的生理条件限制、知识或能力不足、动机冲突等心理因素而使个体的需要或愿望得不到满足而造成的挫折，主要有生理因素和心理因素。

生理因素主要指个体在生理上的某些缺陷或疾病所带来的限制，使其不能达到自己的愿望而产生挫折感。如生来色盲想成为一名画家，高度近视想成为一名飞行员等。由于个体生理条件的限制，无论他们怎样努力，其成功的可能性也比一般人小得多，在这种情况下，帮助他们正确认识环境和认识自己非常重要。

心理因素首先表现为自身的知识、能力与愿望、现实之间产生矛盾，如自己的学历偏低、没有一技之长，或能力有限，可能导致自己在求职过程中频频受挫；或自己的愿望很高，知识、能力等方面条件又有限，而自己又过高地估计自己，为自己设定不切实际的目标，自己又不能清醒地认识到这一点，从而招致挫折。其次表现在动机冲突，即个体同时产生两个或两个以上的动机，由于条件限制，不能同时兼得，只能得其一、舍其余，产生难以抉择的心理状态，如果这种心理矛盾持续的时间太久，太强烈，就会产生挫折感。

(三)挫折对人心理的影响

挫折是生活中普遍存在的一种现象，在人生的道路上每个人都要经受挫折的考验，虽然它的产生是我们所不愿意看到的，而且会因此产生消极的情绪反应，但对人的总体发展来看，它的影响并不都是消极的，我们应辩证地看待挫折。

1. 积极的影响

(1)增强个体情绪反应的力量。有的人在遇到挫折情境时，会唤醒内在的生理机制，激发内在的潜力，帮助自己摆脱困境。还有的人会把挫折带来的压力，变成学习和生活的动力，进而激发自身内在的潜力，使自己向更高层次发展。

(2)增强个体的容忍力。人经历了挫折之后，会更加客观地看待社会，看待人生，变得更沉稳、更冷静。有言道：人的心胸是被委屈撑大的，沙粒进入蚌体内，蚌觉得不舒服，但又无法把沙粒排出，好在蚌不怨天尤人，而是逐步用体内营养把沙包围起来，后来这沙粒就变成了美丽的珍珠。

(3)提高个体的认识水平。"吃一堑，长一智"，经历了一次次挫折之后，人们会从挫折中吸取教训，总结经验，变得更加成熟。

2. 消极影响

(1)影响个体实现目标的积极性。有的人遇到挫折后，失去了原有的斗志，采取逃避行为，如有的大学生竞选学生干部失利后，便开始怀疑自己的能力，不再参加类似的竞选活动；有的大学生失恋后，不再相信爱情。

(2)降低个体创造性思维水平。当人遇到挫折后，有的人开始变得颓废消极，反应迟钝，思维受到局限。

（3）对人的行为起消极的减力作用，容易发生行为偏差。比如，大学生中出现打架群殴、自残自杀现象，都是在遇到挫折打击之后出现的过激行为，因为人在情绪失控的情况下，容易出现过激行为，造成严重的后果。

（4）对身心健康发展会产生负面影响。挫折毕竟是每个人都不愿意遇到但又是每个人生活中绕不过去的负性事件，对人的心理、身体会产生负面影响，影响身心健康。

（四）挫折心理的调节

1. 客观地看待挫折

首先，我们应认识到挫折是普遍存在的，是人的生活不可避免的组成部分，要做好接受挫折和挑战挫折的心理准备。其次，不应只看到它消极的一面，只把它当成人生的拦路虎、绊脚石，而应将它当成人生的财富。自古英雄多磨难，挫折和失败往往是成功的摇篮，挫折能催人奋进，使人坚强，经历挫折之后人会变得更理性、更深刻、更成熟。

2. 认真分析受挫的原因

所受挫折如果是由外在的、非自己所能控制的原因引起的，学会坦然处之；如果是由内在的个体原因造成的，就要重新认识自己、评价自己，及时调整自己的心理和行为。

3. 调整抱负水平

抱负水平是指个体从事活动前给自己定下的目标或成就标准，它是人们进行成就活动的动力，而能否成功则取决于抱负水平的高低与个体的能力水平是否相符，抱负水平过高易产生挫折感，需及时调整使之适合自己的水平且具有挑战性。

4. 改变行为方式

有时受挫并非目标过高，也并非是自己的能力所不及，而是因采取的行为方式不恰当所致。比如，到了大学还沿用着中学时的学习方法，必然会产生许多困惑或惨遭失败，所以要因时、因地、因事而及时调整自己的行为方式方法。

5. 寻求他人的帮助

当自己无力调控时，可以找亲朋好友诉说，减轻压力，寻求支持，重新振作。另外也可以到心理咨询服务中心等专业的心理机构寻求更加科学与理性的帮助。

拓展专栏

学会面对挫折"五不""十要"

"五不"：

1. 每个人都会面临挫折——不要怕；

2. 每次挫折都会过去——不要逃避；

3. 每次挫折都会有收获——不要颓废；

4. 每次挫折都会有转折点——不要绝望；

5. 每次挫折都会有痛苦——不要不可自拔。

"十要"：

第一要沉着冷静，不急不怒。

第二要增强自信，提高勇气。

第三要审时度势，迂回取胜。

第四要再接再厉，锲而不舍。

第五要灵活机动。

第六要寻找原因，理清思路。

第七要情绪转移，寻求升华。

第八要学会宣泄，摆脱压力。

第九要在必要时求助心理咨询。

第十要学会幽默，自我解嘲。

二、情绪的自我管理

有人认为：在漫长的人生中，一个人大约有 1/3 的时间是处于不良情绪的状态中，遇到一点不顺心就会烦躁、生气，受到一点挫折或打击就会忧郁不乐。由于不良情绪会妨碍人的身心健康，影响其学习、工作及人际交往，阻碍个体发展，因此，心理学家积极主张对大学生的情绪进行科学的指导，提倡大学生进行情绪的自我管理，做情绪的主人。情绪的自我管理就是在了解自己的情绪的基础上，通过建立合理的情绪宣泄和科学的情绪调控机制，自觉克服和消除不良情绪的消极影响，保持积极乐观心态的过程。有效的情绪管理将有助于大学生健康成长，也是其成才的必要保障，通常情况下自我管理情绪分三步走，即识别情绪、表达情绪和调控情绪。

(一)识别情绪

识别情绪是管理情绪的前提，要想管理好自己的情绪，首先要体察自己真正的情绪，清楚地了解自己和他人的情绪状态。而情绪是一种非常复杂的心理现象，人们常常体验着情绪，而不能很好地识别与判断情绪。

1. 识别自己的情绪

在生活中，我们常常随着外界事物的变化而产生各种情绪，但不管处于什么情绪状态，我们都应该先停一下，进行冷静地反思，时刻提醒自己注意："我现在的情绪是什么""有没有必要这样"，然后再理智地去感受自己的情绪。

2. 识别他人情绪

他人的情绪是我们情绪的诱发因素，准确地识别他人的情绪有利于我们做出恰当的反应，有助于人际沟通，建立良好人际关系。识别他人情绪最有效的方法是观察表情。表情是人际交往中信息传递的主要媒介，凭借表情，彼此可以相互了解，可以传情达意，达到交往的目的。从某种意义上说，表情比语言更重要，如年轻人向对方传递爱的信息在很多情况下用表情比用语言更微妙，更能打动对方。语言可以心口不一，而察言观色可以发现真实的心理状态。另外，可以通过观察对方生理指标的变化来识别他人情绪。不同情绪状态会导致人的生理指标的改变，如紧张手心会出汗、唾液会减少、呼吸会加快等。

拓展专栏

了解情绪周期

所谓"情绪周期"是指一个人的情绪从高潮期—临界期—低潮期—高潮期，周而复始有规律的变化过程。科学研究证明，人的情绪周期是与生俱来的。从出生那天开始，一般28天一个周期，周而复始。每个周期的前一半时间是高潮期，后一半时间是低潮期，在高潮期向低潮期过度的过程中有2～3天的时间为"临界期"。

人处于不同时期情绪反应不同。当人处在高潮期时，会表现为强烈的生命力、情绪乐观、感情丰富，做事认真有耐心，有心旷神怡之感；而处于情绪低潮期时，则容易悲观、急躁、爱发脾气，易产生反抗情绪，喜怒无常，常感到孤独和寂寞；处于临界期的情绪特点是情绪不稳定，机体各方面协调能力差，容易发生事故。

了解情绪周期及其表现有助于我们更好地了解自己的情绪变化，尤其是女性情绪周期表现更明显。当处于低潮期时要学会坦然接纳消极情绪，用意志力来调节控制自己；对临界期的表现要提高警惕，避免危险作业，让不良情绪对我们的消极影响降到最低。

（二）表达情绪

适当地表达自己的情绪，不仅能够使不良情绪得到释放，维护心理平衡，而且有助于建立和谐的人际关系。但在实际生活中，许多人不愿承认和接受负性情绪，一味地压抑这些不良情绪。有人将人的心理比作一个气球，如果我们压抑的情绪太多了，那么气球会越来越大，当压抑到一定程度时，气球就会爆炸，导致情绪失控。从压抑情绪到不恰当地表达情绪，不仅伤害身心，而且会造成人际关系紧张。那么该如何适当地表达情绪呢？

1. 正面情绪的表达

正面情绪是人人都喜欢的、渴望的、接纳的，恰当地表达正面情绪会强烈地感染别人，一份快乐通过分享会变成两份或多份快乐。如果表达不准确也会造成误会。如一位母亲深情地望着儿子，儿子却胆怯地问母亲自己是不是又犯错误了。可见，无论是用表情还是用语言表达自己的正面情绪，都是要学习和训练的。

课堂实践

正面情绪表达技巧训练

一、活动目的

让学生掌握与人分享正面情绪的方法，与他人进行情感交流，增进友谊。

二、活动步骤

1. 建立小组（6~8人一组）

2. 彼此赞美（要求客观、真诚）

三、活动感悟

1. 每个成员谈谈接受别人赞美的感受。

2. 别人怎么赞美自己比较乐于接受？

3. 虚伪的谄媚和真诚的赞美有什么不同？

2. 负面情绪的表达

负面情绪是我们情绪体系的一部分，负面情绪人人都有，表露负面情绪也并非是丢人的。但要学会理智地表达负面情绪，避免采用责备、抱怨、指责、攻击的方式表达自己的负面情绪。理性而恰当地表达负面情绪，既可以释放压力，避免情绪失控，又可以与人很好的沟通，增加同学之间的融洽与和谐。

拓展专栏

正、负面情绪表达列举

一、正面情绪表达列举

1. 和你在一起我真的很开心。

2. 你这身衣服真漂亮。

3. 你今天看上去真令人喜欢。

4. 你笑得真灿烂，太让人高兴了。

5. 和你一起工作，真让人愉快。

6. 你的主意真妙。

7. 你的见解正中要害。

8. 你对这件事的处理很妥当。

9. 你的顽强精神真让我敬佩。

10. 我很喜欢你，我非常爱你。

二、负面情绪表达列举

1. 你这句话让我很生气。

2. 你这样骂我肯定事出有因，但我真的不能接受，我感到很恼火。

3. 我不喜欢你这样的装束。

4. 你的行为表现让我很不舒服。

5. 你的暴脾气实在让我忍无可忍。

6. 你让我等得很不耐烦。

7. 你的做法让我感到讨厌。

8. 我不喜欢你这么啰唆。

9. 我今天很烦，不想和你出去。

10. 我不喜欢你，我并不爱你。

（三）调控情绪

1. 合理情绪法

合理情绪法是认知疗法的一种，是于 20 世纪 50 年代由美国临床心理学家艾利斯所创立。艾利斯认为人的不同情绪和行为反应来自于人们对压力事件的不同信念，其中合理的信念产生合理的情绪和行为反应，不合理的信念产生不合理的情绪和行为反应。要想改变一个人的不良情绪和行为，可以通过改变他的不合理信念来实现。

艾利斯认为，每个人都要对自己的情绪负责，当人们陷入不良情绪反应时，是他们自己选择了这种情绪，使自己感到不快的，因为个人的信念选择才是关键。例如，母亲生她儿子的气，母亲会认为是因为儿子不听话才使自己生气。但实际上，她对儿子生气这件事，产生于她不合理的信念，即"儿子就应无条件地听母亲的话"，如果她认为儿子是独立的，他可以听母亲的，也可以自己决定，这位母亲就不会生气了。所以，凡有不适当的情绪反应，其背后必有不合理的信念。

合理情绪法调节的重点是改变不合理信念，以合理信念取而代之。即变绝对化为相对化、片面化为全面化、糟糕至极的静止化为发展变化。应认识到"人非圣贤，孰能无过""金无足赤，人无完人"，人不应过分苛求自己和他人，理性的人应学习把事情办得更好，而不是试图去做一个完美的人；理性的人应学会尊重他人、理解他人、体谅他人，而不是要求他人按自己的意志行事；理性的人遇到问题时，会尝试改变或改善周围的环境事物，如果不可能做到这一点，就努力接受这种现实。当人们一件事没有做好时，并不能说明这个人一无是处，应就事论事，人事分开，不能因为一件事而否定一个人的整体价值。另外，人还应学会用发展变化的眼光看待一切，要学会得意时不要忘形、失意时不要绝望。

2. 合理宣泄法

合理宣泄法就是通过恰当的方式和途径来释放心中被长期压抑的不良情绪或表达出自己心中最基本的愿望，以达到心理平衡的目的。常用的合理宣泄法有：

（1）倾诉。培根说过："如果你把快乐告诉一个朋友，将有两个人分享快乐；你把忧愁向朋友倾诉，你将被分掉一半忧愁。"当遇到不愉快的事情时，不要自己一个人生闷气，找个值得信赖的朋友或师长，向他倾诉心中的恐惧、痛苦、烦闷、苦恼、担忧或希望，说出来之后，心情就会轻松很多，如果能得到朋友的理解安慰，内心的压抑就会缓解或消除。

（2）运动。运动是很好的情绪缓解方法之一，因为当人们在沮丧或愤怒时，生理上会产生一些异常现象，如脸部发热等，通过运动，如跑步、打球、打拳等方式，能让紧张郁闷等不良情绪得到缓解。

（3）听音乐。音乐具有强烈的情绪感染力，也是缓解情绪的有效方法之一。当心情不好时，听上一曲自己喜欢的音乐或令人放松的轻音乐，沮丧的情绪就会烟消云散。

（4）其他方法。还有一些情绪发泄方式也很有效，如找个没人的房间大哭一场、大骂一顿或拳打脚踢一阵，宣泄完了，心里感到平衡了，情绪就得到缓解了。或者逛逛街买点自己喜欢的东西，还可以出门旅游，在大自然中使自己的情操得到陶冶。此外，还应培养多方面的兴趣爱好，养成良好的生活习惯等等，这些都有助于保持心理的健康。

3. 注意力转移法

心理学研究表明，大脑不能同时思考两种以上的事情，所以可以通过忘我的工作和学习忘却不快与烦恼。

4. 顺其自然，为所当为法

当你面对恐惧、不安或苦恼这些情绪时，不要把他们当成病态而采取绝对的抵制、回避、压抑或消除的态度，而是争取用接纳的方式，忍受它，努力去做应该做的事，这会使这种不良情绪减轻或消失。如果反其道而行之，不仅不能如愿，反而会徒增烦恼。例如，对人恐惧、见人脸红，越怕脸红，越想阻止脸红，就会越注意自己的表情，越注意越紧张，反而使自己的脸红的感觉持续下去。相反，接受脸红这一事实，带着"脸红就脸红吧"这种态度与人交往，反而能使自己不再注意这种感觉，脸红的感觉也慢慢会消退。

5. 积极的自我暗示法

心理暗示有他人暗示和自我暗示。他人暗示是指由于自己对他人的威望和信任，从而自觉不自觉地接受他人的观念或指导，引起自己的心理状态或行为发生变化。自我暗示是指自己对自己进行的心理暗示。他人暗示必须转化为自我暗示，才能对自己的心态或行为发生影响，否则，其影响效果会比较微弱。

暗示对人有积极的影响，也有消极的影响。积极的心理暗示可以帮助被暗示者稳定情绪、树立自信及增强战胜困难的勇气；消极的暗示却能对被暗示者造成不良的影响。如有的大学生在考试前有一种消极自我暗示："我心里一点没底，我好像要考砸。"这样就会心情紧张，心慌意乱。而如果积极暗示自己："别人和我差不多，别人行，我也一定行。"这样则会心情平静，信心大增。

拓展专栏

暗示的力量——罗森塔尔效应

"罗森塔尔效应"也叫"皮格马利翁效应",产生于美国著名心理学家罗森塔尔的一次有名的实验中:他和助手来到一所小学,声称要进行一个"未来发展趋势测验",并煞有介事地以赞赏的口吻,将一份"最有发展前途者"的名单交给了校长和相关教师,叮嘱他们务必要保密,以免影响实验的正确性。其实他撒了一个"权威性谎言",因为名单上的学生根本就是随机挑选出来的。8个月后,奇迹出现了,凡是上了名单的学生,个个成绩都有了较大的进步,且各方面都很优秀。

显然,罗森塔尔的"权威性谎言"发生了作用,因为这个谎言对教师产生了暗示,左右了教师对名单上学生的能力的评价;而教师又将自己的这一心理活动通过情绪、语言和行为传染给了学生,使他们强烈地感受到来自教师的热爱和期望,变得更加自尊、自信和自强,从而使各方面得到了异乎寻常的进步。

在这里,教师对这部分学生的期待是真诚的、发自内心的,因为他们受到了权威者的影响,坚信这部分学生就是最有发展潜力的。也正因如此,教师的一言一行都难以隐藏对这些学生的信任与期待,而这种"真诚的期待"是学生能够感受到的。

其实,罗森塔尔的这个实验是受到了希腊神话的启发。这个神话的大意是说,塞浦路斯国王皮格马利翁性情孤僻,他善雕刻,孤寂中用象牙雕刻了一座表现他的理想中的女性像,久久依伴,竟对自己的作品产生了爱慕之情。他祈求爱神阿佛洛狄忒赋予雕像生命。阿佛洛狄忒被他的真诚所感动,使这座美女雕像活了起来。皮格马利翁遂称她为伽拉忒亚,并娶她为妻。在这个故事中,皮格马利翁的期待如此真诚,没有这种真诚,自然无法打动爱神。

6. 表情控制法

人的情绪状态影响人的表情,反过来,表情的改变也会使内心的情绪状态发生相应的变化。当人愁眉不展时很难感觉到愉快的情绪,当舒展眉头、翘嘴角、做微笑状,则会有轻松愉快的体验;读伸展身体姿态能振奋精神,而收缩姿势会降低活力;走路昂首挺胸比缩肩驼背更让人有精气神等。我们可以利用这一现象,有意识地改变自己的面部与体态表情来调节自己的情绪。

7. 情志相胜法

情志相胜法是在中医理论指导下,根据我国传统文化和民族心理,运用朴素的古代心理学思想和情志之间相互制约的关系来进行心理调节的方法。

(1)喜伤心,恐胜喜。喜为心志,喜大劲儿会伤心气,可能导致嬉笑不止或疯癫,可让其产生恐惧心理,从而达到控制喜的目的。

(2)恐伤肾,思胜恐。过度或突然的惊恐会使人惶惶不安、提心吊胆、精神涣散、意志不定等，可采取各种方法引导其对有关事物进行思考，制约其过度恐惧。

（3）思伤脾，怒胜思。过思则气结，使人精神倦怠、胸膈满闷、食欲缺乏、脾胃不和等，可激起其愤怒情绪，以冲破郁思，达到调节之目的。

（4）怒伤肝，悲胜怒。怒为肝的情志表达，过怒会表现出肌肉紧张、握持失常、高声呼叫等，可诱使其产生悲伤的情绪，可有效地抑制过怒的心理。

（5）忧伤肺，喜胜忧。悲忧是肺的情志表达，太过会使肺气耗散，而咳喘痰多、胸闷气短、意志消沉、食少而呕等，可设法使之欢喜而战胜忧愁。

心理自测

情绪稳定性自我测验量表

一、测试说明

本量表共有30道题，每个问题都有三种答案可供选择，请根据自己的情况选择最适合你的答案。

1. 看到自己最近一次拍摄的照片，你有何想法？

A. 觉得不称心　　　　B. 觉得很好　　　　C. 觉得可以

2. 你是否想到若干年后会有什么使自己极为不安的事？

A. 经常想到　　　　B. 从来没有想过　　　　C. 偶尔想到过

3. 你是否被朋友、同事、同学起过绰号、挖苦过？

A. 这是常有的事　　　　B. 从来没有　　　　C. 偶尔有过

4. 你上床以后是否经常再次起来一次，看看门窗是否关好？

A. 经常如此　　　　B. 从不如此　　　　C. 偶尔如此

5. 你对与你关系最密切的人是否满意？

A. 不满意　　　　B. 非常满意　　　　C. 基本满意

6. 在半夜的时候，你是否经常觉得有什么值得害怕的事？

A. 经常有　　　　B. 从来没有　　　　C. 偶尔有

7. 你是否经常因梦见可怕的事而惊醒？

A. 经常　　　　B. 从来没有　　　　C. 极少有

8. 你是否曾经有过多次做同一个梦的情况？

A. 是　　　　B. 否　　　　C. 记不清

9. 是否有一种食物使你吃后呕吐？

A. 是　　　　B. 否　　　　C. 记不清

10. 除去看见的世界外，你心里是否有另外一种世界？

A. 是　　　　B. 否　　　　C. 偶尔是

11. 你心里是否时常觉得你不是现在的父母所生？

A. 是　　　　B. 否　　　　C. 偶尔是

12. 你是否曾经觉得有一个人爱你或尊重你？

A. 说不清　　　　　　　B. 否　　　　　　　　C. 是

13. 你是否常常觉得你的家庭对你不好？

A. 是　　　　　　　　　B. 否　　　　　　　　C. 偶尔是

14. 你是否觉得没有人十分了解你？

A. 是　　　　　　　　　B. 否　　　　　　　　C. 说不清

15. 在早晨起来的时候，你最经常的感觉是什么？

A. 忧郁　　　　　　　　B. 快乐　　　　　　　C. 说不清

16. 每到秋天，你经常的感觉是什么？

A. 秋雨霏霏或枯叶遍地 B. 秋高气爽或艳阳天　　C. 不清楚

17. 在高处的时候，你是否觉得站不稳？

A. 是　　　　　　　　　B. 否　　　　　　　　C. 偶尔是

18. 你平时是否觉得自己很强健？

A. 是　　　　　　　　　B. 否　　　　　　　　C. 不清楚

19. 你是否一回家就立刻把房门关上？

A. 是　　　　　　　　　B. 否　　　　　　　　C. 不清楚

20. 当你坐在房间里把门关上时，是否觉得心里不安？

A. 是　　　　　　　　　B. 否　　　　　　　　C. 偶尔

21. 当你需要对一件事做出决定时，你是否觉得很难？

A. 是　　　　　　　　　B. 否　　　　　　　　C. 偶尔是

22. 你是否常常用抛硬币、玩纸牌、抽签之类的游戏来测凶吉？

A. 是　　　　　　　　　B. 否　　　　　　　　C. 偶尔是

23. 你是否常常因为碰到东西而跌倒？

A. 是　　　　　　　　　B. 否　　　　　　　　C. 偶尔是

24. 你是否需用一个多小时才能入睡，或醒得比你希望的时间早一小时？

A. 经常这样　　　　　　B. 从不这样　　　　　C. 偶尔这样

25. 你是否曾看到、听到或感觉到别人觉察不到的东西？

A. 经常这样　　　　　　B. 从不这样　　　　　C. 偶尔这样

26. 你是否觉得自己有超越常人的能力？

A. 是　　　　　　　　　B. 否　　　　　　　　C. 不清楚

27. 你是否曾经觉得因有人跟你一起走而心里不安？

A. 是　　　　　　　　　B. 否　　　　　　　　C. 不清楚

28. 你是否觉得有人在注意你的言行？

A. 是　　　　　　　　　B. 否　　　　　　　　C. 不清楚

29. 当你一个人走夜路时，是否觉得前面潜藏着危险？

A. 是　　　　　　　B. 否　　　　　　　C. 偶尔

30. 你对别人自杀有什么想法？

A. 可以理解　　　　B. 不可思议　　　　C. 不清楚

二、评分方法

以上各题的答案，凡选 A 得 2 分，选 B 得 0 分，选 C 得 1 分。请将各题得分相加，算出总分。

三、结果分析

0～20 分：表明你情绪稳定，自信心强，具有较强的美感、道德感、理智感，你有一定的社会活动能力，能理解周围人们的心情，顾全大局，你一定是个性情爽朗、受人欢迎的人。

21～40 分：说明你情绪基本稳定，但较为深沉，对事情的考虑过于冷静，处事淡漠消极。你的自信心受到压抑，办事热情忽高忽低，瞻前顾后，踌躇不前。

41～50 分：说明你的情绪极不稳定，日常烦恼太多，使自己的心情处于紧张和矛盾之中。

51 分以上：这是一种危险信号，请务必找心理医生作进一步咨询。

专题讨论

1. 以自己或身边的人为例，谈谈情绪对健康的影响。

2. 挫折对人的影响是利大于弊还是弊大于利。

阅读欣赏

1. 克里斯托弗·彼德森. 积极心理学[M]. 徐红译. 北京：群言出版社，2010.

2. 夏苏末. 北大情绪掌控课[M]. 北京：民主与建设出版社，2015.

3. 和力. 微表情与心理学　我们的身体会说话[M]. 北京：中华工商联合出版社，2016.

4. 牧之. 心理暗示的力量[M]. 北京：电子工业出版社，2012.

5. 心理佳片：《以怒制怒》[美]

6. 心理佳片：《lie to me》[美]

7. 心理佳片：《读心神探》

第八章　学海无涯　书山有路

——大学生的学习与发展

学习这件事不在于有没有人教你，最重要的是在于你自己有没有觉悟和恒心。

——[法]法布尔

学习作为大学生活的一项重要内容，是众多学生关注的焦点。面对学习，有些学生充满了困惑，觉得自己不喜欢自己的专业，找不到学习的兴趣点，学习动机缺失，等等。这些问题是每一个大学生都会面临，每个人对这些问题的重视程度不同、思考的结果不同，都会直接影响这个学生将怎样度过大学阶段，会成为什么样的人才，将以什么样的面貌步入社会。

大学阶段的学习关系到未来职业的选择和自我价值的实现，这个阶段的学生处于智力水平最高、求知欲最旺盛、学习能力最强的时期，尽快解决好有关学习的问题，找到适合自己的学习策略，对维护大学生的心理健康，建立完善人格，拥有精彩的大学生活和实现自己的人生价值都具有重要的意义。

案例导读 ▶

我该怎样学习

张军上大学已有半年时间，每天的生活过得逍遥自在。每次上课他总是坐在老师看不见的地方，除了玩手机就是睡觉，晚自习时间不是在篮球场尽情挥洒，就是在寝室玩电脑游戏。在外人看来，张军活得自由自在，可是他自己却有说不出的苦恼。高中作为尖子生的他，到了大学，一提学习就打不起精神；对于未来，想干什么，能干什么，怎么准备，他自己也不清楚，日子就在混沌中度过。

思考讨论：

1. 你有没有与张军类似的经历？对于学习你能给他一些合理的建议吗？

2. 大学和高中的学习存在各方面的差异，这些差异是否给你的学习造成了困扰？你是怎样应对的？

第一节　学习概述

一、学习的概念

(一)什么是学习

生活中我们常使用"学习"一词，但平时我们所说的学习一般指的是知识与技能的学习，而心理学关于学习的界定远远超出了我们平时所理解的范畴，而且关于学习概念有种种界定，但较为广泛接受的定义是："学习(learning)是指个体在适应环境过程中，通过练习或反复经验而产生的行为或行为潜能方面比较持久的变化。"

(二)学习的特点

1. 学习以行为或行为潜能的改变为标志

学习行为有的可以通过外显的行为表现出来，如写字、阅读、游泳、开车等；而有的学习行为不一定能在人的当前行为中立刻表现出来，如信念的建立、"三观"的形成、人格的养成等。此外，人类的学习不仅仅是为了适应环境、认识世界，还要提高征服自然与环境的素质，进一步改造世界。为了达到这一目的，人类主动地探索各种有效的认识世界的方法、学习的方法，并通过认识、经历、体验、获得感悟，进行自我改变，从而转化为人类自身征服自然、改造世界的能力。因此，人类的学习不是单纯的记忆和背诵，而是在自己头脑中建构属于自己的知识、方法和技能体系的过程。

2. 学习由练习或反复经验引起

这里所说的经验不是通常我们所说的总结出来的经验，而是指经历，是个体通过活动获得经验的过程。它不仅包括个体的练习，而且包括个体和环境之间不断相互作用。一方面，外界环境信息要想对个体产生影响，需要以个体已有的知识、技能、态度为基础；同时外界环境信息对个体产生影响又使个体经验不断丰富与发展。本能、疲劳、适应、成熟等也能引起行为变化，但不是学习。如遇火缩手是本能引起的适应活动，不能叫学习；运动员在长跑中速度越来越慢是由疲劳引起的，也不是学习；个体的成熟与衰老也会使行为产生变化，这种变化是由机体的生理发展引起的，也不是学习。但个体发展中学习和成熟往往相互作用，只有个体达到一定的成熟程度，经验才会发生作用。如儿童学习语言，其中既有成熟的作用，也有学习的结果，因为儿童只有到了一定的年龄才能理解语言进而表达语言，这是由生理成熟决定的，但如果没有外在的语言环境，如成人的教和儿童的语言模仿，儿童就不可能有正常的语言表达，这又是学习的作用。

3. 学习引起的变化是相对持久的

由一些因素引起的暂时性变化，如疲劳、疾病、药物、偶然的刺激等，也会引起人的行为的改变，但这种行为改变是暂时的，当这些因素消失后，相应的行为变化也就停止了，这种暂时性的行为变化不是学习。学习引起的无论是行为上的变化还是行为潜能的改变都是相对持久的。

(三)学生的学习

学习有广义、次广义、狭义之分。广义的学习是指人和动物的学习，次广义的学习指人类的学习，狭义的学习专指学生的学习。人类的学习和动物的学习有着本质的区别。主要表现在：一是人类的学习除了要获得个体的行为经验外，还要掌握人类积累起来的社会历史经验和科学文化知识；二是人类的学习是通过语言为中介进行的；三是人类的学习在很大程度上是有目的的、自觉的、主动的适应环境的过程。

1. 什么是学生的学习

学生的学习是人类学习的特殊形式,特指在学校情境中,在教师指导下,有目的、有计划、有组织的在一定时间内通过一定方式,系统地掌握人类积累起来的文化知识,发展智能,形成行为习惯和道德品质,促进人格发展的过程。其学习内容大致可以分为三个方面:知识的掌握和技能的形成;智能的开发和非智力因素的培养;行为习惯的养成和道德品质的培养。

2. 学生学习的特点

(1)以系统学习人类积累起来的间接经验为主。学生在学校中的学习主要是接受前人的经验,学习书本知识,而不是亲身去发现经验,因此,所获得的知识是一种间接经验,具有间接性。

(2)是在教师指导下有目的、有计划、有组织地进行的。学校教育是指教育者根据一定的社会需要,遵循受教育者身心发展规律,有目的、有计划、有组织地引导受教育者主动学习,积极进行经验的改组和改造,促使他们提高素质、健全人格的一种活动,学生的学习也自然体现了学校教育其中的特点。

(3)学生学习的主要任务是掌握系统的科学知识、技能,形成科学的世界观和良好的道德品质。教师的根本任务是教书育人,在教给学生知识的同时,对学生进行思想品德教育,引导学生形成正确的世界观。

(4)具有主动建构性和一定程度的被动性。学生的学习与人类学习一样,是把外界信息和人类积累起来的经验通过自身主动建构的过程。但他们的学习又不只是为了适应当前的环境,更是为了适应将来的环境和社会,所以当学生意识不到他当前的学习与将来发展的关系时,就会有被动学习的状态,需要教师用各种方法来激发学生的学习动机,提高其学习的积极性、主动性。

二、影响学习的心理因素

(一)学习动机

1. 什么是学习动机

学习动机是指直接推动人进行学习活动的内在动力,它是激励学生进行学习活动的心理因素。

学习动机源于学习需要,具有学习动机并保持一定的强度,是学生得以进行有效学习的必要条件。

2. 学习动机的分类

(1)根据动机的来源不同,可将学习动机分为内部(学习)动机和外部(学习)动机。

内部动机(intrinsic motivation)是指由个体内在的需要引起的动机,如学生的学习兴趣、提高自己能力的愿望等因素,能促使学生积极主动地学习。外部动机(extrinsic motivation)是指个体由外部诱因所引起的动机，如为了得到教师或父母的表扬、奖励而努力学习，他们学习的动机不在学习活动本身，而在学习活动之外。内部动机可以促使学生具有自主性、自发性，使学生有效地进行学校中的学习活动。当然，内部学习动机和外部学习动机的划分不是绝对的，任何外在的力量都必须转化为个体内在的需要，才能成为学习的推动力，从这个意义上说，外部学习动机的实质仍然是一种学习的内部动力。我们也不能忽视外部学习动机的作用。教师一方面应逐渐使外部动机作用转化成内部动机作用，另一方面又应利用外部动机作用，使学生已经形成的内部动机作用处于持续的激发状态。

（2）根据美国心理学家奥苏伯尔（D. Ausubel）的学习理论将学习动机分为认知内驱力、自我提高内驱力及附属内驱力。

所谓认知内驱力就是指学生渴望认知、理解和掌握知识以及陈述和解决问题的倾向。认知内驱力源于学生的好奇心，引起个体探究、操作、理解和应付环境的心理倾向。这些心理倾向最初都是潜在的动机因素，它们本身既无内容也无方向。这些潜在的动机能够转变为实际的学习动机受两个方面因素的影响：一是成功的学习结果会导致学生对未来能取得更为满意结果的预期；二是家庭和社会有关人士的影响。值得重视的是，认知内驱力作为内部动机，往往会因注重竞争分数、计较名誉或担心失败等外部动机而削弱了，一味奖励会使学生把奖励看成学习的目的，导致学习目标的转移，而只专注于当前的名次和奖赏物，这在心理学上称作"德西效应"。因此，教学必须重视认知和理解的价值，使学生对认知本身感兴趣，而不应把奖励作为首要目标。

拓展专栏

德西效应

心理学家德西在1971年做了一个专门的实验。他让大学生做被试，在实验室里解有趣的智力难题。实验分三个阶段。第一阶段所有的被试都无奖励；第二阶段将被试分为两组，实验组和控制组，实验组的被试完成一个难题可得到1美元的报酬，而控制组的被试跟第一阶段相同，无报酬；第三阶段为休息时间，被试可以在原地自由活动，并把他们是否继续去解题作为喜爱这项活动的程度指标。

实验组（奖励组）被试在第二阶段确实十分努力，而在第三阶段继续解题的人数很少，表明兴趣与努力的程度在减弱，而控制组（无奖励组）被试有更多人花更多的休息时间来继续解题，表明兴趣与努力的程度在增强。

德西在实验中发现：在某些情况下，人们在外在报酬和内在报酬兼得的时候，不但不会增强工作动机，反而会降低工作动机。此时，动机强度会变成两者之差。人们把这种规律称为德西效应。这个结果表明，进行一项愉快的活动（即内感报酬），如果提供外部的物质奖励（外加报酬），反而会减少这项活动对参与者的吸引力。

自我提高内驱力是一种通过自身努力，胜任一定的工作，取得一定的成就，从而赢得一定的社会地位的需要。显然，自我提高内驱力属于外部的、间接的学习动机。但是也不能因此忽视自我提高内驱力的作用，它的作用时间往往比认知内驱力还要长久。认知内驱力往往随着学习内容的变化而变化，当学习的内容不能激发起学生的认知兴趣时，认知内驱力就要下降或转移方向，而自我提高内驱力指向的是较为远大的理想或长期的奋斗目标，会成为鞭策学生努力学习、持续奋斗的长久力量。因此，在教学中培养学生树立崇高的理想和远大的抱负，激发学生的自我提高内驱力，也是促使学生保持长久学习动机的有效措施。

附属内驱力是指个人为了得到长者或权威的赞许或认可而表现出来的一种把学习或工作做好的需要。对于学生来说，附属内驱力表现为，学生为了赢得家长或教师等人的认可或赞许而努力学习、取得好成绩的需要。附属内驱力的产生有两个条件：一是有学生认可的长者或权威人物对其学习结果进行评价；二是从长者或权威人物的认可和赞许中也会获得一种派生的地位。但这种地位与自我提高内驱力所赢得的一定的社会地位不同，它不是由学生本人的能力或成就水平决定的，而是从他追随或依附的长者或权威人物所给予的赞许中引申出来的。

三种内驱力有比较明显的年龄特征。在中小学生身上，小学低年级学生附属内驱力是成就动机的主要成分，随着年龄的增长和独立性的增强，附属内驱力在强度上有所减弱，到了中学阶段，来自同伴的赞许或认可将激发中学生形成强烈的自我提高内驱力。进入高中或大学后，随着认知能力的发展，职业定向的稳定，认知内驱力将成为学习的主要动机因素。

3. 学习动机与学习效果的关系

研究表明，动机对行为效率的影响取决于两个要素，一是取决于动机本身的强弱，二是取决于个体行为的质量。一般来说动机的强度越高对行为的影响越大，学习效率也越高；反之，动机强度越低则学习效率越低。但是心理学研究表明，动机强度与学习效率之间的关系不是一种线型关系，而是倒 U 型曲线关系。中等强度的动机最利于任务的完成，也就是说，动机强度处于中等水平时，学习效率最高，一旦动机强度超过了这个水平，对行为反而会产生一定的阻碍作用。比如学习动机太强，会产生焦虑和紧张，干扰了思维和记忆活动的顺利进行，使学习效率降低。考试中的"怯场"现象就是动机过强的结果。

心理学家耶克斯和多德森(Yerkes, & Dodson, 1908)的研究表明，各种活动都存在一个最佳水平。动机不足或过分强烈，都会使工作效率下降。研究还发现，动机的最佳水平随任务性质的不同而不同。在比较容易的任务中，工作效率随动机的提高而上升；随着任务难度的增加，动机的最佳水平有下降的趋势。也就是说，在难度较大的任务中，较低的动机水平反而有利于任务的完成，这就是耶克斯—多德森定律(图 8-1)。

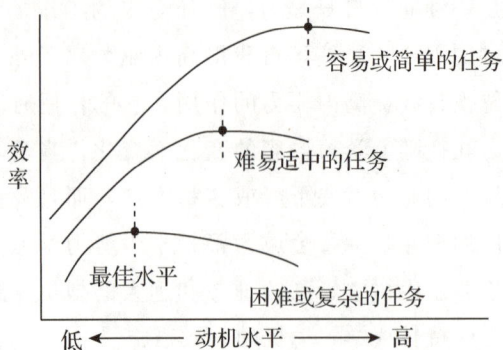

图 8-1　动机强度、任务难度和工作效率的关系

学习动机是学习积极性的核心内容，学习积极性实际上是学习动机的具体表现，因此，提高学习积极性的中心问题是培养学生的学习动机问题。

学习兴趣是推动学生学习的有效动力，是学习动机中最现实、最活跃的心理成分，是提高学习积极性最直接的因素，是学习得以发生、维持和完成的重要条件。

(二)原有知识

一种学习对另一种学习的影响，在心理学的研究中称为迁移，学习迁移的实质是原有知识在新的学习情景中的运用，原有知识的特点影响学习迁移的效果。

1. 原有知识的巩固程度

原有知识如果不够巩固，则很难与新的学习建立联系，原有知识越巩固，越容易促进新的学习。学生可以依据记忆的规律，通过科学复习、及时增强原有知识的巩固性。

2. 原有知识的概括性

同化与顺应是皮亚杰从生物学移植到心理学和认识论中的概念。根据皮亚杰的观点，在认识过程中，同化是把环境因素纳入主体已有的图式之中，以丰富和加强主体的动作，引起图式力量的变化；顺应则是主体的图式不能同化客体，必须建立新图式或调整原有图式，引起图式的质的变化，使主体适应环境。皮亚杰对同化和顺应所下的定义是："刺激输入的过滤或改变叫作同化；内部图式的改变以适应现实叫作顺应。"

奥苏伯尔的认知结构同化论进一步认为，当学习新知识时，如果在学生原有知识结构中找到可以同化新知识的内容，那么原有知识结构对当前的学习就有更强的可利用性。奥苏伯尔认为原有知识的可利用性是影响新的学习的重要因素，包容范围更大的、概括性更高的、上位的原有知识对新的学习作用更大。

3. 原有知识的可理解性

人们依据已有的经验对所学的知识进行加工处理，并用言语把它揭示出来，即是理解。如果学生的原有知识是没有理解、囫囵吞枣而机械学习获得的，或者对原有知识理解不准确，那么当学习新知识时就很难辨识新旧知识之间的异同，也就无法顺利将新知识纳入到原有知识的结构中去。

建构主义学习理论的学习观认为，学生不是信息的被动接受者，而是会主动建构自己的知识经验，这种建构是在原有知识经验的基础上实现的，所以每个人对相同的信息也会形成各自不同意义的建构，即使在同一堂课上，不同的学生收获会不一样。如果学生在课前进行预习，将发现的问题和涉及的原有知识进行归纳和理解，那么在课堂上就会思路清晰，能更快地抓住问题的关键，并将新知识与原有知识建立联系，将会大大提高学习效率。

(三)学习策略

学习策略是学习者为最有效地实现学习目标，自觉地对学习活动及其要素进行调控和策划的谋略。学习策略与学习方法属于不同层次的范畴，学习方法更直接、具体、单一，而学习策略有一定的概括性。从理论上讲，学习方法属于"战术"的范畴，学习策略属于"战略"的范畴。掌握科学的学习策略是提高学习效率的重要因素。

一般认为，学习策略包括认知策略、元认知策略和资源管理策略(图 8-2)。

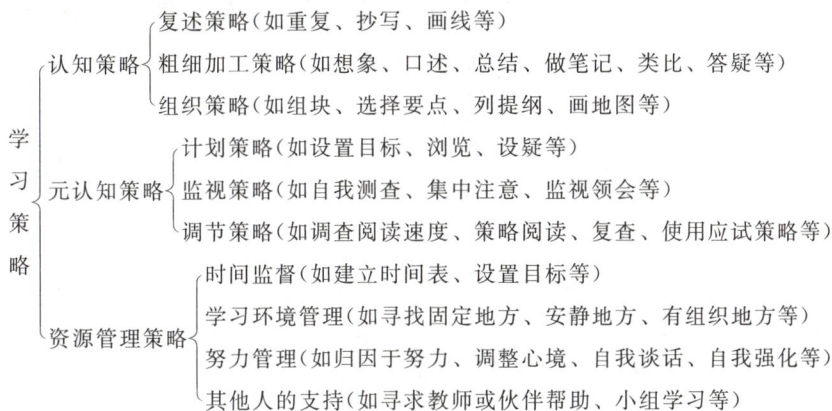

```
          ┌ 复述策略(如重复、抄写、画线等)
    认知策略┤ 粗细加工策略(如想象、口述、总结、做笔记、类比、答疑等)
          └ 组织策略(如组块、选择要点、列提纲、画地图等)
学
习    ┌ 计划策略(如设置目标、浏览、设疑等)
策  元认知策略┤ 监视策略(如自我测查、集中注意、监视领会等)
略    └ 调节策略(如调查阅读速度、策略阅读、复查、使用应试策略等)
          ┌ 时间监督(如建立时间表、设置目标等)
    资源管理策略┤ 学习环境管理(如寻找固定地方、安静地方、有组织地方等)
          │ 努力管理(如归因于努力、调整心境、自我谈话、自我强化等)
          └ 其他人的支持(如寻求教师或伙伴帮助、小组学习等)
```

图 8-2 学习策略分类

(四)个性品质

1. 能力

人的能力是各种各样的，按照能力表现的范围可分为一般能力、特殊能力。一般能力就是我们平时所说的智力，是指顺利完成各种活动所必需的基本能力，包括观察力、注意力、记忆力、思维力、想象力等，其中，抽象思维能力是智力的核心因素。通常我们所说的一个人聪明与否，就是指一般能力，如果一个人聪明，特别是抽象思维能力强，学习效果就会更好。特殊能力是指在某种专业活动中所表现出来的能力，它是顺利完成某种专业活动的心理条件。如画家的色彩鉴别力、形象记忆力以及音乐家的音乐表现能力、区别节奏的能力等，均属于特殊能力，学生学习音乐、美术等都需要特殊能力。

2. 学习风格

学习风格是学习者持续的带有个性色彩的学习方式。学习风格包含生理、心理、社会等多方面的因素，其中心理因素中的认知、情绪、意志等是对学习影响显著的因素。

（1）认知风格影响学习效果。认知风格也称认知方式，指个体偏爱的加工信息方式，表现在个体对外界信息的感知、注意、思维、记忆和解决问题的方式上。认知方式主要有场独立型与场依存型、冲动型与沉思型。

场独立型与场依存型这两个概念来源于美国心理学家赫尔曼·威特金对知觉的研究。第二次世界大战期间，威特金为了研究飞行员怎样调整身体的位置，专门设计了一种可以摇摆的座舱，舱内置一座椅。当座舱倾斜时，被试可调整座椅，使身体保持垂直。研究发现，有些被试主要利用来自仪表的视觉线索，才能使自己的身体恢复垂直，威特金将他们的知觉方式称为场依存型。另一些人则主要利用来自身体内部的线索，尽管座舱倾斜，仍能使身体保持垂直，这种称为场独立型。后来的研究发现，场独立型与场依存型是两种普遍存在的认知方式。场独立型者对客观事物作判断时，倾向于利用自己内部的参照，不易受外来因素影响和干扰，在认知方面独立于周围的环境，倾向于在更抽象和分析的水平上加工，独立对事物做出判断。场依存型者对物体的知觉倾向于以外部参照作为信息加工的依据，难以摆脱环境因素的影响，他们的态度和自我知觉更易受周围的人，特别是权威人士的影响和干扰，善于察言观色，注意并记忆言语信息中的社会内容。

场独立型、场依存型与学生的学习有着密切的关系。研究表明，场独立型学生一般偏爱自然科学、数学，且成绩较好，两者呈显著正相关，他们的学习动机往往以内在动机为主。场依存型学生一般较偏爱社会科学，他们的学习更多地依赖外在反馈，他们对人比对物更感兴趣。场独立型者善于运用分析的知觉方式，而场依存型者则偏爱非分析的、笼统的或整体的知觉方式，他们难以从复杂的情境中区分事物的若干要素或组成部分。

表 8-1 场依存型者与场独立型者的学习特点

项目	场依存型者	场独立型者
学习兴趣偏好	人文、社会科学	理科、自然科学
学习成绩倾向	理科、自然科学成绩不理想，人文、社会科学成绩较好	理科、自然科学成绩较好，人文、社会科学成绩欠佳
学习策略特点	易受暗示，学习欠缺主动性，由外在动机支配	独立自觉学习，由内在动机支配
教学方式偏爱	结构严密的教学	结构不严密的教学

此外，场独立型与场依存型学生对教学方法也有不同偏好。场独立型学生易于给无结构的材料提供结构，比较易于适应结构不严密的教学方法。反之，场依存型学生喜欢有严密结构的教学，因为他们需要教师提供外来结构，需要教师的明确指导与讲解。

冲动型和沉思型最初由卡根（Jerome Kagan）及其同事在有关认知速度的研究中提出。他们在对儿童的认知风格进行研究时发现，冲动型的学生在解决认知任务时，总是急于给出问题的答案，而不习惯对解决问题的各种可能进行全面思考，这类学生解决问题的速度较快，但错误率也高；沉思型的学生在解决认知任务时，总是谨慎、全面地检查各种假设，在确认没有问题的情况下才会给出答案。这类学生认知问题的速度较慢，但错误率较低。冲动与沉思的标准是反应时间和精确性。

（2）情绪状态影响学习效果。情绪状态是学习的动力因素，通常情况下，积极的情绪状态（如愉快）利于提高学习效率，但如果不适度也可能会降低学习效率；消极的情绪也有利于学习的部分，如适度的焦虑。不论是积极的还是消极的情绪对学习效率的影响如何，都要看情绪的水平。以焦虑为例，焦虑水平的高低直接影响着学习状态。一般情况下，焦虑水平与学习效率之间呈倒 U 型关系，即中等水平的焦虑有利于学习效率的提高，过高或过低的焦虑水平都是对学习不利的（图 8-3）。

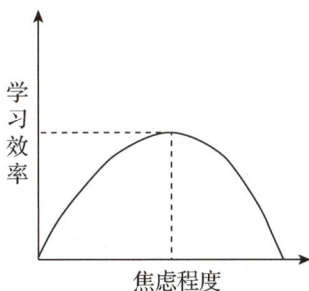

图 8-3 焦虑水平与学习效率的关系

（3）意志品质影响学习效果。意志是行动的保障，没有顽强的意志，注定无法攀登学业高峰。衡量一个人的意志一般从自觉性、果断性、自制性、坚持性四个方面来评判，心理学称之为意志品质。个体在这些方面表现出较大的差异，具有良好意志品质的人表现在学习上，能自觉主动地去确定学习任务，迅速做出利于学习的决定，并且尽快采取行动，自觉抵制干扰学习的诱惑，坚持到底，达到较好的学习效果。

3. 自我意识

自我意识是主体的我对自己以及自己与周围事物的关系的认识。自我意识包括三种成分：一是自我认知，即个体对自己的心理特点、人格特征、能力及自身社会价值的自我了解与自我评价；二是自我体验，即自豪感、自尊感、自卑感等；三是自我监控，即对自己的意志的控制，如自我检查、自我监督、自我调节等。个体对自己的学习情况的认知，由此产生的自我体验以及自我调控的水平都影响着他们的学习方向、努力程度、创新精神等，也都影响着学习成绩。

此外，还有外部环境影响学生的学习，比如，人际关系因素，教师与学生、学生与学生形成的以情感为特征的相互关系，都影响学生的学习状态和效果；教师的领导方式也影响学生的学习，民主型的领导方式比专断型和放任型的更利于提高教学效率。

拓展专栏

智力类型与学习风格匹配表，如表8-2所示。

表8-2　智力类型与学习风格匹配表

智力类型	优势特点
语言词汇型	喜欢阅读和写作；有很好的听觉能力；记忆力好；擅长倾听和表达；喜欢听老师讲课；喜欢与别人讨论学习到的东西
逻辑数学型	喜欢数学；喜欢研究图形和它们之间的关系；认为用逻辑推理来解决问题很有条理；分类知识，利用抽象思维找到一般学习规律的方式学习效果最好
视觉空间型	喜欢形象思维；视觉空间感强；在学习过程中，如果有图片和形象的东西存在，学习效果会更好
音乐旋律型	喜欢音乐；对声音、节奏敏感；利用优美的音乐旋律学习效果最好
肢体运动型	喜欢运动；擅长精细操作；身体协调性好；有身体参与的学习效果最好
自我交流型	喜欢独处；能意识到自己的优缺点；有独立、创造性的思维，喜欢反思；独立学习效果比与大家一起学习的效果好
人际交流型	喜欢结交朋友；参与社会活动；通过叙述、分享和参与合作的形式学习效果最好

三、学习与心理健康

(一)学习对心理健康的影响

1. 学习能够发展智力，挖掘潜能

每个人都有与生俱来的学习潜能，但学习潜能只有通过后天的学习才能够被有效地挖掘。大学生要学会利用学校学习资源的优势，有效地学习，使学习过程终身化。在学习过程中提高自己的智力，开发自己的各项潜能。

2. 学习能够带来愉悦，获得满足

大凡取得成就的人都是热爱学习的人，把学习作为生活中不可或缺的一部分，通过学习获得成绩，得到周围人的认可和赞赏，从而发现自己的价值，收获情感的

愉悦和满足。

3. 学习能够扩大交往，学会合作

课堂内外，常常见到一些三五成群的学习者，或交流、或讨论、或争辩，在解决学习难题中扩大了交往，在合作学习中获得友谊。"独乐乐不如众乐乐"，学习扩大了交往范围，形成了正确的认知观念，丰富了自我意识。

4. 学习能够磨炼意志，提升品质

学习是一项需要耐心、坚持的活动，学习行为养成的过程磨炼了意志力，提升了学习行为的自觉性，这些良好的品质也提高了学生从事其他活动的效率。

(二)心理健康对学习的影响

许多研究表明：学生的学习成就和智力之间并不存在一一对应的关系，但是在学习成绩方面，学习动机、学习兴趣、情绪、态度、意志力等心理因素对学习有着重要的影响作用。因此，良好的心理健康状况，如正常的智力、和谐的人际关系、稳定乐观的情绪、坚强的意志、良好的个性、正确的自我意识等，是学生学习活动的重要保障。心理健康状况不佳会在不同程度上影响学生的学习。

第二节　大学生的学习

一、大学生学习的特点

(一)学习方式特点

1. 自主性

自主性学习是指学生能够根据自身认知水平和需要，自主确立学习目标，选择适合自己的学习方法，自觉调控学习状态，并能做出有效自我评价的学习行为。中学阶段主要是老师领着学，甚至是家长督促学。进入大学阶段，学生的生活更加丰富多彩，从大学入学的第一天起，就要对大学四年有一个正确的认识和规划。为了在毕业时找到自己最喜爱的工作，明确自己的发展方向，奠定未来成功的基础；大学生有了更多的自由支配的时间，需要做好规划；大学课堂老师注重难点重点的讲授和学习方法的指导，不会面面俱到，大学生要培养自学能力，学会自主学习；大学阶段老师不再每天布置作业安排复习，大学生要自己做好安排，自我控制，自我激励，主动自觉地去完成学习任务。

2. 合作性

合作学习(Cooperative Learning)又称为小组学习，是20世纪70年代初兴起于美国的一种教学理论及策略体系，由格拉瑟(W. Glasser)提出。它以现代社会心理学、教育心理学、认知心理学、人本主义心理学等为理论基础，以研究与利用课堂

教学中的人际关系为基点，以目标设计为先导，以学生合作为基本动力，以小组活动为基本教学方式，以团体成绩为评价标准，以标准参照评价为基本手段，以大面积提高学生的学习成绩、改善班级内的社会心理气氛、形成学生良好的心理品质和社会技能为根本目标，以短时、高效、低耗、愉快为基本品质的一系列教学活动的统一，是一种极富创意与实效的教学理论与策略体系。

萧伯纳说："你有一个苹果，我有一个苹果，彼此交换一下，我们仍然是各有一个苹果；但你有一种思想，我有一种思想，彼此交换，我们就都有了两种思想，甚至更多。"小组成员的分享丰富了每个人的思想，成员之间思想的碰撞发出的火花更可能会促成新的发现。这种合作学习得以顺利进行是以小组成员之间顺畅的对话交流为基本条件的，而对话交流锻炼每个成员多方面的能力。比如，简练准确地表达自己观点的能力，倾听并准确理解他人观点的能力，发散与创新的能力，综合多方面观点的能力等合作学习，还可以培养成员的主动参与及竞争意识、平等及合作的意识、谦虚的态度、尊重他人的良好品质等多方面的素质。

值得重视的是，合作学习的组织要有充分准备，要有目标、有实施、有总结、有评价，避免出现小组讨论变成各干各的、责任扩散，也要避免出现激烈争吵、人身攻击、个人垄断意见等现象。

课堂实践 ⏰

世界咖啡活动卡片

一、活动目的

通过对话或集体交流的方式，营造一种安全、和谐的氛围，针对一个或多个主题，创造一种集体智慧。

二、活动过程

小组由5～9人组成，主题设置为多个，小组成员除了参与本组交流外，可以在其他小组自由走动，观摩其他小组的讨论或提问，将观摩或思考的观点补充到本小组，完善本小组的活动主题。

三、活动示例

1. 本桌会谈主题：＿＿＿＿＿＿＿＿＿＿＿＿＿＿＿＿＿＿＿＿＿＿＿

2. 你贡献的观点：＿＿＿＿＿＿＿＿＿＿＿＿＿＿＿＿＿＿＿＿＿＿
＿＿＿＿＿＿＿＿＿＿＿＿＿＿＿＿＿＿＿＿＿＿＿＿＿＿＿＿＿＿

3. 你们小组的观点：

①＿＿＿＿＿＿＿＿＿＿＿＿＿＿＿＿＿＿＿＿＿＿＿＿＿＿＿＿＿＿

②＿＿＿＿＿＿＿＿＿＿＿＿＿＿＿＿＿＿＿＿＿＿＿＿＿＿＿＿＿＿

③＿＿＿＿＿＿＿＿＿＿＿＿＿＿＿＿＿＿＿＿＿＿＿＿＿＿＿＿＿＿

④＿＿＿＿＿＿＿＿＿＿＿＿＿＿＿＿＿＿＿＿＿＿＿＿＿＿＿＿＿＿

⑤＿＿＿＿＿＿＿＿＿＿＿＿＿＿＿＿＿＿＿＿＿＿＿＿＿＿＿＿＿＿

4. 你的"淘宝"收获：

① _____

② _____

③ _____

5. 本次学习感受、建议和行动：

① _____

② _____

③ _____

④ _____

3. 探究性

探究学习是由美国芝加哥大学教授施瓦布(Schwab)于 1961 年在哈佛大学所作的报告《作为探究的科学教学》中首次提出的。探究学习是在学生主动参与的前提下，根据自己的猜想或假设，在科学理论指导下，运用科学的方法对问题进行研究，在研究过程中获得创新实践能力、获得思维发展、自主构建知识体系的一种学习方式。其优势主要有：学习者通过探究活动生成知识；学习者通过亲身活动发现答案；鼓励发散性和创造性思维；强调高级思维技巧，如分析、综合和评价；学习者运用多种多样的方式，如图形、图表等，组织和分析他们获得的数据，使研究技能与知识掌握统合起来；学习者不仅能获得更多的科学知识，而且还能亲身发展科学知识，同时能更好地理解科学的本质。

随着大学生知识的积累、经验的丰富，特别是分析判断推理、自我控制能力、自主学习能力的提高，他们已经具有了进行探究学习的能力，教师要给大学生适当引领、支持。

(二)学习内容特点

1. 专业定向性

大学生是入职前最后一次系统性地接受教育，大学为社会培养专业人才，社会劳动分工和高等教育的专业性决定了大学生专业定向的必然性。大学生入学前后必须选择自己的专业，选择的依据主要是自己的兴趣、自己在专业上的积累与优势、未来就业的前景等。如果这些方面出现不一致，大学生需要明确自己选择的首位依据是什么，比如，首先考虑就业前景，结果选择了自己不感兴趣的专业，那么今后的学习能否顺利坚持。各个专业之间的课程设置、内容安排、培养目标都存在较大的差异，都影响着大学生的知识结构和专业能力，都使大学生向着更专业的方向成长。大学阶段学习难度大，对学习能力要求高，因此需要大学生有较好的学习能力和稳定的兴趣、良好的意志等多方面的基础，更具体细致的目标是在研究生学习期间甚至将来工作以后才能确定的。

2. 内容广泛性

社会需要的人才不仅要懂专业，而且要有多方面的能力，如表达能力、交往能力、管理能力、动手能力、创新能力、竞争能力及跟专业工作相关的各种技术等。大学生在大学期间，既要学专业，也要涉猎多种课程。中学阶段各年级开设的主要课程基本相同，大学开设的课程数量大幅增加，不论是专业课还是通识课、选修课都会在不同的年级新增大量新的课程，整个大学阶段一般也需要完成几十门课程的学习。大学生即将走上社会，从事具体工作，不仅需要理论知识，更需要实际操作能力，因此大学生既要学习书本知识，又要锻炼实践能力。

(三)学习途径多元性

大学的学习途径具有多元性、开放性，除课堂教学外，社会实践、论文研究、网络学习等都是大学生学习的重要途径。

1. 线上学习

大学是一种成人式教育，大学生不必紧跟老师的步调被动地学习。老师们会更注重讲解重点和难点，而且涉及内容范围广，一堂课老师有时涉及教材中几十页的内容，在旁征博引中给学生们以启发式的教育和引导，有时会把自己的科研成果引入教学之中。所以要想吃透课堂上的内容，就需要培养自学的习惯和能力，拓展专业领域的视野。就像著名的科学家钱伟长所讲的那样："一个人在大学四年里，能不能养成自学的习惯、学会自学的习惯，不但在很大程度上决定了他能否学好大学的课程，把知识真正学通、学活，而且影响到大学毕业以后，能否不断地吸收新的知识，进行创造性的工作……"大学的教学凸显"授人以渔"，大学的教学方式方法多种多样，特别是在当今高教改革的过程中，部分高校向应用型转轨，更强调教学方法的多样化，如课堂讨论、辩论赛、实验、学生试讲、角色扮演等，大学的考试形式也更加注重过程性考核，采取开卷、论文、实践操作等多种形式。

2. 线下学习

课堂学习虽然是大学阶段学习的主要渠道，但不是唯一渠道，课堂教学教师只是进行引领，更多的还得需要学生进行自主学习、线下学习。如通过计算机互联网进行学习、去图书馆查阅资料、协助教师科研、听学术讲座、社会调查、科学研究、宣传及咨询服务等线下学习是大学生学习的重要途径，多种多样的学习途径为学生将来的继续学习奠定了基础。我国教育家叶圣陶说过："我不是说进大学无用，只是说进了大学，学习还得靠自己；毕了业还是努力自学，永不休歇。"

3. 混合式学习

混合式学习就是要把传统学习方式的优势和网络化学习的优势结合起来，也就是说，既要发挥教师引导、启发、监控教学过程的主导作用，又要充分体现学生作为学习过程主体的主动性、积极性与创造性。

混合式学习的内容涵盖各个方面，主要阐述以下几点：

(1)学习理论的混合。

为适应不同学习者的需要，混合式学习需要各种学习理论的融合，包括行为主义学习理论、建构主义学习理论、人本主义学习理论、认知学习理论等。最终实现以学习者为中心，主动探索式学习和合作学习。

（2）学习资源的混合。

随着互联网的普及和学生对计算机技术的精通，各种优质的在线课程、学习软件、学习经验的分享、全面的学习资料积累等，把资源尽可能多地整合到一个平台上，建立"一站式"的学习，形成强大的知识学习体系，实现隐性知识显性化、显性知识体系化、体系知识数字化、数字知识内在化。

（3）学习环境的混合。

"我随时准备学习，但我不想总是被教导。"一个理想的混合式学习模式综合了多种功能，能够使学习者参与多个正式、非正式学习活动。它是建立在完全以学习者为中心的环境中，从信息到教学内容，从技能评估到支持工具，从训练到协作环境，一切围绕学生展开。

（4）学习方式的混合。

充分利用网络的力量，将网络学习与课堂面授有机结合。学习通、翻转课堂、慕课、微课、蓝墨云班课等实现了同步与异步、实时与非实时的多样化学习，可进行讨论、协作，基于"合作"理念的小组学习，还有传统和围绕网络开展的自主学习。

二、大学生常见的学习问题及调适

一个人如果对自己的主业不感兴趣、不满意，则很难达到心理健康状态。大学阶段学习仍然是学生生活的主旋律，由于自身的心理素质还不够成熟，缺乏相应的经验，面临的学习任务又比较复杂繁重，有时还会面临诱惑和多种选择等多方面原因，大学生在学习方面很容易出现困扰，这会直接影响到他们能否顺利而高效地完成学业，以及心理能否健康成长。因此，了解学习方面的常见问题，学会科学的调适方法，对大学生而言是非常必要的。

(一)学习动机不当及调适

学习动机不足和动机过强都是动机不当的表现，都会降低学习效率，需要大学生认清并学会调适。

1. 学习动机不足

现阶段，因为"读书贵、就业难、就业低起薪"和其他各种原因，社会上特别是大学生群体中流行着新的"读书无用论"，也有学生所学专业与兴趣不一致，这都会降低学生的学习动机，学校中的校园环境、教学设备、教师素质等也会对学生的学习动机产生影响。

（1）学习动机不足的表现。

①缺乏目的计划。在学习上没有明确的学习目标，习惯了中学阶段老师领着学。中学阶段老师不仅按教学计划详细讲解每一个知识点，而且精心设计复习计划，提

供大量的全面系统的复习题，学生只要跟着老师的计划走，学习就不会有大问题。进入大学阶段学生会发现老师讲得没那么细，也不会那么详细地指导作业，更不会整天跟在学生后面督促学习，此时很多学生还没有学会自主学习，加上经历了为高考辛苦拼搏的高中学习，有松口气的想法，于是就不知道学什么、怎么学或者不想学了。

②学习情绪低落。认为学习是乏味的、枯燥的，是一种苦差事。在学习上表现为厌倦、退缩，缺乏自尊心和自信心，学习中失败的体验总是大于成功的欢乐。

③学习行为消极。这种状态往往通过一些外在的可察的行为表现出来。

首先是懒惰。表现为平时不愿意看书，不愿意动脑子；学习上拖沓、散漫，怕苦怕累，作业一再拖着不写，最后没时间了就应付了事，甚至抄袭，并时常为自己的行为找借口，日子就在"等明天"中过去了。

其次是注意力分散。表现为不能专心学习，最典型的就是课堂低头族，手机不离手，就连上课也忙着刷淘宝、聊 QQ，也称为"手机控"。不论讲台上老师如何口若悬河，他们就是无动于衷，总是不紧不慢地刷微信、玩游戏。对他们来说，课本可以忘，手机不能忘，很多大学生患了"手机依赖症"。还表现为注意的稳定性差，容易被外界事物所干扰，使学习活动不能贯彻始终，没有恒心，对所学内容不愿意深入思考，一知半解。

最后是方法不当。表现为分不清主次，把大量时间和精力花在和学习无关的事情上，如看电影、玩游戏、聊天、过量的社交等等；还表现为学习被动，将学习看成是不得不做的事，没有调动起主动性，不愿意探索一些适合自己的方法，认为只要能够应付考试就行了。由于缺乏新的灵活的学习方法，所以总是不能适应新的学习。

(2)学习动机不足的调适。

①树立积极的人生观。大学生要认真思考自己的人生观，明确自己的人生目标，提升自己的人生价值和社会价值；扭转关于学习的功利思想，正确认识学习的深层价值，深刻理解学习是个体生存的必要手段。学习可以提高人的素质、促进人的成熟，它是文明延续和发展的桥梁和纽带。

②确定合理目标。"人只为可能达到的目标而努力奋斗"，目标合理，自己经过努力可以实现，这样的目标能激发人的动力。

拓展专栏

定位速效法

将一个班的学生分成三组，前往 10 公里外的村庄。甲组学生不知道村庄有多远，只让他们跟着向导走，刚走二三公里，就有学生叫苦，走了一半路学生开始抱怨，情绪低落而且开始散乱，以致溃不成军。乙组学生仅知道距离目的地有 10 公里，中途没有路牌，他们只跟着向导走，走了多少、还剩多少一概不知。结果走了不到一半就有人叫苦不迭，速度也越来越慢。丙组学生不仅知道距离目的地有 10 公里，而且能不时看到路牌，上面写有里程，他们走了多少、还剩多少心中都很清楚。结果这一组学生一路上精神饱满，每当他们疲劳时，看看路牌，都为自己已走过的路程感到振奋，没人叫苦。实验的最终结果显而易见，丙组最快，乙组次之，甲组最慢。心理学上把这种按计划工作、目的明确、效率增高的现象叫"定位速效法"。

③正确归因。美国心理学家维纳通过实证研究对行为结果的归因进行了系统探讨，发现人们倾向于将活动成败的原因即行为责任归结为六个因素，这六个因素可归为三个维度（表 8-3）。

表 8-3　维纳归因理论

	稳定性		内在性		可控性	
	稳定	不稳定	内在	外在	可控	不可控
能力高低	+		+			+
努力程度		+	+		+	
任务难度	+			+		+
运气好坏		+		+		+
身心状态		+	+			+
外界环境		+		+		+

教师指导学生形成正确积极的归因，可以激发学生的学习动机，让学生看到内部因素、不稳定因素、可控因素的作用，看到成功与努力之间的联系，更有利于学生降低无力感，找到努力方向，增强学习动力。

④正确看待自己的专业与兴趣，激发学习热情。很多同学不能正确看待自己的专业和学习兴趣之间的关系。曾经有位大学生发了一条状态："如果不学新闻，我想做个理发师；如果不学生物，我想当个赛车手；如果不学金融，我想做个心理咨询师……"引发了网友们（大多数是在校生）的大量关注，"如果不学体"用一个简单的句式，表达自己大学专业与梦想之间的差距，说明很多网友不管学的什么专业，都不太满意。这句话让更多的人开始思考，如何把握专业与梦想的关系，很多网友表示，专业更接近现实，爱好更多的时候是一种梦想，两者的差距是必然存在的，大家要学会如何去正视和缩小这种差距。

大学生要在选专业和调剂专业时认真分析自己的兴趣和优势，慎重选择。确定专业以后就要积极看待，用心发现所选专业与自己兴趣的契合点，并通过更多地学习专业知识来培养兴趣。"既来之，则安之"的心态，会使自己静下心来、渐入佳境，坚持下去也许会有意想不到的收获。大学生还要认识到，有时人容易这山望着那山高，大学的学习本身就增加了难度，不论学习什么专业，都是不容易的，要想学有所成，就必须有不怕困难、肯于吃苦、勇攀高峰的心理准备。大学阶段的学习重在积累底蕴，提高综合素质，这是将来步入社会的基本条件。

⑤培养顽强的意志。大学生的学习难度、深度增加，没有顽强的意志，难以保证学习活动的持久，也就难以学透高深的知识。大学生学习的自主空间增大，没有顽强的意志，就难以把主要精力用于学习，容易把大把的时间花在与学习无关的事情上，如网购、聊天、游戏等，浪费了大好时光。

不管自己将来干什么，大学生都要充分利用在校的宝贵学习机会，掌握一定的通用技能和专业技能，这是大学生的重要使命。因此每个大学生都要调整心态，变被动学习为主动学习，逐渐体验学习乐趣，改进学习方法，找到适合自己的学习思路，在大学这座知识的殿堂里提升自己的学养。数学家华罗庚说："科学的灵感，绝不是坐等可以等来的。如果说，科学上的发现有什么偶然的机遇的话，那么这种'偶然的机遇'只能给那些学有素养的人，给那些善于独立思考的人，给那些具有锲而不舍的精神的人，而不会给懒汉。"

2. 学习动机过强

与学习动机不足相反，有些大学生学习动机过强，也会影响学习效果。

(1)学习动机过强的表现。

一是设置过高的目标。动机过强的大学生往往无视自身条件和现实状况，设置一个可望而不可即的目标，没考虑到自己极尽努力可能都无法达到或难以达到。为了达到目标，就会责备自己，给自己施加更大的压力。

二是过于勤奋。对自己过于严苛，不许自己有丝毫的懈怠，学习表现出超常的勤奋，将所有精力都用在学习上，并坚信自己只要努力、勤奋学习就有好成绩。往往认为学习是至高无上的，把时间花在别的地方是一种浪费。尽管如此，仍然对自己不满意，认为自己还应该做得更好，稍有懈怠就会自责。

三是情绪紧张。动机过强的大学生渴望成功，非常想通过优异的成绩获得他人的认可，非常看中自己的名次、分数，经常想考班级的第一名。又很担心学业失败，害怕失败，过于看重某次的考试失利，一旦失败了，就会对自己产生怀疑，容易自责。总是不满足自己的现状，即使成功也不能给自己带来多少喜悦。超强度的学习容易导致疲劳和情绪紧张、心理疲劳，往往伴随学习焦虑和考试焦虑，经常体验到紧张不安，由于经常处于巨大的压力和超负荷的学习之中，情绪上难以松弛，久而久之导致注意力不集中，记忆力减退，思维迟钝等，学习效率随之下降，容易出现许多身心问题，如头痛、失眠、烦躁、心悸、胃肠功能失调等。

(2)学习动机过强的调适。

对自己的期望值偏高，超出自己的能力范围，看重分数，追求完美，以及来自家庭、社会的压力，多方面原因导致学习动机过强，这样也会降低学习效率，还可能会导致学生出现生理、心理问题，大学生要学会自觉调整学习动机。

①建立正确的认知模式。正确认识自己，克服追求完美的心态，接受不完美的自己，能动地将自己的目标调整为让自己既能达到又不能轻易达到，从而使目标成为自己信心的保障和激发自己不断努力的动力。正确看待考试结果，正确看待学习中的成败问题，赢得起也要输得起。要转变成功观和完美观，将"只有达到目标才是成功"变为"只要追求就是成功"，将"只有十全十美才是完美"变为"生活中本来就没有十全十美，只要尽力就是完美"。

②学会转换学习动机。正确对待外在的目标，将那些获得他人的认可、获得奖励等近景的、外在的、附属的动机，转化为更具有激励作用、更稳定的认知事物本身、提高个人素质等远景的、内在的动机，树立远大的理想。

③正确看待学业成绩。减轻对考试成绩的重视程度，进一步认识到将来步入社会不只看学业成绩，更要看工作能力、交往能力、协调能力等，因此在大学期间学好理论知识、取得良好成绩不是大学学业的全部内容，要重视锻炼和积累多方面的能力。

（二）学习疲劳及调适

学习疲劳是指学生由于长时间高度紧张的学习，导致学习效率下降、学习兴趣降低的一种不良心理现象。

学习疲劳包括生理性疲劳和心理性疲劳。生理性疲劳主要是指由于肌肉和神经系统能量的消耗、代谢废物的积累造成动作失调、姿势不合理、感觉迟钝、力不从心等现象。心理性疲劳是指学生由于学习内容的单调或没有兴趣而对学习产生的紧张、厌烦状态。学习疲劳主要是指心理性疲劳。长期处于心理疲劳的学生容易对其身心健康发展产生不良影响。如在身体方面容易出现视力减退、食欲缺乏、面色苍白、软弱无力、血压增高、大脑供血不足、易失眠；在心理上则会出现情绪烦躁、信心不足、记忆减退、注意力不集中、思维迟钝、反应缓慢等，严重时可导致神经衰弱等其他症状。

1. 学习疲劳的表现

（1）容易走神。学习者不能有效地控制自己的心理活动，常常不由自主地出现一些与学习毫无关系的想法，思维容易离开当前的活动。

（2）易受干扰。学习者很容易被外界的无关刺激吸引，很小的声音也会注意到。

（3）多余动作增多。注意力不集中的人往往伴随一些多余动作或无关动作，如长吁短叹，东张西望，玩弄手指、头发等，会这儿摸摸，那儿翻翻等。

（4）效率降低。学习时间没少花，学习效果却很差，甚至根本就没有效果。

2. 学习疲劳的调适

学习疲劳的出现不仅取决于所从事的学习内容的性质和数量，而且和一个人的学习动机、学习态度、学习兴趣、学习方法等个人的特点以及温度、湿度、光线、噪声等外部环境条件有关。学习疲劳有很多消极影响，如会降低学习效率，减弱学习兴趣等，大学生应注意学习疲劳的调节。

拓展专栏 ◇

高原现象

大学生在学习中，常会出现一段时间学习效率和学习成绩停滞不前，甚至学过的知识感觉模糊的现象，心理学上称之为"学习高原现象"。

造成这种现象的原因是多方面的，主要与身心疲劳、方法死板、意志薄弱等因素有关，也和学习者的年龄、学习内容等有关，而且会循环出现，只是周期时间的长短不同。

高原现象是客观存在的，但是高原现象并不意味着学生的学习到了极限、成绩到了极限，走出高原期后学习效率和学习成绩还是会提高的，学生要有意识地克服"学习高原现象"。

第一，要避免疲劳战术，调节好身体状态，劳逸结合，保持积极乐观的心态。

第二，要使知识结构合理化，条理清楚，以便能迅速发现自己的优势与不足，使学习效率最大化，还有利于在学习新知识时，顺利提取已有知识，尽快实现正迁移。

第三，要及时总结反馈，随时调整学习进程。

第四，要灵活地、科学地转换学习目标，避免浪费精力。

（1）科学用脑。大脑有左右两半球，其功能不同，大脑左半球主要同抽象的智力活动（如数学计算、语言分析等逻辑思维活动）有关，大脑右半球则主要同音乐、色彩、图形、空间想象等形象化的思维活动有关。为了克服疲劳，就要学会大脑左右两半球交替使用，把数学推理、哲学理论等需要高度抽象思维的活动同音乐、绘画等活动交替进行，以缓解疲劳，提高学习效率。

（2）科学安排时间。首先，注意劳逸结合。休息可以适度缓解疲劳，学习一定时间后，休息片刻，放松一下。在学习之余，学生可参加一些文体活动（如唱歌、散步、打球等），脑力劳动和体力劳动交替进行，这种积极的休息方式，可以使身心得到放松和调节，有利于消除疲劳，提高学习效率。每天要保证充足的睡眠时间，一般认为，对大学生来说，每天的睡眠时间应达到7~8小时，当然，睡眠有很大的个体差异，要视自己的实际情况而定。其次，学会时间管理。学生要学会统筹安排学习时间，根据自己的总目标，对时间做总体安排，并通过阶段性的计划来落实。高效利用最佳时间，确保在最佳状态时学习最重要、难度最大的内容。还要灵活地利用零散时间完成一些简单的学习任务，如背单词、看看书等。

（3）培养对学习的兴趣。"兴趣是最好的老师"，热爱是做好任何事情的强大动力，热爱能调动人的积极性，激发人的潜能和创造性，使人对事业的成功充满渴求，即使是遭遇困难挫折，也能勇往直前。如果大学生对学习活动兴趣浓厚，学习时心情愉快，则即使学习时间长也不易感到疲劳；反之，学习那些他们兴趣不大甚至厌烦的内容时，就会感到枯燥，很快进入疲劳状态。因此，培养学习兴趣也是防止学习疲劳的方法之一。

（三）考试焦虑及调适

焦虑是对环境无把握、又对不可知的未来感到威胁时的一种恐惧、忧虑、烦躁不安的情绪紊乱状态。考试焦虑是由考试情境引起的一种特殊焦虑状态，这是大学生最常见的学习焦虑之一。心理学的研究表明，学生在学习过程中，保持适当的焦虑是必要的，一定的紧迫感可以提高学习效果，但严重的焦虑会对学生产生不利影响。

1. 考试焦虑的表现

考试焦虑会在学习中或考试前、中、后有不同程度、不同方面的表现。

（1）情绪方面。

考试焦虑会表现为担心、紧张、忧虑、烦躁不安、心神不宁等消极情绪，出现情绪不稳定，过分担心考试成绩。

（2）认知方面。

考试焦虑会使学习者认知上表现为注意力不集中、记忆力减退、思维迟钝僵化、缺乏创造性等，容易夸大学习上的困难，怀疑自己的学习能力，感觉自己怎么也学不好。

（3）行为方面。

考试焦虑在行为上表现为坐立不安、手足无措、动作慌乱等。

（4）躯体方面。

考试焦虑还会有一些躯体症状，如头痛失眠、食欲减退、胃痛、腹泻等，在考试之前或在考试的时候心慌气短、心率加快、呼吸急促、多汗、尿频、多余动作增加、思维不清等，过度的考试焦虑常会导致心理紊乱，严重地影响学生的生理和心理健康。

2. 考试焦虑的调适

产生焦虑的原因有自身主观的，如学生的神经类型，自我意识水平，对考试的认知和评价，知识的巩固和应试的技巧等原因，也有客观环境方面的影响，如社会、学校、家庭的压力以及教育观念、教育体制等原因。考试焦虑的调适主要是从主观的角度来进行的。

（1）增强自我效能感。

自我效能感是美国著名心理学家班杜拉（A. Bandura）于 20 世纪 70 年代在其著作《思想和行为的社会基础》中提出的，他对心理学的最大贡献之一就是提出了自我效能感理论。自我效能感是指个体对自己是否有能力利用所拥有的知识技能完成某一工作行为的自信程度。自我效能感高的人，期望值高，正视成绩，遇事理智处理，乐于迎接应急情况的挑战，能够控制自暴自弃的想法，需要时能发挥自己的智慧和技能；自我效能感低的人，畏缩不前，担心失败，情绪化地处理问题，在压力面前束手无策，易受惧怕、恐慌和羞涩的干扰，当需要时，其知识和技能不能正常发挥。大学生要有意识地采取一些措施，努力提高自我效能感，如客观地观察分析自己，发现自己的优势；合理归因，提高自己的成功感；减弱对不良刺激的关注，如以前的考试失利，以弱化不良情绪；树立与自己情况相似的榜样，学习榜样的经验等。

（2）调整认知。

正确看待自己的焦虑情绪，接受它的存在，认识到适度的焦虑对学习是必要的、有利的，关键是自己要把它控制在一个合理的范围内，这就需要一些方法，比如要确定合理的期望值，恰当地估计自己的能力，不盲目攀比他人的成绩；正确看待学习、考试，认识到学习不单纯是为了考试；一次成绩，不能说明问题；成绩也不代表一个人的全部。

（3）考前做充分准备。

①考前做好知识准备。做系统的复习，不仅能够再次阅读，还能够通过尝试回忆做到不依靠任何线索回答问题；不仅能记得知识点，还能够从整体上把握知识结构；不仅能够背诵理论，还能在理解的基础上结合实际应用，对容易混淆的知识准确理解，从不同角度进行对比。

②做好体力上的准备。要注意保障充足的睡眠和进行适当的体育锻炼，适当多吃些富含蛋白质、维生素的食物，如肉、鱼、蛋、牛奶、新鲜蔬菜、水果等，以保证充足的体力。

（4）考试过程中从容应对。

①以良好心态进考场。弱化考试的重要性，当成是换一个地方做题而已。给自己积极暗示："我已经做了充分的准备，考试没有问题，我有信心。"对考试的结果不抱过高的期待："我尽力考好，一旦考不好也没关系，就当是对自己学习的一个检查，发现问题本身就是收获。"

②把注意力放在眼前要做的每一件具体事情上，尽量不去想考试的结果。

③懂得考试中基本的应考技巧。要总体浏览，先易后难，找准思路，取舍得当。

（5）学习应对考试焦虑的技术。

①学习使用放松技术。可用"调整呼吸法"，即全身放松，多次做深而均匀的呼吸，呼吸时大脑排除其他杂念，双眼注视一个固定的目标或微闭，反复有节奏地呼吸，这样也会很快消除怯场现象。也可用想象放松法，主要是通过对一些广阔、宁静、舒缓的画面或场景的想象达到放松身心的目的，这些画面和场景可以是站在海边、躺在小舟里在平静的湖面上飘荡等，总之，一切能让心灵平静愉悦的美好场景都可以想象。也可以采用肌肉放松法，坐的时候采取最自然轻松的姿势，从头部开

始，然后是颈部、肩部、手臂、手指、胸部、腰部、腿部、脚部，直到脚趾，依次放松。

②注意力转移法。考试焦虑时，转移自己的注意力，做一些自己感兴趣的事，如欣赏一下窗外的风景，蓝天，白云，使情绪平稳，缓解焦虑。

③运用森田疗法。森田疗法是日本东京医学教授森田正马创立的，其基本的原则是顺其自然，为所当为。顺其自然是当你面对恐惧、不安或苦恼这些消极的情绪时，不要把它们当成异常病态而采取绝对的抵制、回避、压抑或消除的态度，而是争取接纳的方式，忍受它，努力去做应该做的事，会使这种不良情绪减轻或消失。如果反其道而行之，不仅不能如愿，反而会徒增烦恼。例如，学生在考场感觉到焦虑，越担心就会越焦虑，就会越注意自己的反应，越注意越紧张，反而使自己的焦虑感觉持续下去。相反，接受焦虑这一事实，带着"焦虑就焦虑吧，反正我都要坚持考完"的态度继续考试，反而使自己不再注意这种感觉，焦虑的感觉从而会慢慢减轻甚至消退。

(四)学习策略问题及调适

经常会有学生学习很努力，但成绩不理想。出现这种情况一个很重要的原因是没有掌握有效的学习策略。"工欲善其事，必先利其器"，学习的利器就是学习策略，要提高学习效率，取得满意成绩，必须掌握科学有效的学习策略。

1. 学习策略可能存在的问题

(1)学习无计划。

突出的表现是盲目性。目标是行动的先导，没有计划的学习就变得很被动，这种盲目性表现在对自己的学习方向缺乏总体规划，在具体的学习活动中分不清主次、理不清先后，总是感觉自己被追着学习，什么作业催得紧就做什么，不催就不做，结果可能会使作业时间很仓促，不能保证质量。

(2)不会科学地利用时间。

上课时间写其他学科的作业，这是许多大学生的惯用做法。其实这样做的危害很多，一方面，学生在课堂上出勤不出力，不跟着老师的思路走，对教学内容就不会有深入的理解和思考，对课堂教学就没有实际的收获；另一方面，学生边听课边写，作业不走心，写作业也没有多大实际意义；生理学的研究表明，大脑的活动是镶嵌式的，就像霓虹灯闪烁是此起彼伏的，人活动时相应的大脑皮层就会形成兴奋中心，其他区域就会抑制，这样既高效又省力。当人同时做两件事时，两个兴奋中心都达不到应有的兴奋，也得不到应有的抑制，结果是既不高效又不省力，还容易疲劳甚至头疼。

不会利用人最精力充沛的时间做最重要和难度最大的事、不会利用零散时间进行学习积累，也都会影响学习效果。

(3)学习方法不科学。

一是对知识缺乏整体的把握，不能形成知识结构。具体表现为课堂学习缺乏系统性，上课不全面听，只听自己感兴趣的，不深入思考；做作业前不看书，对知识没有整体印象。二是不爱动脑。做作业时只要有现成答案就不爱思考，不钻研，满足于一知半解；对知识的记忆不遵循记忆规律，不到迫不得已不学习，考前搞突击复习，考试过后忘掉一大半；对自己的学习不反思总结，不改进学习方法。

2. 大学生学习策略的调适

大学阶段的学习具有自主性、广泛性、专业性、探究性等特点，这就决定了大学生在形成适合自己的学习策略时，对学习既要有宏观思考，又要有微观思考。

(1)宏观思考。

①博与专的关系。这是在大学生学习策略的思考中，首先必须处理好的关系。大学教育是一种职业教育，是直接或间接为培养一定的专业人才服务的。各高等学校的专业设置不同，培养目标也就不同。因此，大学生要重视各门基础课、专业课的学习，这是大学生将来从事职业活动和专业研究必备的基础；同时，大学生要根据自己的专业特点、学习目标、原有知识结构的缺陷等因素，有选择、有目的地扩充或加深相关学科的知识，学一些新学科、新领域的知识，这就是博学的问题。要专而不死，博而不滥，二者有机结合，相互促进和发展。

②自学与求师的关系。自学在大学生的学习中占有重要地位，也是大学生学习自主性的一个重要体现。但重视自学并不等于忽略教师的作用，更不等于无师自通。许多大学生与教师的交流极少。我国唐代学者韩愈在《师说》中就说过"古之学者必有师"，俗话也说"名师出高徒"，都说明在学习中求师的重要性。在大学云集着一大批各有专攻的专家、学者，因此，大学生在学习时如果有勤学好问的精神，主动向老师求教，可能会使学习事半功倍，对大学生的成长十分有利。

③理论与应用的关系。理论性知识是基础、是先导，没有理论指导的实践如同在黑暗中行走，大学生在校期间必须扎扎实实地学好理论知识。但大学生未来的工作首先是一种实践活动，它需要大学生把所学的理论性知识应用到实践中。这就要求大学生从应用的角度去学习理论，并以应用的观点审视理论的适用性和局限性，以便争取通过实际应用检验和发展理论，更好地指导实践。在当今的大学生中，普遍存在着轻理论重应用的现象，很多人认为学理论性学科没有多大用，不如应用性学科来得实用，其实只有用理论武装起来的头脑才更有能力解决实际问题，因此大学生掌握学科理论与应用知识都是极其重要、不可偏废的。

(2)微观思考。

①要有计划性。大学生有了很多可供自由支配的时间，需要学会订计划，按照计划行事，这样每一步行动都很明确，能使自己的学习生活节奏分明，该学习时能安心学习，玩的时候能放松地玩，久而久之，这些行为都会形成自觉行动，成为好的习惯，既提高学习效率，又减少时间浪费。合理的计划安排使人能更有效地利用

时间，知道多玩一个小时就会有哪项任务不能完成，这会有多大的影响。

制订计划需要考虑几个方面的因素。一是内容方面，要有学习、有休闲，有理论、有实践。二是时间方面，要有长期、有短期，有按规定活动的时间，有自由的时间，这里的自由时间是制订学习计划的重点。三是侧重点方面，人的精力是有限的，所以学习要有侧重点，不能眉毛胡子一把抓。四是实际情况方面，要考虑自己的基础，如果与实际不符要及时调整计划，最终要通过效果来检验计划的可行性、有效性。

②学会管理时间。掌控人生，始于做出良好的时间规划。时间管理，不是说把每一件事情都安排一个时间，而是要更有效地利用时间。如果一个人每天都在做紧迫的事情，那么说明时间管理不太理想，成功者会花最多时间在最重要的事情上，但不是在最紧急的事情上。

大学生要学会列清单，这样做的好处很多，首先是不会忽视最重要的事。列清单让人做事有条不紊，清单上的内容会让人产生紧迫感，尽快采取行动。每天按清单上标出的重要程度、先后顺序、时间节点，逐一去实施。然后每完成一项，就标注一下，这样让自己一直有事可做，也不会急来抱佛脚。这样的生活状态坚持下来，会让人目标越来越清晰，离成功越来越近，也会让人内心从容淡定，外表自然会散发出自信优雅。

③培养专注的习惯。很多有成就的人都是专注的典范。一个人要想把事情做好，就必须养成专注的习惯。从注意过程的生理机制来看，注意是某动因引起的一种大脑皮层上的优势兴奋中心的负诱导。当刺激作用时，大脑皮层上有关刺激作用的相应部位便产生优势兴奋中心，这个中心对其周围区域的皮层有一定的抑制作用；一个兴奋点诱导其周围产生抑制，称为负诱导。正是负诱导过程，使人更集中、更清楚地反映引起这一优势兴奋中心的那些刺激。做事、学习只有专注，才能对问题有深入的思考，才能使学习更有效率，才最省力。

④选择有效的学习方法。大学生要学会科学的学习策略，更好地掌握基本的知识、技能，但是大学生的学习方法还要有独特之处。

大学生要博览群书，对课堂内容做有益的补充，加深理解，拓宽知识面；同时通过大量阅读开阔眼界，去发现自己的兴趣和专长，从而明确自己的专攻方向。

大学生要学会独立思考。独立思考能力对于从事科学研究或其他任何工作都是十分重要的。在历史上，任何科学上的重大发明创造，都是由于发明者充分发挥了这种独创精神。不论是在自学中，还是在课堂讨论中，大学生要克服依赖思想，学会独立解决问题，训练独立分析问题、解决问题的能力，遇到问题不要轻易地寻求现成答案；对已有的现成答案要敢于质疑、敢于表达，不怕出丑，不过于看重面子，敢于标新立异，勇于创新。

大学生要投身科学研究。如果在大学期间只学好专业知识，那只能算是一名合格的大学生，而不是优秀的大学生。科学研究是学习的最高境界，在有了一定的专业知识基础上，大学生要有参与科学研究的意识，积极投身科研实践。当大学生发现自己所学的知识可以为社会所用，会大幅度增加成就感，迅速提升学习兴趣。科学研究也是最有难度的学习，需要循序渐进，先要积累良好的专业知识与技术，放下急功近利的念头，耐得住寂寞，静得下心仔细思考，以期厚积薄发。多与老师交流，老师有很多宝贵的科研经验，大学生成功的捷径就是复制，要主动争取协助老师科研的机会，多看多做，在做中学习。志存高远，积极参与科技竞赛。大学是一个开放的平台，有很多的机遇与挑战，各种各样的科技竞赛正是对大学生的学习能力、动手能力以及专业知识掌握程度的一种检验。因此，大学生要勇于进行自我的挑战，积极参与科技竞赛，通过竞赛培养自己的实践能力和科研精神。

王国维在《人间词话》中说，古今之成大事业、大学问者，无不经过三种境界："昨夜西风凋碧树。独上高楼，望尽天涯路"，此第一境界也；"衣带渐宽终不悔，为伊消得人憔悴"，此第二境界也；"众里寻他千百度，蓦然回首，那人却在灯火阑珊处"，此第三境界也。科学研究需要不断的坚持：知识储备时需要坚持，遇到困难的时候要坚持。苹果公司创始人乔布斯说："成功没有捷径，你必须把卓越转变成你身上的一个特质，最大限度地发挥你的天赋、才能、技巧，把其他所有人甩在你后面，高标准严格要求自己，把注意力集中在那些将会改变一切的细节上。变得卓越并不艰难，从现在开始尽自己最大能力去做，你会发现生活将给你惊人的回报。一路上你可能会怀疑，会彷徨，但是当有一天你站在成功的终点回头看的时候，你就会知道今天所做的点点滴滴都是有意义的，都使你离成功更近了一步。"

学习是大学生的主业，努力学习仍然是大学生活的主旋律。大学生只有解决好学习问题，才能获得真实的成就感和自信心，才能身心和谐，健康成长。

心理自测

学业自我效能感问卷

一、测试说明

该问卷由华中师范大学的染宇颂、周宗奎参考 Pintrich 和 DeGroot 编制的学业自我效能问卷中的有关维度编制而成。该量表把学业自我效能感分为学习能力自我效能感和学习行为自我效能感两个独立的维度。学习能力自我效能感是指个体对自己是否具有顺利完成学业、取得良好成绩和避免学业失败的学习能力的判断。学习行为自我效能感是指个体对自己能否采取一定的学习方法达到学习目标的判断。每个维度有 11 道测题，共 22 道测题（Coronbach $\alpha=0.89$）。采用五分制评分方式。

二、测试题目

维度一：学习能力自我效能感

1. 相信自己有能力在学习上取得好成绩。

2. 我认为自己有能力解决学习中遇到的问题。

3. 和班上其他同学相比，我的学习能力是比较强的。

4. 我认为我能够在课堂上及时掌握老师所讲授的内容。

5. 我认为我能够学以致用。

6. 和班上其他同学相比，我对所学专业的了解更广泛。

7. 我喜欢选择富有挑战性的学习任务。

8. 我认为自己能够很好地理解书本上的知识及老师所讲的内容。

9. 我经常选择那些虽然难却能够从中学到知识的学习任务，哪怕需要付出更多的努力。

10. 即使我在某次考试中的成绩很不理想，我也能平静地分析自己在考试中所犯的错误。

11. 不管我的学习成绩好坏，我都从不怀疑自己的学习能力。

维度二：学习行为效能感

12. 学习时我总喜欢通过自问自答的方式来检验自己是否已掌握了所学的内容。

13. 当我思考某一问题时，我能够将前后所学的知识联系起来思考。

＊14. 我经常发现自己虽然在阅读书本却不知道它讲的是什么意思。

15. 阅读书本时我能够将所阅读的内容与自己已掌握的知识联系起来进行思考。

＊16. 我发现自己上课时总是开小差以至于不能认真听讲。

＊17. 我常常不能准确地归纳出所阅读内容的主要意思。

18. 我总是在书本或笔记本上画出重点部分以帮助学习。

19. 当我为考试而复习时，我能够将前后所学的知识融会贯通起来进行复习。

＊20. 课堂上做笔记时我总试图记下老师的每一句话，而不管它是否有意义。

21. 做作业时我总力求回忆起老师在课堂上所讲的内容以便把作业做好。

22. 即使老师没有要求，我也会自觉地做书本上每一章节后面的习题来检验自己对知识的掌握情况。

三、评分标准

非常同意5分、同意4分、一般3分、不同意2分、非常不同意1分。其中带＊号的题目需要反向计分，即非常同意1分、同意2分、一般3分、不同意4分、非常不同意5分。

四、评价参考

分数越高代表效能感越高。学业自我效能感的总分，即效能总和是学习能力自我效能感和学习行为自我效能感得分之和。

专题讨论

1. 运用《学业效能感问卷》作一次调查，了解大学生对学业的效能感情况，写一份调查报告，并根据调查结果进行讨论。

2. 结合自己的学习经历，说一说影响学习的主要因素有哪些。你会采取哪些策略应对学习中的影响因素？

阅读欣赏

1. 杨杰. 时间管理[M]. 北京：中国纺织出版社，2003.

2. 武瑛娟. 哈佛教授给青少年的600个全脑思维游戏[M]. 天津：天津科学技术出版社，2009.

3. 戴维·迈尔斯. 社会心理学(第8版)[M]. 北京：人民邮电出版社，2006.

4. 心理佳片：《硅谷传奇》[美]

第九章 我的未来不是梦

——大学生职业生涯规划

一个不称心的职业最容易糟蹋人的精神，使人无法发挥自己的才能。

——[美]詹姆斯·H. 罗宾斯

大学是人一生中最为关键的阶段，从入学第一天起，你就应当对大学生涯有一个正确的认识和规划。为了在学习中享受最大的快乐，为了在毕业时找到自己喜爱的工作，每一个大学生都应该在大学期间掌握七项学习技能：学习自修之道、掌握基础知识、实践贯通、培养兴趣、积极行动、掌控时间、学会为人处世，只要做好了这七点，大学生临到毕业时的收获绝对不是"对什么都没有的忍耐和适应"，而是"对什么都可以有的自信和渴望"，成为一个有潜力、有思想、有价值、有前途的快乐的毕业生。

案例导读 ▶

一封大学毕业生的信

就要毕业了，回头看看自己所谓的大学生活，我想哭，不是因为别离，而是因为我什么都没学到。我不知道简历怎么写，只能让它空白。我大学里最大的收获也许是对什么都没有的忍耐与适应。

这是一封大学生写给李开复的信，这封信道出了不少大三、大四学生的心声。

大学期间，有些学生放任自己，虚度光阴，还有一些学生始终找不到正确的学习方向，当他们第一次被补考通知唤醒时，当他们收到第一封来自应聘企业的婉拒信时，他们才惊讶地发现，一切努力都为时已晚……

思考讨论：

1. 你有与这封信中类似的困惑吗？从这封信中你获得了何种启示？
2. 你为未来的职业做好准备了吗？你将如何做好职业生涯规划？

第一节　职业生涯规划概述

"男怕入错行"，这句话道出了职业选择对男性的重要性，但是从当前社会分工来看，女性和男性承担着同样重要的职业发展任务，因此，职业选择对于女性也同等重要，所以，男女都怕入错行。选择一种什么样的职业，关系到自我价值的获得感、朋友圈的选择、社会地位的高低、经济收入的多少，甚至家庭与婚姻的幸福指数等。职业生涯规划是职业生涯的准备，也是大学生活的一部分，大学生初入校园起，就需要结合个体和社会实际，制订一份阶段性或长远性的规划，清晰定位自己的职业生涯，以此激励、鞭策自己，实现人生理想的关键过渡。

一、职业生涯规划相关概念

(一)什么是生涯

"生涯"这个词最早出现在我国典籍《庄子·养生主》中："吾生也有涯，而知也无涯，以有涯逐无涯，殆矣。""生涯"中的"生"，即"生命"；"涯"，即"边界"。"生涯"即指人生经历、生活道路以及职业、专业、事业。美国著名生涯学者舒伯认为，生涯是个体一生中不同时期不同角色的组合。

生涯的定义可分为广义和狭义两类。广义的生涯是指个体整体生活形态的发展和过程；狭义的生涯则是指与个人所从事工作或职业有关的过程，与一般所谓的"事业"意思相近。

大学生正处在生涯的探索时期，随着不断成长，每个人都应有一个合理的生涯规划。

(二)什么是生涯规划

生涯规划就是个人结合自身情况以及环境因素，对自己未来发展所做出的主动的、自觉的计划。

生涯规划是一个动态的过程，人在不同时期，随着自我意识的逐步成熟以及环境等因素的作用，生涯规划会时时发生改变。大学生通过学校生活和社会实践，对自身能力和角色、职业开始进行探索，认清生涯发展的方向，进入了职业生涯规划的时期。

(三)什么是职业生涯规划

职业生涯规划是指个人在对影响职业选择的主客观因素进行分析和测定的基础上，确定目标，并为实现目标而做的有效安排的过程。如对自己兴趣、能力、气质、性格等个性特征的分析，对职业性质的可行性分析等。

职业生涯规划贯串人生的大部分时间，工作和职业不仅是谋生的手段，而且是自我探索、开发潜能的过程，职业生涯规划可以帮助我们更好地了解自己的需要，获得自我满足与自我实现。

二、职业生涯规划的意义

(一)职业生涯规划可以帮助个体更好地了解自己

职业生涯规划首先要求个体正确认识自己的个性特质，发现自己的优势资源并对自己的优势资源进行分析，实现个性特质和职业的匹配，可以更好地在学习过程中弥补个性中的劣势，实现优势和劣势资源的平衡，增强自己的职业竞争力。

(二)职业生涯规划可以减少择业的盲目性

"凡事预则立，不预则废"，"机会总是光顾有准备的人"。有效的生涯规划是择业成功的关键。大学生在择业过程中经常是磕磕绊绊，原因之一就是没有生涯规划意识，没有及时制订职业生涯规划。

(三)职业生涯规划可以提高应对竞争的能力

大学生步入社会，首先面临的就是激烈的就业竞争，不少学生在校期间由于没有认真规划自己的职业生涯，以致面对竞争时或惊慌失措或心存侥幸，简历投了不少，但常常是浪费了很多精力、时间和金钱，结果无功而返。做好职业生涯规划可以帮助大学生在面对竞争时有足够的心理准备和应对策略，在众多竞争者中脱颖而出。

三、职业生涯规划的几个阶段

职业生涯规划是一个连续的过程，大学生的职业生涯规划一般要经过准备期、实施期和冲刺期三个阶段。

(一)准备期

大学一年级是职业的准备期。在这个阶段要及时地转变角色，制订自己的学习目标和要求，开始接触与职业相关的知识，重点了解自己未来想从事的职业和自己专业对口的职业，通过自学或正式学习的方式了解职业的性质、要求和需要具备的岗位工作能力，做好充分的知识储备，包括专业知识和应用性知识，进行初步的职业生涯设计。在职业探知方面，可以向高年级学生尤其是毕业生咨询就业信息，也可以通过专门机构进行咨询。

职业规划的准备期应做好以下几个方面的工作：

1. 有明确的职业发展目标

职业生涯规划必须明确职业目标，否则，职业规划会因为目标不明确，或目标摇摆不定而在职业底层徘徊。如频繁的跳槽且各工作之间缺乏紧密的联系，最终导致个体在各个工作上只能把握皮毛，什么都做不好，导致工作成就感的缺失。而且目标一定要具体，目标的阶段期宜短不宜长，阶段过长，环境变异比较大，目标很难把握。

2. 有明确的职业素养目标

职业素养目标是帮助大学生毕业后顺利转变角色的前提条件，主要包括职业道德观、职业礼仪、职业规范、职业的人文素养等。

3. 有具体的职业实施策略

任何职业规划都要由具体的行动来执行，没有行动的执行，职业规划只能是一个梦。因此，阶段性的、详细的实施策略是落实职业目标的保证。

4. 有相应的职业评估反馈

职业评估反馈是评价职业规划内容是否科学、可行的具体方法，个体可以根据反馈的信息对自己的职业规划做出及时调整。

(二)实施期

大学二、三年级(指四年制本科)进入职业实施期。大学二年级可以根据自己的意愿选定职业主攻方向，通过参加社团、兼职、社会实践活动等从事与自己的职业定向相关的工作，积累经验，及时调整自己的职业方向。

大学三年级的任务主要是提升职业技能。加强专业知识的学习，考取与职业相关的职业资格证书，扩大校内外的交往圈，加强与职场人士的交往，参加各种招聘会，了解行业目标和各种用人信息，进行有目的的职业素养培训，学习制作简历、写求职信，有针对性地训练求职技能。

(三)冲刺期

大学四年级(指四年制本科)进入职业冲刺期，这一阶段的主要任务是充分掌握资讯，实现就业。具体来说，大学生应该做到以下几点：

(1)调节就业心理，保持良好心态。

(2)强化求职技能，进行模拟面试的训练。

(3)广泛关注招聘信息，积极参加相关招聘活动。

大学四年职业生涯规划目标见表9-1。

表 9-1 大学四年职业生涯规划目标

年级	职业阶段	学习任务
大一	职业探索阶段	1. 与高年级同学交流，了解所学专业的就业方向 2. 将自己的兴趣与专业结合，夯实专业基础 3. 积极参加集体活动，提高交流技巧 4. 初步了解和尝试各种职业 5. 树立明确的学习目标
大二	职业定向阶段	1. 学好基础课程 2. 加强专业课程学习，有意识地建立合理的知识结构 3. 参加和专业相关的暑期工作或兼职 4. 掌握现代职业者应具备的基本技能，如英语、计算机应用能力 5. 有选择地辅修其他专业知识，充实自己
大三	职业提升阶段	1. 加强专业知识学习，考取与目标职业相关的职业资格证书 2. 通过实践、实习、兼职积累经验 3. 学习制作简历、写求职信，了解面试技巧、职业规范和礼仪，有针对性地训练求职技能
大四	职业冲刺阶段	1. 调节就业心理，保持良好心态 2. 强化求职技能，进行模拟面试训练，做好求职准备 3. 广泛关注求职信息，积极参加招聘活动

资料来源：龙瑞全，戴益信. 大学生心理健康教育[M]. 镇江：江苏大学出版社，2014：256.

拓展专栏

舒伯的职业生涯发展阶段

美国职业生涯规划大师舒伯根据自己"生涯发展形态研究"的结果，参照布勒(Bueller)的分类，将生涯发展划分为成长、试探、决定、保持与衰退五个阶段。具体分述如下。

1. 成长阶段：（0～14 岁）

该阶段儿童开始发展自我概念，开始以各种不同的方式来表达自己的需要，且通过在现实世界不断地尝试，修饰他自己的角色。这个阶段发展的任务是：发展自我形象，发展对工作的正确态度，并了解工作的意义。

2. 探索阶段：（15～24 岁）

该阶段的青少年，通过学校的活动、社团休闲活动、打零工等机会，对自我能力及角色、职业作了一番探索，因此选择职业时有较大弹性。这个阶段发展的任务是：使职业偏好逐渐具体化、特定化并实现职业偏好。这个阶段共包括三个时期：一是试探期（15～17 岁），考虑需要、兴趣、能力及机会，做暂时的决定，并在幻想、讨论、课业及工作中加以尝试；二是过渡期（18～21 岁），进入就业市场或专业训练，更重视现实，并力图实现自我，将一般性的选择转为特定的选择；三是试验并稍作承诺期（22～24 岁），生涯初步确定并试验其成为长期职业的可能性，若不适合则可能再经历上述各时期以确定方向。

3. 建立阶段：（25～44 岁）

由于经过上一阶段的尝试，个体会谋求变化或作其他探索，因此该阶段较能确定在整个事业生涯中属于自己的"位子"，并在 31～40 岁开始考虑如何保住这个"位子"并固定下来。这个阶段发展的任务是整合、稳固并求上进。这个阶段细分又可分为两个时期：一是试验——承诺稳定期（25～30 岁），个体寻求安定，也可能因生活或工作上的若干变动而尚未感到满意；二是建立期（31～44 岁），个体致力于保持工作的稳定性，大部分人处于其最具创意的时期，往往业绩优良。

4. 维持阶段：（45～65 岁）

个体仍希望继续维持属于他的工作"位子"，同时会面对新的人员的挑战。

这一阶段发展的任务是维持既有成就与地位。

5. 衰退阶段：（65 岁以上）

由于生理及心理机能日渐衰退，个体不得不面对现实，从积极参与到隐退。这一阶段个体往往注重发展新的角色，寻求不同方式以替代和满足需求。

在上述舒伯的生涯发展阶段中，每一阶段都有一些特定的发展任务需要完成，每一阶段需达到一定的发展水准或成就水准，而且前一阶段发展任务的达成与否关系到后一阶段的发展。

四、职业生涯规划的方法及实施

职业生涯规划方法是规划职业的工具，也是实现生涯发展的重要依托。规划职业生涯的方法有很多，从大学生近年来的就业远景和就业成功率来看，具有代表性的方法有下面两种。

(一)SWOT 分析法

SWOT 分析法是由旧金山大学管理学教授于 20 世纪 80 年代初提出来的，SWOT 四个英文字母分别代表：优势(Strength)、劣势(Weakness)、机会(Opportunity)、威胁(Threat)。所谓 SWOT 分析法，就是将与研究对象密切相关的各种主要内部优势、劣势、机会和威胁等，通过调查列举出来，并依照矩阵形式排列，然后用系统分析的思想，把各种因素相互匹配起来加以分析，从中得出一系列相应的结论。

小丽是某大学汉语言文学专业的学生，她的职业定向是做一名小学语文教师。请看看她是如何运用 SWOT 分析法的。

1. 我的优势

(1)有扎实的专业基础。语言文字基础突出，擅长表达和写作，学习刻苦，有着较好的专业成绩。

(2)兴趣广泛。酷爱读书，大学期间利用业余时间饱读名著，尤其是文学名著，塑造了自己浓厚的文学和人文素养。喜欢唱歌、弹钢琴；喜欢和小孩子相处。

(3)人格品质良好。性格沉稳，自制力强，做事脚踏实地，人生价值取向积极向上，脾气温和，落落大方，处事灵活。

2. 我的劣势

(1)适应环境能力较差。到一个新的环境，不能马上进入状态，需要一定时间来适应。

(2)敏感。易受无关因素影响，比较在意他人的评价，不能换位思考，导致做事缺乏主见，瞻前顾后。

(3)满足现状。比较容易满足现状，缺乏竞争意识和上进心。

3. 我的机遇

目前国家对待教师的政策优越，无论社会地位和工资待遇等方面都比较令人满意，而且各地每年都会补充招聘大批中小学老师，有公办教师，还有民办教师，有正式在编教师，也有特岗教师等。

4. 我的挑战

虽然大学受了四年的教师教育专业训练，而且也参加过实习，大学期间还当过家教，但距离教师工作的实际需要还相差很远。理论知识功底不足，实践经验匮乏，对当前中小学教育改革的动态把握不准，对毕业能否顺利就业心里没底。即使顺利当上老师，胜任工作也需要一个过程。更何况大学生就业难是一个社会问题，就业市场人才济济，需要提高自己的综合素质和专业能力，潜心研究教育前沿理论和教育现状，需要很大的勇气和毅力。

(二)五"W"分析法

五"W"分析法采取归零思考的模式，从"我是谁"这个问题开始，引导规划者逐步思考并制定适合自己的职业生涯规划。这种方法具体通过以下五个问题完成。

1. 五"W"的具体内容

(1)Who am I?（我是谁？）

(2)What will I do?（我想做什么？）

(3)What can I do?（我会做什么？）

(4)What does the situation allow me to do?（环境支持或允许我做什么？）

(5)What is the plan of my career and life?（我的职业与生活规划是什么？）

五个问题的具体操作内容见表 9-2。

表 9-2　五"W"的具体内容

序号	问题	包含内容
1	我是谁	年龄、性别、家庭、专业、性格、能力、特长、劣势
2	我想做什么	教师、出国读书、考研、软件开发
3	我能做什么	个人经历、实践经验、自我评估
4	环境支持条件	地域、经济条件、家庭支持、人事政策、职业空间、机遇等
5	我的职业规划	近期目标、中期目标、长远目标

2. 五"W"分析法的实施

明确了职业目标，确定了规划的方法，下面最重要的一步是行动。行动是生涯规划得以实现的关键，也是考验大学生意志力的最好的途径。很多人规划做得很好，具体到落实阶段，遇到一点困难就萎靡不振、停滞不前，对自己的职业生涯规划缺乏信心和毅力，导致职业生涯规划成了一纸空文。

当然，职业规划的方法不止上述两种，究竟哪种方法适合自己，我们也要辩证地看待，职业生涯规划方法具有个性化的特征，个体的个性、能力、目标、价值观、成长经历、社会背景等都会影响个体对方法的选择。所以大学生要找到适合自己的方法，成就适合自己的职业人生。

"知己知彼，百战不殆"，有规划的人，才有明确的目标，有目标的人，才可以抵制眼前的诱惑，朝着自己的方向前进。生涯规划可以帮助大学生更好地了解自己，明确职业目标，为更好地择业做充分的准备。

五、职业能力评估

知耻而后勇，知不足而前行。听过很多在校的大学生都曾经说过："我想干什么""我喜欢做什么"之类的话，不知大家有没有想过，当机会真正摆在你面前的时候，你是否能够把握？你的能力足够吗？目前，很多大学生存在眼高手低现象，择业心态不稳，不愿从基层做起，对自己的职业能力缺乏正确的认识。

(一)什么是职业能力

职业能力就是从事某种职业需要具备的基本能力。如从事教师职业必须具备语言表达能力、组织课堂教学的能力、组织管理学生的能力、处理偶发事件的能力、对学生进行思想品德教育的能力、较强的心理承受能力等。职业能力决定着职业效率，从事一种适合自己能力的职业，可以最大限度地发挥自己的潜能，提高工作效率。

麦可思作为我国高教管理数据与咨询产业的开拓人与领军者，把从事某种职业工作必须具备的能力分为基本工作能力和职业工作能力。基本工作能力是所有工作都必须具备的能力，如良好的智力发展水平是从事一切工作的前提，包括良好的观察力、注意力、记忆力、思维力和想象力。职业工作能力是从事某一职业需要的特殊能力，如教师的教育教学能力、画家的色彩辨别能力、音乐作曲家的曲调感受能力等。

麦可思在 2011 年中国毕业生就业调查报告中指出，无论是本科毕业生还是高职高专毕业生，其毕业时掌握的工作能力水平均低于与工作岗位要求的水平。一方面反映了我国高等院校在人才培养上存在的问题，另一方面也反映了大学生自身对自己的职业认识、职业规划和职业能力培养等重视程度不够。所以，正确的职业能力评估，可以有效地帮助大学生适应未来的岗位需求。

（二）职业能力评估的途径

1. 自我评估

有效的职业规划必须建立在充分、正确认识自我的基础之上。大学生在进行职业规划之前，全面的自我评估是必要的。自我评估是对自己的职业价值观、人格特质，如性格、气质、兴趣、专业技能和工作经验进行综合分析、认识自己、了解自己的一种评估方式。

（1）职业价值观的确定。主要通过大学生对自己人生观、价值观的思考，通过职业评估找到自己的人生追求和方向。

（2）职业兴趣的确定。职业兴趣可以最大限度地提高工作效率，激发创新意识和行为，也是一个人能否在工作中找到幸福感的一个很重要的内在因素。正如我国当代著名学者周国平所说，只要做到两件事就能够使自己幸福：第一，做自己喜欢做的事，并且能靠这个养活自己；第二，和自己喜欢的人在一起，并且让他们也感到快乐。周国平说："许多人把外在因素看得很重，特别是物质上的追求，这样的人肯定得不到幸福。其实幸福是无止境的，选对方向是最为重要的，其中两件东西要牢牢抓住，这就是单纯的生命和丰富的精神。"通过几年的大学生涯，大学生不仅仅要学到书本上的知识，提升自己各方面的能力，更重要的是找准自己的人生奋斗目标和方向，知道自己能够干什么、适合干什么，并努力提升自己，顺利地走向社会、立足社会、服务社会。

如何确定自己的职业兴趣，可以试试这样的方法：在大学期间可以在不同时期写出 20 件你喜欢做的事情，无论大小，然后说明你所获得的感受，逐渐找到自己的兴趣点，找准方向。

（3）职业气质的了解。气质是不以人的活动目的和内容为转移的心理活动的典型的稳定的心理动力特征，具有天赋性和相对稳定性。心理学中将气质分为四种类型：多血质、胆汁质、黏液质和抑郁质，每种气质类型具有各自明显的特点。具体到每个人身上，有的人是典型的某种气质类型，如《水浒传》中的李逵、《三国演义》中的张飞是典型的胆汁质，《红楼梦》中的王熙凤、《三国演义》中的曹操是典型的多血质，《水浒传》中的林冲、《西游记》中的沙和尚是典型的黏液质，《红楼梦》中的林黛玉是典型的抑郁质。但在现实生活中，更多的人兼有两种或两种以上的气质类型。气质没有好坏之分，不同的气质类型虽然不能决定一个人的社会价值和成就的高低，但是它会影响工作性质、效率及工作风格。在职业规划中，气质也是重要的参考因素之一。至于自己属于哪种气质类型可以通过气质测量表进行测定。气质类型与相应职业范围见表 9-3。

表 9-3　气质类型与适合职业范围

气质类型	类型特点	相应的职业范围
多血质	思维动作敏捷、活泼好动、富有生气，乐观、善于交往，适应能力强，但浮躁、缺乏毅力	适合从事要求迅速灵活反应的工作，如导游、外交、主持人、营销等
胆汁质	直率热情、精力旺盛、正直公平、控制欲强，但脾气暴躁、粗心大意	适合竞争激烈、冒险性和竞争意识较强的职业，如探险、运动员、警察等
黏液质	情绪稳定、深思远虑、自制力强、有耐力，但不易接受新生事物、刻板	适合从事要求稳定、持久的工作，如会计、法官、管理人员、外科医生等
抑郁质	善于觉察细节、谨言慎行，但敏感多疑、做事缺乏果断性、不够自信、主动性较差	适合从事要求细致、敏锐的工作，如科研、理论研究、档案管理等

2. 他人评估

他人评估是指他人对自己的各方面能力的一种评估方式，包括直接评估和间接评估。直接评估就是他人直接面对当事人的评估，如同学或老师对自己能力的评价。间接评估就是他人的朋友对当事人能力的评价，如同学的同学对自己的评价，老师的朋友对自己的评价等。

人贵有自知之明，人最难认识的就是自己，相传刻在古希腊阿波罗神庙上最有名的一句名言就是"认识你自己"。通过他人评估可以帮助个体更全面地认识自己，了解自己、更好地弥补自我评估的不足。

3. 专业评估

个体对自我的认识往往带有主观的色彩，为了准确、客观地认识自我，往往要借助科学的测量手段或者让专门的机构对个体进行职业规划的有效指导。比较常用的职业能力量表有霍兰德职业性向测评、16PF 等。目前我国也有专门的能力测评机构，通过专业能力测评可以更有针对性、更好地帮助个体做到人职匹配。

以上三种职业能力评估途径互相作用、互相影响，可以综合运用。大学生通过自我评估、他人评估和专业评估，对自己的职业能力有了初步认识，从而发展提高自己的职业能力，做好职业准备，为将来更好地发展打下良好的基础。

第二节　大学生职业生涯规划的困惑

随着就业途径的多元化，职业生涯规划信息越来越受到大学生们的关注，近年来，几乎所有高校都设立了大学生就业指导中心，并开设了相关的课程，但是职业生涯规划作为新时代的事物，无论在理论上还是在操作层面上还存在各种各样的问题，导致我国大学生在求职时与好的就业机会失之交臂。

一、大学生职业生涯规划存在的问题

(一)规划意识淡薄

由于陈旧观念的影响，有些大学生特别是重点高校或重点专业的大学生自认为是"皇帝的女儿不愁嫁"；有些大学生自认为有优越的家庭背景，觉得自己只负责上学，毕业找工作是父母的事情；甚至有些大学生走一步看一步，认为车到山前必有路。通过一些相关的调查，当代的大学生职业规划意识普遍淡薄，被动消极，导致很多大学生面临"毕业即失业"的尴尬局面。有调查显示，51.4%的大学生对自己的职业发展只有模糊的想法，17.6%的大学生根本不知道自己适合什么职业，只有17.6%的大学生有3~5年的职业规划。

(二)择业不良心理

1. 趋乐避苦

当代大学生独生子女比较多，他们大多缺乏愿吃苦、肯吃苦、能吃苦的精神，宁愿在城市东奔西走着蜗居，也不愿意扎根到偏远的地方去。很多家长也不愿意看到自己的孩子上完大学到艰苦的地方去。

2. 期望值与能力的矛盾

一些大学生认为自己自身条件好，在择业时狂妄自大、目中无人，在求职过程中总想找一个"薪水高、福利好、环境优越、符合自己兴趣"的工作，但是由于对自己的职业能力评估不足、好高骛远、不注重自己能力的提升和知识的储备，往往导致"眼高手低"的现象发生。

3. 自卑心理

自卑往往表现为缺乏信心和勇气、做事的主动性不强。尤其是一些存在生理缺陷、自我意识不健全、家庭条件差的大学生，自惭形秽，尽管学业成绩和能力很强，却往往由于自我评价过低错失许多工作的机会。

4. 自负心理

自负表现为盲目自大，过高估计个人的能力。择业时有些大学生心高气傲、脱离实际，给用人单位留下"虚夸浮躁"的不良印象，或者频繁跳槽，找不准自己的定位。

5. 过度依赖心理

不少大学生在择业过程中期待和等待家人给自己找"门路"，把希望寄托在他人身上，不主动寻求工作机遇，一味坐等，导致错失良机。

(三)职业准备不足

大部分大学生到了毕业前夕才开始准备求职简历，求职简历写得千篇一律，或者条理不清，或者烦琐冗长，让人没有耐心细看；还有个别大学生编造个人简历，存在名不副实的现象，给用人单位留下不好的印象。

(四)实践能力不强

大学不能与时俱进地设置课程和更新教学方法，会导致大学生缺乏实践操作能力，虽然有的学生也参加过一些社会实践，但只是为了丰富自己的经历，往往不能深入接触到具体的操作环节。见习和实习时间过短，或者见习和实习有其名而无其实、走过场搞形式主义等因素也是导致大学生实践能力低下的一个主要因素。

培养应用型人才成为近几年来社会的强烈需求，但是转型期的学校由于师资、环境等因素的限制，培养学生实践能力进展缓慢。

(五)反馈修正欠缺

职业生涯规划是一个动态的过程。一个完善的职业生涯规划，其中一个重要的环节就是对规划的反复修正，听取他人的建设性意见。但是当下却出现了反馈修正省略化的趋势，大学生职业生涯规划没有完善的政策依托，缺乏有效的监督指导。

二、大学生职业生涯规划问题的归因

(一)外部归因

1. 传统体制的束缚

早在1908年，美国"职业辅导之父"、从事改革运动的工程师帕森斯就在波士顿成立了职业局，出版《选择职业》一书，成为职业生涯指导工作的开端。20世纪60年代初，美国学校就开设并试验三年的职业指导课，从青少年时期就开始接受职业生涯教育，规划自己的未来。

我国的职业生涯规划直到20世纪80年代中后期，随着经济体制改革的深入，才开始打破大学生"统包统分"的就业体制，开始试行"双向选择、自主择业"的就业制度。相比之下，在我国职业生涯规划作为新生事物才刚刚出现在人们的视野，无论在理论层面上还是操作层面上都远远落后于发达国家。大学生的就业观念在很大程度上还受传统就业思想的影响，遵循传统的就业方式，缺乏职业生涯规划理念，影响了大学生职业生涯规划的效果。

2. 就业指导课程的缺失

目前高校就业指导课程很多不是由专业教师担任，大部分授课者是政工干部，学历水平参差不齐，教学能力有限，一些授课教师本身对国家就业政策、就业形势、大学生就业方向就了解不多、把握不深，就业指导课程的讲授只是泛泛而谈，针对性不强。课程和专业师资的匮乏导致大学生缺乏有效的指导，影响了大学生的职业设计与效果。

2004 年 4 月，北森测评网与劳动和社会保障部劳动科学研究所、新浪网联合进行的《当代大学生第一份工作现状调查》的结果表明：在找到第一份工作后，有 50% 的大学生选择在一年内更换工作，两年内大学生的流失率接近 75%；33% 的大学生"先就业后择业"，第一份工作仅仅是由学校到社会的跳板；16.3% 的人"没有太多考虑"就"随着感觉走"地选择了第一份工作；17.5% 的人在择业的同时考虑了爱好和未来发展空间两个因素；面对未来的发展，超过 80% 的人认为职业生涯规划非常重要，70% 的人表示需要这方面的指导与服务。

可见，随着我国大学生就业形势的复杂性和多元化趋势，更需要高校通过开设职业生涯指导课程对大学生进行就业指导。

3. 社会错误的引导

市场经济的建立，社会价值的多元化体现了"以人为本"，但同时也带来一些问题。比如个别大学生在职业选择上，过分看重薪水的高低、工作环境的好坏，追求享受，不愿吃苦，而没有考虑到自己的人格和职业的匹配，影响了工作成就感的获得。"拼父母""拼背景"的不正之风，使得部分大学生职业价值观发生扭曲，也影响了个人职业素质的提高。

(二)内部归因

1. 理想和现实的矛盾

大学生对未来充满美好的憧憬，但是在现实生活中对自己未来的职业提出过高的要求，忽视了现实因素的限制，导致"理想很丰满，现实很骨感"。

2. 自我意识模糊

部分大学生存在自我意识定位不准、能力认识不足的问题，不知道自己适合什么、能做什么，容易产生自我意识偏差，一旦发现现实我并非理想我时，就会产生心理上的不安与焦虑。

3. 职业能力评估不足

部分学生好高骛远、虚夸浮躁，不能针对自身条件实事求是、客观地接受自我，对自己究竟能做什么没有思考，没有针对性地提升自己的能力，以至于错失良机，后悔不已。

有针对性地分析职业规划中问题产生的原因，才可能有的放矢地做好职业生涯规划，落实好各个环节，以健康的心态和充分的心理准备迎接美好的未来。

课堂实践 ⏰

我的未来不是梦

一、活动目的

根据自己的情况设计名片，了解自己，发掘创造力。

二、活动过程

1. 设计自己的名片

2. 分组讨论职业

(1)你需要哪些努力才能获得自己向往的职业？

(2)如果想成功从事自己向往的职业，你现在应该怎么做？五年规划是什么？十年规划是什么？

(3)如果到了一定时期，你发现自己的规划和现实不一致，你该怎样面对？

三、活动感悟

通过活动，你的收获是_____。

三、职业生涯规划困惑的应对

(一)正视现实

正视现实是解决现实和理想差距的重要途径之一，具体从以下两个方面进行。

1. 正视就业形势

如今我国大学生就业形势严峻，我国就业政策的变化对大学毕业生的素质和能力提出了新的要求，大学的扩招更加剧了竞争的激烈性。种种现实要求大学生必须把个人的主观愿望和社会的现实需求紧密结合起来，脚踏实地地处理好理想和现实的矛盾，提高自身综合素质，正视现实的客观条件和需求，满足社会需要，为建立和谐社会做出自己的贡献。

2. 正视自我

真正的自我了解就是要清楚地认识到自己的个性、优点和不足，对自己的人格特征、身心素质、知识结构、社会经验、创新能力、洞察力、自制力等有一个实事求是的评价，以便做出适合自己的价值观、个性和自我发展需求的职业选择。正确评价自己的才能，不要孤芳自赏、定位过高，这样在求职时就不会好高骛远、高不成低不就和人为提高就业门槛的高度；也不会妄自菲薄，自我贬低，与各种机会失之交臂。

3. 正视人才需求的多元化趋势

当代的社会是一个价值取向多元化的社会，随着就业岗位的精细化和现代科学技术的高端化，用人单位对人才的需求也呈现多元化，一专多能的人才成为行业的优先选择，这也给大学毕业生带来了更多的压力和挑战。

(二)学会自我心理调适

面对激烈的就业竞争，出现各种各样的心理问题是正常的，只要我们善于调适、主动分析，多数问题会得到有效的解决。当遇到挫折和打击时，当压力过大时，都可以运用适当的方法进行心理调适。但不论采取什么方法，只要有合理的职业生涯规划和正确的择业观，运用适合自己的、不危害他人与社会的、与环境协调统一的方法都可以帮助个体减轻不良心理问题带来的困扰，缓解不必要的心理压力，尽快转变角色，顺利走向工作岗位。

(三)树立正确的择业观

择业必须在国家就业政策规定的范围内有序进行。在现阶段，大学生应该充分认识到"自主择业"不等于"自由择业"。因此，在推进大学生就业制度改革的同时，继续加强大学生的思想教育力度，帮助他们树立正确的择业观、价值观和职业道德观；引导他们建立合理的价值取向和成功的标准，把个人愿望和国家需要、就业现实紧密结合起来，正确处理个人利益和社会需要的矛盾，增强大学生的社会责任感和历史使命感，消除拜金思想、享乐主义的腐蚀，淡化急功近利的错误思想。这就需要大力加强大学生思想政治教育工作，树立以大局为重的正确的择业观，并以此构建合理的生涯规划。

(四)开展职业生涯教育

职业生涯教育能满足大学生的现实需要，促进其健康成长。职业生涯教育要和新生的入学教育结合进行，开展得越早越有利于学生的成长和将来的发展。

大学生职业生涯教育的内容包括：

1. 生涯规划及生涯决策能力的培养

生涯规划和决策能力是生涯发展的重要内容，课程要帮助大学生学会界定问题情境、收集有效资料，提高其生涯规划的能力。

2. 了解自我

生涯规划不仅要大学生了解职业需求，而且要他们澄清自我的能力、兴趣、倾向、人格等特征与职业的匹配程度，结合个人的期望和价值观确定合理的生涯规划。

3. 理性选择

20 世纪 90 年代中后期，"考证热"随着我国经济的不断发展持续升温，大学毕业生把考证当成了自己求职成功的护身符。因为原本稀少的大学生渐渐失去了"天之骄子"的优势，社会竞争压力的不断增强，更驱使大学生以考取更多证书的方式来增加自己的就业砝码。"多一个证书就多一条出路"成为很多大学生在大学里的奋斗目标。然而，在考取这些证书的过程中，学生究竟能收获多少？在走向社会以后，这些证书真正能够派上用场的又有几个呢？如果把考证当成自己找工作的"敲门砖"，本末倒置，影响自己专业的学习，就得不偿失了。大学生要结合自己的特长、兴趣爱好、专业发展、社会需要等诸多因素进行综合考虑，权衡利弊，最后才能做出理性的选择。

(五)开展创业教育

随着高校的扩招，就业的压力成为大学生面临的主要压力源之一。就业岗位的数量和大学毕业生的总量之间的巨大差值，要求国家推进就业制度改革，同时也需要大学生转变就业观念，变被动就业为主动创业。学校在教育教学过程中，应把创业型人才的培养作为教学的主要目标，大力提倡创业教育。在学校加大创业教育的宣传，开展丰富多彩的活动，如创业竞赛、邀请成功创业者作报告等，激发学生的创业热情，形成创业的浓厚氛围，同时学校也要为大学生创业提供服务保障和宽松的环境，给予大学生更自由的创造空间，发挥其潜能。

第三节　大学生成功求职策略

通过几年大学的学习和能力的提升，即将走出校园的大学生，要想在日益激烈的人才竞争中脱颖而出，找到自己理想的职业，掌握一些求职的策略，会加大成功求职的概率。

一、充分的求职准备

在求职过程中，面试是关键的环节，有些学业成绩优异的大学生因为在面试中表现不佳，没能发挥自己最好的水平，使自己遭遇求职失败的打击。那么，在面试之前需要做哪些准备呢？

(一)收集职业信息

职业信息包括特定的职业性质、任务、要求、待遇方面的具体情况，还包括与获得职业从业资格有关的教育培训信息。信息的搜集应做到及时、广泛、具体、准确。

信息收集的主要渠道是高校的就业指导机构，它所获得信息具有针对性、准确性、真实性；当然，毕业生供需见面会、亲戚、朋友、同学、老乡等人脉，也可以提供相关的职业信息；参加学校的实习活动、了解实习单位的用人意向也是信息收集的有效渠道；另外，报刊、电视、网络等传媒工具也是获得信息的一条快捷途径。当然，以上信息途径的获得需要毕业生对用人单位和岗位有预先的了解，做到知己知彼。

(二)撰写求职材料

在双向选择的过程中，为了让用人单位更好地认识自己，需要求职者利用各种途径展示自己。目前大部分用人单位是通过求职材料来了解求职者的。因此，求职材料的质量决定着求职是否成功。求职材料包括求职信、个人简历、自荐信和其他支撑材料等。

1. 求职信

求职信是求职者向用人单位进行自我介绍的信函。

(1)写求职信应注意的事项。

第一，言简意赅。求职信的篇幅不要太长，求职信的前几行一定要能够吸引招聘人员的眼球，求职信的书写要规范，注重扬长避短、重点突出。

第二，实事求是。求职信切记弄虚作假。近年来，用人单位发现一些毕业生存在修改成绩单、制造虚假荣誉证书和毕业证书的现象，这些行为反映了部分学生的品质问题，是不可取的。

第三，凸显所长。针对用人单位的岗位需求，有针对性地强调自己在相关方面的优势和闪光点。能力、特长、社会实践、职业道德与岗位的匹配性往往是用人单位选择人才的基本标准。

(2)有效的求职信由五方面组成。

第一，有力的开头。你能为受聘目标做些什么。

第二，说明你的经验如何能给他们带来的利益。

第三，突出你的资格和成就，证明你的能力。

第四，引起用人单位的好奇。

第五，行动。你的一个电话也许会获得一个面试的机会。

拓展专栏

一封富有成效的求职信

尊敬的李主任：

　　我得知贵公司正在制定新的人力资源方案，我很激动。您知道，制定政策是一回事，执行政策是另一回事。我认为您会对我在过去的四年里在学校的表现感兴趣。我与学校人力资源部的主任亲密合作，解决了许多问题，如雇员的劳动关系、培训和发展问题、用人管理、人才测评、工资问题等。我深入细致的调查方案使人力资源部修改了政策，为本部门获得了很高的成本效益。部门认为我在提高产品质量、解决雇员关系和顾客服务方面取得了很大的成绩。

　　毫无疑问，您也会遇到很多我曾经遇到过的问题，我很愿意与您讨论这些问题，我将在×月×日的那一天打电话，了解您何时方便与我进行一次会面。同时，我在信中附上了我的个人简历，详细描述了我的个人经历和取得的成绩。期待与您的会面！

真诚的　×××

2. 个人简历

个人简历是向用人单位介绍自己基本情况的求职材料，内容包括个人简介（姓名、性别、年龄、学校、专业）、求职目标、学习与工作经历、学习成果、社会影响、职务等信息。

3. 自荐信

自荐信是有目的地针对不同用人单位的书面自我介绍。自荐信的格式和书信相同，包括两方面的内容，一是个人情况简介，二是自己对岗位感兴趣的原因；在自荐信的最后要提出自己的求职愿景，并附上联系方式，便于用人单位及时与你联系。

自荐信的书写要有说服力，态度要真诚，措辞要得当，自信而不自负，突出个人特色，同时还要注意发挥备注栏的作用。

4. 感谢信

感谢信是求职者写给用人单位的信。建议毕业生不论求职成功与否，都要写一封表达谢意的信件，感谢信不要流于形式，态度要真诚、谦虚。这个环节往往被许多求职者忽视，也可能就是一封情真意切的感谢信，让用人单位感受到了你的真诚，峰回路转，给自己带来意想不到的机会。

拓展专栏

感谢信范例

尊敬的×先生：

您好！

非常感谢您在贵公司招聘中考虑了我，给我面试的机会。我很高兴昨天与您的见面，贵公司的创业精神和严格管理给我留下了深刻的印象。

在面试中有一点未曾提及，我想可能对您有参考价值。那就是我在××公司工作时曾参加过一次为期10周的有关××的培训，我想在这与您描述的职位直接相关。

再次感谢您给予的机会，期待得到您的好消息。

李××

年　月　日

二、求职面试的技巧和原则

目前我国各级公务员招录、教师招聘、企事业单位招聘等过程中，面试都是必不可少、非常重要的环节；也由于单凭毕业生的求职材料无法分辨真伪，现在许多用人单位把面试作为一种有效的筛选人才的途径。大学毕业生要想在众多的应聘者中脱颖而出，必须在自身多年知识能力储备基础上掌握面试的技巧与原则。

（一）面试技巧

面试是用人单位通过当面交谈，对求职者进行考核的一种方式。毕业生在面试时如何做到从容淡定，有效地应对面试呢？应做到以下几点：

1. 提前充分练习

在面试之前可以聘请专业人士对自己进行面试指导和练习，熟知面试的形式和面试流程，对面试中可能出现的问题进行充分训练和模拟。如公务员面试常见的问题有哪些类型，各种类型如何作答；企业公司面试采用哪种形式，如何作答；教师招聘采用哪种形式，如何准备等。面试之前必须做好充分的准备，当然这种准备是长期的能力提升，但在面试前也必须提前练习，做到心中有数，临场不慌。

2. 注重举止礼仪

礼仪是一个人修养的外在表现，体现了个体的涵养。面试时，个体应注意讲究礼仪，如遵守约定时间、进门时轻叩房门、先行问好、坐姿端正、文雅大方、肢体有回应语、使用尊称、落落大方等。

3. 着装大方得体

面试不是约会，得体的着装也是尊重自己和他人的表现。着装避免使用过多的装饰，如花边、蕾丝、透视装等；不佩戴耳环和手镯；尽量不穿运动装；不穿裸露脚趾或超高跟的鞋；手脸干净，头发理顺，胡须刮净，衣服的颜色要柔和；切忌浓妆艳抹等。另外，面试着装还要考虑所应聘的岗位职业要求，如公务员面试最好着正装，教师面试着装最好要跟教师职业相符合等。

4. 语言表达清楚

面试时，语言表达要清楚，有条理，重点突出，层次分明，逻辑性强，根据时间的要求，准确地把握语言表达的节奏，有理有据。当然，还要根据面试的要求，进行语言方面的训练。

5. 实事求是

对用人单位提出的问题，实事求是的回答，不要不懂装懂，切忌含糊其词、不着边际；没有听清的问题，可以要求面试考官再重复一遍；学会使用敬称，如您、请等；回答问题要适度，不可长篇大论、夸夸其谈；交谈中要学会察言观色，对方不感兴趣的回答要学会适时停止。

6. 学会倾听

心理学研究表明，倾听会伴随适当的感官活动，如聚精会神、身体前倾等。倾听是一种尊重交谈对象的表现。在面试考官提出问题时，切忌东张西望、心不在焉。

另外，保持饱满的精神状态、清新的语言、亲和力、创造性的思维等也是面试成功的关键因素。

当然，面试技巧不是一成不变的，个体要根据不同岗位的需求、个人经验等学会灵活的掌握，提高面试的成功率。

(二)面试原则

1. 诚实原则

诚实是中华民族的美德，也是做人的基本原则。大学毕业生在面试时，有时会遇到对自己不利的问题，有人含糊作答，甚至说谎蒙混过关，这样做往往事与愿违，这是面试过程的大忌。如果遇到自己不知道的问题，不如实事求是地作答，维持良好形象。当然，诚实作答的时候也能体现自身的素质，如果能在诚实的时候体现自己的真诚，也可能会打动评委考官，变被动为主动。

2. 谦虚原则

在面试时不可贬低他人、抬高自己，当自己的观点与他人的观点相悖时，应试者可先同意对方观点，然后陈述自己的观点，但要防止唯唯诺诺、过分谦虚的态度。过分谦虚有讨好对方的嫌疑，会给考官留下不良印象。

3. 机智原则

能否在面试过程中随机应变，灵活机智，主要靠自身的素质和平时的能力训练。在有限的面试时间里，机智应答体现为头脑灵活、聪明冷静、善于使自己处于有利位置。回答问题时如果遇到意外情况，如没听清问题，可以请示考官："对不起，能否麻烦您重复一遍，谢谢!"如果回答不上考官的问题或遭遇尴尬情境等，不要急着回答，迅速冷静下来理出思路，然后作答；如果遇到一些有压力的问题，如"我们从有关渠道听说你在这次面试过程中有送礼嫌疑，请你解释一下""你自认为表现不错，但我们可能并没打算录用你，你怎么看"等，遇到这样的问题，不要急于解释自己的清白，先不要慌乱，从容应对，你要知道这很可能就是对方在考察你的心理素质和随机应变能力。

毕业生求职是一个复杂的变化过程，面对众多的竞争者，如何把握好求职机遇、处理求职过程中的种种问题或突发状况，考验着求职者的心理素质，把握上述的技巧和原则是成功求职的关键。

心理自测

测测自己适合的职业

一、测试说明

对于下面的问题，您只需要回答"是"或者"不是"即可。

1. 读侦探小说或者看侦探片时，你自己能否推测出谁是凶手？
2. 你愿意听舒缓的乐曲，而不愿意听节奏强烈的乐曲吗？
3. 你拼读外文或拼音时的速度很快吗？
4. 如果装饰品(如字、画或工艺品)没有挂正地方，你心里会不舒服吗？
5. 你爱读说明文而不喜欢读小说吗？
6. 影视或读物的情节或台词你能记得清楚吗？
7. 你认为做一件事可以尝试用不同的方法吗？
8. 你喜欢棋类而不喜欢扑克或麻将吗？
9. 你会借钱买急用的书吗？

10. 见到一种新的东西（如发动机、音响等），你想知道它的机械原理吗？

11. 你喜欢富有变化的生活吗？

12. 空闲时你宁愿蹦蹦跳跳也不愿意读书吗？

13. 你觉得学数学困难吗？

14. 你愿意和比自己年龄小的人在一起吗？

15. 你能列举你朋友的姓名吗？

16. 你喜欢节日和热闹的聚会吗？

17. 你厌倦要求精细的工作吗？

18. 你看书速度快吗？

19. 你同意"一个槽子拴不住两头驴"的说法吗？

20. 你怕生吗？有兴趣了解新知识、结识新朋友吗？

二、评分标准

数一下1~10题有多少"是"，再数一下11~20题有多少"是"，然后将两组进行对比。

三、评价参考

1. 如果前10题的"是"多于后10题的"是"，说明你是一个紧张的人，适合做学者、机械师、技术员、修理工、医生、哲学家、工程师及专攻一术者。

2. 如果前10题的"是"少于后10题的"是"，说明你是公关类型的人，适合做助理、公关员、演员、推销员等。

3. 如果前10题的"是"与后10题的"是"不相上下，说明你既适合做集中精力的事，又适合做处理人际关系的工作，如教师、画家、翻译、文秘、办公室工作等。

专题讨论

1. 以小组为单位做一次调查，了解大学生职业生涯规划的意识和出现的问题，根据调查问卷结果撰写调查报告。

2. 调查学长学姐的求职经历，分析影响求职成功的因素。

3. 模拟面试：由7~8名学生模拟用人单位的招聘小组，拟定招聘计划。其他参加应聘的学生制作应聘材料，参加面试。

阅读欣赏

1. 鲍金勇. 原来大学可以这样读[M]. 上海：上海交通大学出版社，2013.

2. 林永和. 大学生成功心理训练——职业素质拓展[M]. 北京：国家行政学院出版社，2011.

3. 心理佳片：《杜拉拉升职记》